국가평생교육진흥원에서 제시한 과목별 평가영역에 맞춘 최고의 수험서!

학위취득의 지름길!

독학사, 최고의 권위서!

| 한 권으로 끝내기 |

국내 최고의 권위서!

Bachelor's Degree

교육부인정교과서지정업체
은하출판사
Eunha Publishing Co.

Bachelor's Degree

머리말
Preface

"뜻이 있는 곳에 길이 있다."고 했다. 그러나 아무리 훌륭한 여행계획을 세웠다 하더라도 방안의 천정만 바라보고 앉아 있다면 그 계획이 무슨 소용이 있겠는가?

반면 여행의 길을 떠났다 하더라도 계획없이 이리저리 방황만 하고 돌아왔다면 몸만 고되고 허탈감만 남게 될 것이다. 여기서 우리는 계획과 실천이 동시에 중요함을 알게 된다. 여러분은 이미 마음의 각오와 계획을 세웠으리라 생각한다. 다만 이 계획을 실천할 지침서가 필요한 것이다. 현재 다른 방면의 참고서는 다양하면서도 여러분들이 필요로 하는 참고서는 자신있게 추천할 만한 것이 없는 실정이다.

본사는 한국방송통신대학이 개원되면서부터 각 학과의 부교재인 참고서를 30년 넘게 오랫동안 발행해 온 노하우를 바탕으로 학습시간이 절대적으로 부족한 독학사를 준비하시는 여러분들을 위하여 시간과 노력을 절약하고 시험준비에 완벽을 기할 수 있도록 국가평생교육진흥원에서 제시하고 있는 과목별 평가영역에 맞추어 자신있게 본 책을 출간하였다.

현재 독학학위 취득시험은 2008년 2월 '평생교육법'의 전부개정으로 한국방송통신대학이 관장하던 독학학위 취득업무가 "국가평생교육진흥원"으로 이관되었으며, 국가평생교육진흥원 홈페이지에서는 과목별 평가영역을 구체적으로 제시해 주고 있다. 따라서 독학사 시험을 대비하는 여러분들은 본 교재를 기준으로 열심히 학습에 매진하면 될 것이다.

본서의 특징은

첫째 독학학위 취득시험을 주관하는 국가평생교육진흥원의 평가영역에 맞추어 내용을 심도있게 다루고 있으며,

둘째 본문의 '내용' 및 'Key Point'란에서는 기출문제를 분석하여 출제내용을 핵심적으로 기술하고 있고,

셋째 '실전예상문제' 부분에서는 그 동안 출제되었던 최근의 기출문제를 파악하여 그에 기준한 다양한 문제와 그에 해당하는 자세한 해설을 수록하고 있으며,

넷째 최소의 시간으로 최대의 효과를 거둘 수 있다는 점을 들 수 있다.

다양한 자료와 예시를 통해 더욱 구체적인 학습을 할 수 있도록 구성·편집된 본서가 여러분의 학습에 절대적인 도움이 되리라 확신하면서 앞날에 큰 영광이 함께 하길 기원한다.

교육부은하원격평생교육원 학위취득연구소

독·학·사

독학사 안내

독학학위제도

독학학위제는 「독학에 의한 학위취득에 관한 법률」에 의해 독학자(獨學者)에게 대학졸업자격에 해당하는 학사학위(學士學位) 취득의 기회를 줌으로써 평생교육의 이념을 구현하고 개인의 자아실현과 국가·사회의 발전에 이바지하는 것을 목적으로 하는 제도입니다.

- 고등학교 졸업이나 이와 같은 수준 이상의 학력을 가진 사람이면 누구나 응시할 수 있습니다.
- 대학교를 다니지 않아도 스스로 공부해서 학위를 취득할 수 있습니다.
- 일과 학습의 병행이 가능하여 시간과 비용을 최소화할 수 있습니다.
- 언제 어디서나 학습이 가능하며, 평생학습을 통해 자아실현을 할 수 있습니다.

독학학위제는 4개의 과정(교양, 전공기초, 전공심화, 학위취득 종합) 시험으로 이루어져 있습니다. 그러나 개인적으로 취득한 다양한 자격과 학습이력에 따라 1~3과정의 일부 과목 시험은 면제받을 수 있습니다. 4과정인 학위취득 종합시험은 반드시 응시하여야 하며, 종합시험에 합격하면 교육부장관 명의의 학사학위를 취득하게 됩니다.

응시자격

2016년부터 고등학교 졸업이나 이와 같은 수준 이상의 학력을 가진 사람이면 누구나 과정별 합격 여부와 관계없이 1~3과정(교양, 전공기초, 전공심화 과정) 인정시험에 자유롭게 응시할 수 있으며, 4과정(학위취득 종합시험)은 1~3과정 시험에 모두 합격(면제)하는 등 일정 응시자격을 충족해야만 응시할 수 있습니다.

가. 교양과정 인정시험(1과정), 전공기초과정 인정시험(2과정), 전공심화과정 인정시험(3과정)

- 고등학교 졸업자
- 「초·중등교육법 시행령」 제98조 제1항에 따라 상급학교의 입학에 있어 고등학교를 졸업한 사람과 같은 수준의 학력이 있다고 인정되는 사람
- 「평생교육법」 제31조 제2항에 따라 지정된 학력이 인정되는 학교 형태의 평생교육시설에서 고등학교 교과과정에 상응하는 교육과정을 마친 사람
- 「보호소년 등의 처우에 관한 법률」 제29조에 따른 소년원학교에서 고등학교 교육과정을 마친 사람

나. 학위취득 종합시험(4과정) : 전공분야별 동일전공 인정(학)과에 한함

- 교양과정 인정시험, 전공기초과정 인정시험 및 전공심화과정 인정시험에 합격한(면제받은) 사람
- 대학(「고등교육법」 제2조 제2호, 제3호 및 제5호에 따른 학교와 다른 법령에 따라 설립된 대학을 포함) 및 이에 준하는 각종 학교(학력인정학교로 지정된 학교만 해당)에서 3년 이상의 교육과정을 수료하였거나 105학점 이상을 취득한 사람
- 수업연한이 3년인 전문대학을 졸업한 사람 또는 이와 같은 수준의 자격이 있다고 인정되는 사람(졸업 예정자는 응시자격 없음)
- 「학점인정 등에 관한 법률」 제7조에 따라 105학점(전공 16학점 이상 포함) 이상을 인정받은 사람
- 외국에서 15년 이상의 학교교육과정을 수료한 사람

응시자격 유의사항

- 학사학위 취득자는 동일한 전공의 시험에 지원할 수 없음
- 유아교육학 및 간호학 전공자가 학위취득 종합시험 합격 시, 학사학위만 수여되며 자격증(면허증)은 발급되지 않음
- 고졸 이상 학력 소지자의 경우 1~3과정 시험은 순서 상관없이 응시 가능하며, 4과정(학위취득 종합시험) 응시를 위해서는 1~3과정 전 과목(17과목)을 합격하거나 일정 응시자격을 충족해야 함
- 간호학 전공(학위취득 종합시험만 운영)
  - 4년제 대학 간호학 전공(과)에서 3년 이상 교육과정 수료 또는 105학점 이상 취득자 응시 가능
  - 3년제 전문대학 간호학과 졸업자(졸업 예정 제외) 응기 가능
    - 간호사 면허증만으로는 응시자격이 될 수 없음(면허증은 제출 불필요)
- 유아교육학 및 정보통신학 전공(전공심화과정 인정시험과 학위취득 종합시험만 운영)
  - 유아교육학 및 정보통신학 전공은 1~2과정 시험을 운영하지 않으므로, 자격·학력 등으로 1~2과정 면제 요건을 충족하고 3과정에 합격한 경우 또는 기타 4과정 응시자격을 충족하는 경우에만 응시 가능

독·학·사

과정별 시험과목

가. 교양과정 인정시험 : 5과목 합격(필수 3과목, 선택 2과목)

구 분	과 목 명
필 수	국어, 국사, 외국어(영어, 일본어, 중국어, 독일어, 프랑스어 중 1과목 선택)
선 택	사회학개론, 심리학개론, 경영학개론, 법학개론, 문화사, 컴퓨터의 이해, 문학개론, 자연과학의 이해, 교육학개론, 경제학개론, 현대사회와 윤리, 철학의 이해, 기초통계학, 일반수학, 한문 중 2과목 선택

나. 전공기초과정 인정시험 : 6과목 이상 합격

구 분	과 목 명
국어국문학	국어학개론, 국어문법론, 국문학개론, 국어사, 고전소설론, 한국현대시론, 한국현대소설론, 한국현대희곡론
영어영문학	영어학개론, 영국문학개관, 중급영어, 19세기영미소설, 영미희곡I, 영어음성학, 영문법, 19세기영미시
심리학	상담심리학, 산업및조직심리학, 학교심리학, 생물심리학, 발달심리학, 성격심리학, 동기와정서, 심리통계
경영학	회계원리, 인적자원관리, 마케팅원론, 조직행동론, 경영정보론, 마케팅조사, 생산운영관리, 원가관리회계
법학	민법I, 헌법I, 형법I, 상법I, 법철학, 행정법I, 형사소송법, 국제법
행정학	인사행정론, 행정조직론, 지방행정론, 정치학개론, 기획론, 비교행정론, 헌법, 재정학
가정학	인간발달, 복식디자인, 영양학, 가정관리론, 의복재료, 주거학, 가정학원론, 식품및조리원리
컴퓨터과학	논리회로설계, C프로그래밍, 자료구조, 객체지향프로그래밍, 시스템프로그래밍, 컴퓨터시스템구조, 프로그래밍언어론, 이산수학

다. 전공심화과정 인정시험 : 6과목 이상 합격

구 분	과 목 명
국어국문학	국어음운론, 한국문학사, 문학비평론, 국어정서법, 구비문학론, 국어의미론, 한국한문학, 고전시가론
영어영문학	고급영문법, 미국문학개관, 영어발달사, 고급영어, 20세기영미소설, 영어통사론, 20세기영미시, 영미희곡II

Bachelor's Degree

독·학·사

구 분	과 목 명
심리학	이상심리학, 심리검사, 소비자및광고심리학, 학습및기억심리학, 인지지각심리학, 사회심리학, 건강심리학, 심리학연구방법론
경영학	재무관리론, 경영전략, 투자론, 경영과학, 재무회계, 경영분석, 노사관계론, 소비자행동론
법학	헌법II, 민법II, 형법II, 민사소송법, 행정법II, 경제법, 노동법, 상법II
행정학	재무행정론, 정책학원론, 조사방법론, 행정법I, 지역사회개발론, 행정계량분석, 도시행정론, 공기업론
유아교육학	유아교육연구및평가, 부모교육론, 유아교육기관운영관리, 아동복지, 유아언어교육, 유아사회교육, 유아수학·과학교육, 놀이이론과실제
가정학	가족관계, 가정자원관리, 식생활과건강, 의복구성, 육아, 복식문화, 주거공간디자인, 식품저장및가공
컴퓨터과학	운영체제, 인공지능, 소프트웨어공학, 컴퓨터네트워크, 컴파일러, 알고리즘, 데이터베이스, 컴퓨터그래픽스
정보통신학	회로이론, 데이터통신, 정보통신이론, 임베디드시스템, 이동통신시스템, 정보통신기기, 정보보안, 네트워크프로그래밍

라. 학위취득 종합시험 : 6과목 이상 합격(교양 2과목, 전공 4과목)

구 분	과 목 명
국어국문학	국어·국사·외국어 중 2과목 선택, 국어학개론, 국문학개론, 한국문학사, 문학비평론
영어영문학	국어·국사·외국어 중 2과목 선택, 영미문학개관, 영미소설, 영어학개론, 고급영어
심리학	국어·국사·외국어 중 2과목 선택, 임상및상담심리학, 산업조직및소비자심리학, 발달및사회심리학, 인지신경과학
경영학	국어·국사·외국어 중 2과목 선택, 재무관리, 마케팅관리, 회계학, 인사조직론
법학	국어·국사·외국어 중 2과목 선택, 민법, 헌법, 형법, 상법
행정학	국어·국사·외국어 중 2과목 선택, 인사행정론, 조직행태론, 재무행정론, 정책분석평가론
유아교육학	국어·국사·외국어 중 2과목 선택, 유아교육론, 유아발달, 유아교육과정, 유아교육교수법
가정학	국어·국사·외국어 중 2과목 선택, 패션과의생활, 소비자론, 식이요법, 주거관리
컴퓨터과학	국어·국사·외국어 중 2과목 선택, 컴퓨터시스템구조, 컴퓨터네트워크, 자료구조, 운영체제
정보통신학	국어·국사·외국어 중 2과목 선택, 전자회로, 정보통신시스템, 네트워크및보안, 멀티미디어통신
간호학	국어·국사·외국어 중 2과목 선택, 간호연구방법론, 간호과정론, 간호지도자론, 간호윤리와법

독·학·사

문항 수 및 배점

단계	일반 과목			예외 과목		
	객관식	주관식	합계	객관식	주관식	합계
1~2과정	40문항×2.5점 =100점	–	40문항 100점	25문항×4점 =100점	–	25문항 100점
3~4과정	24문항×2.5점 =60점	4문항×10점 =40점	28문항 100점	15문항×4점 =60점	5문항×8점 =40점	20문항 100점

'예외 과목'은 아래와 같음

- 교양과정 인정시험 '일반수학', '기초통계학'
- 전공기초과정 인정시험 '이산수학(컴퓨터과학 분야)'
- 전공심화과정 인정시험 '경영과학(경영학 분야)'
- 폐지된 수학 전공 분야 2~4과정의 전 과목

합격 사정

가. 교양과정 인정시험, 전공기초과정 인정시험, 전공심화과정 인정시험
각 과목 100점 만점에 60점 이상 득점한 경우에 합격으로 하고, 과목합격을 인정(합격 여부만 결정)

나. 학위취득 종합시험

구 분	총점합격제	과목별합격제
합격기준	6과목 총점(600점) 중 360점(60%) 이상 득점하면 합격(과목 낙제 없음)	각 과목(교양 2, 전공 4) 100점 만점의 60점(60%) 이상 득점하면 합격
유의사항	• 6과목 모두 신규 응시 • 기존 합격과목 불인정	• 기존 합격과목 재응시 불가 • 기존 합격과목 포함하여 총 6과목을 초과하여 선택할 수 없음

CONTENTS

제1부 가족일반론

제1장 가족의 개념

01 가족의 개념 …………………………………………………………………… 16
02 가정, 가구, 집 ………………………………………………………………… 17
03 새로운 가족에 대한 정의…………………………………………………… 18
　■ 실전예상문제 ………………………………………………………………… 19

제2장 가족의 형태

01 가족의 유형 …………………………………………………………………… 28
02 사회변화와 가족 : 산업화와 가족형태의 변화 ………………………… 29
03 새로운 가족형태의 모색 …………………………………………………… 31
　■ 실전예상문제 ………………………………………………………………… 32

제3장 가족에 대한 이론적 관점

01 구조기능론과 갈등론 ………………………………………………………… 44
02 사회교환론과 체계론 ………………………………………………………… 45
03 상징적 상호작용론 …………………………………………………………… 45
04 가족발달론, 여권주의 ………………………………………………………… 46
　■ 실전예상문제 ………………………………………………………………… 48

제4장 가족의 기능

01 가족의 기능 …………………………………………………………………… 54
02 가족 기능의 변화 …………………………………………………………… 55

CONTENTS

03 한국가족의 기능 수행 …………………………………………… 56
  ■ 실전예상문제 ……………………………………………………… 58

제5장 가족생활주기

01 가족생활주기의 정의 …………………………………………… 66
02 가족생활주기의 단계 구분과 발달과업 …………………………… 66
03 한국가족생활주기의 변화 ………………………………………… 68
  ■ 실전예상문제 ……………………………………………………… 70

제6장 가족과 계층

01 계층의 의의 ……………………………………………………… 76
02 사회계층의 측정 ………………………………………………… 76
03 사회계층에 대한 관점 …………………………………………… 77
04 사회계층 구조의 변화 …………………………………………… 78
05 사회계층과 가족생활 …………………………………………… 79
  ■ 실전예상문제 ……………………………………………………… 81

제7장 한국가족의 가치관

01 전통적 가족 가치관 ……………………………………………… 90
02 가족 가치관의 변화 ……………………………………………… 91
03 가족 가치관의 미래지향 : 가족 윤리의 확립 …………………… 92
  ■ 실전예상문제 ……………………………………………………… 94

제2부 결혼과정

제8장 성(性)

01 성과 성행동 ··· 102
02 성역할 ··· 103
　■ 실전예상문제 ··· 107

제9장 사랑

01 사랑의 정의와 특성 ·· 112
02 사랑의 유형 ·· 113
03 사랑의 발달(과정)과 소멸 ··· 114
　■ 실전예상문제 ··· 116

제10장 결혼준비

01 개요 ·· 124
02 이성교제의 단계 및 기능 ·· 125
　■ 실전예상문제 ··· 128

제11장 배우자 선택

01 배우자 선택의 의의 ·· 138
02 배우자 선택에 관한 이론 ·· 138
03 배우자 선택의 기준 ·· 140
04 배우자 선택의 방법 ·· 141
　■ 실전예상문제 ··· 143

C_O_N_T_E_N_T_S

제12장 약혼과 결혼

- 01 약혼 ··· 152
- 02 결혼 ··· 153
  - ■ 실전예상문제 ··· 157

제3부 가족 내의 인간관계

제13장 가족관계의 중요성과 가족관계 연구

- 01 가족관계의 중요성 ··· 164
- 02 가족관계 연구의 목적 ·· 164
- 03 가족관계 연구 방법 ·· 165
  - ■ 실전예상문제 ··· 168

제14장 부부관계

- 01 부부간의 역할 ··· 174
- 02 부부간의 적응 ··· 175
- 03 부부간의 갈등 ··· 177
- 04 부부간의 의사소통 ·· 178
  - ■ 실전예상문제 ··· 180

제15장 부모자녀관계

- 01 부모의 역할 ··· 192
- 02 자녀의 사회화 ··· 193

03 부모-자녀 간의 상호작용 …………………………………………………………… 194
04 가족구조가 자녀에게 미치는 영향 ……………………………………………… 195
- 실전예상문제 ………………………………………………………………………… 197

제16장 형제자매관계

01 형제자매 관계의 특성 ……………………………………………………………… 208
02 형제자매의 역할 …………………………………………………………………… 210
03 형제자매의 상호작용 ……………………………………………………………… 211
04 결혼 이후의 형제자매 관계 ……………………………………………………… 212
- 실전예상문제 ………………………………………………………………………… 213

제17장 노부모-성인자녀관계

01 자녀부부와 부모관계 ……………………………………………………………… 224
02 노부모-성인자녀간의 상호작용 및 부양문제 ………………………………… 224
03 고부갈등의 원인과 해결방안 …………………………………………………… 225
- 실전예상문제 ………………………………………………………………………… 228

제18장 친족관계

01 친족의 범위 ………………………………………………………………………… 234
02 서구사회의 산업화와 친족관계 변화 …………………………………………… 234
03 우리나라의 친족관계 ……………………………………………………………… 235
- 실전예상문제 ………………………………………………………………………… 237

CONTENTS

제4부 가족의 문제

제19장 현대사회와 가족

- 01 현대사회의 변동 양상과 특징 ·· 244
- 02 현대사회와 가족 ·· 245
  - ■ 실전예상문제 ·· 246

제20장 현대사회의 가족문제

- 01 가족문제의 개념 ·· 252
- 02 가족문제의 형태 ·· 252
- 03 가족문제의 영향 ·· 253
- 04 가족문제의 접근방법 ·· 253
  - ■ 실전예상문제 ·· 256

제21장 가족문제의 내용

- 01 가족의 해체 ·· 262
- 02 청소년문제 ·· 264
- 03 노인문제 ·· 266
- 04 여성문제 ·· 269
- 05 가정 폭력 ·· 271
  - ■ 실전예상문제 ·· 273

부 록

- ■ 최종 모의고사 ·· 287

제1부 가족일반론

01 가족의 개념

 단원 개요

가족에 대한 기본 개념을 가족구성의 측면, 기능적인 면, 그리고 가족원 상호관계의 측면에서 알아본다. 또한 사회·문화마다 서로 다른 가족의 기본적 개념을 고찰하고, 가족의 특성이 다른 사회집단의 성격과 어떻게 다른지 이해하도록 한다. 또한 예외적인 가족을 파악하여 가족에 대한 이해의 폭을 넓히고자 한다. 가족과 함께 사용하는 가구, 가정, 집에 대한 정확한 이해가 중요하다.

 출제 경향 및 수험 대책

이 단원에서는 가족의 정의와 조건, 가구의 정의, 가정과 집의 정의; 가족의 개념과 조건 등에 대해서 묻는 문제들이 출제될 수 있는 바, 자세하고 철저한 학습이 요구된다.

1

01 가족의 개념

1 일반론적인 가족

① 여러 학자들의 가족에 대한 개념 정의

 ⊙ **머독(Murdock)** : 가족이란 "부부와 그들의 자녀로 구성되고, 주거와 경제적인 협력을 같이 하며, 또한 자녀의 출산을 특징으로 하는 집단"이라고 한다(가족의 외형적 구성과 기능을 중심으로 정의). 이런 정의는 우리가 일상적으로 생각하고 있는 가족의 정의와 일치한다.

 ⊙ **레비스트로스(Lévi-Strauss)** : "가족은 결혼으로 시작되며 부부와 그들 사이에서 출생한 자녀로 구성되지만 이들 이외에 가까운 친척이 포함될 수 있고, 가족구성원은 법적 유대 및 경제적·종교적인 것 등의 권리와 의무, 성적 권리와 금기, 애정, 존경 등의 다양한 심리적 정서로 결합되어 있다"고 하였다. 이것은 머독의 개념보다 확대된 범위의 가족을 말하며 특히 가족의 운명공동체적 성격을 강조하고 있는 것이다.

 ⊙ **버제스(Burgess)와 로크(Locke)** : 가족은 "혼인, 혈연 혹은 입양에 의해 결합된 집단으로서, 하나의 가구(家口)를 형성하고, 남편과 아내, 아버지와 어머니, 아들과 딸, 형제와 자매라는 각각의 사회적 역할 속에서 상호작용하며 의사를 소통하고, 공통의 문화를 창조, 유지하는 집단"이다(가족구성원간의 내적인 상호작용 관계를 강조).

② 가족의 종합적인 의미

 ⊙ **외형적인 구성면** : 혼인과 혈연 또는 양자관계를 통하여 결합된 집단이다.

 ⊙ **기능적인 면** : 사회 전체의 맥락과 연결되는 여러 가지 과업을 수행하는 기능을 가진 제도로써 가족을 정의하는 것이다.

 ⊙ **가족관계면** : 가족구성원 상호간의 정서적인 표현을 위한 심리적 집단의 성격도 갖고 있다.

③ 현대사회 가족의 변화

 ⊙ 현대사회에 이르러서는 가족을 사회와의 맥락에서 고찰할 때, 무엇보다도 가족이 감당하는 기능이 그 성격면에서 달라지고 있는 점이 주목된다. 현대의 가족은 제도적 가족으로부터 우애적 가족으로 변화하고 있다.

 ⊙ 사회변화에 따라 기능수행을 강조하던 제도로서의 가족보다 구성원 상호간의 정서적 표현을 위한 자기충족적인 심리집단으로서의 가족이 강조되고 있다.

2 예외적인 가족

가족의 정의에 포함시킬 수 없는 예외적인 형태가 있다. 인도의 무사계급인 네이어(Nayer)족과 이스라엘의 집단농장 키부츠(Kibbutz)의 경우이다.

추가 설명

가족
- 혼인, 입양, 동거를 통해 구성되는 기본적인 사회집단으로서, 장기적인 헌신과 구성원들의 역할수행을 통해 유지되는 애정적인 운명공동체이자 사회유지의 기본단위이다.
- 가족은 현 사회의 어느 조직이나 관계에서도 얻기 어려운 다양한 정서적·경험적 만족감을 제공한다.
- 가족은 자녀를 낳고 기르는 데 안정되고 효과적인 수단이 된다.

추가 설명

가족주의 : 가족에 대한 애착 내지 관심이 다른 의욕과 용기를 압도하고 행동의 주도권을 잡는 생활태도이다.

추가 설명

키부츠 : 부모와 자식이 하나의 주거집단을 형성하지 않고, 경제적인 협동도 한 가족 단위로 이루어지지 않고 있다.

02 가정, 가구, 집

1 가정

① 사전적 의미에서 가정 : 가정은 부부중심으로 어버이와 자녀 등 근친자들이 한데 모여 의·식·주 등의 일상생활을 공동으로 하는 생활공동체이다.

② 가정의 특징
  ㉠ 사전적 의미만으로는 가족은 인간들의 집단이고, 가정은 인간이 생활을 영위하는 장소의 개념으로 구별 지을 수 있다. 그러나 여기에서 이들의 상호관계를 중요시해야 한다.
  ㉡ 가정은 인간이 안주할 수 있는 공간적 장소일 뿐만 아니라 그 속에서 가족들 상호간의 애정과 신뢰에 기반을 둔 상호작용이 원활하게 이루어질 때 비로소 마음의 고향으로서의 가정이 될 수 있다.
  ㉢ 가족의 건전한 발달을 위하여 가정이 존재해야 하며, 진정한 가정이 없는 가족은 가족으로서의 중요한 기능을 상실한다. 그뿐만 아니라 그 구성원들 역시 전인적(全人的)으로서의 성숙을 추구하기 어렵다.

> **추가 설명**
> 가정 : 가족이 안주할 수 있는 장소를 의미하는 말로, 물리적인 환경뿐 아니라 휴식과 안식이 있는 따뜻한 보금자리를 뜻한다.

2 가구

① 가구의 정의 및 특성
  ㉠ 가구는 "주거와 생계를 같이 하는 자" 또는 "1인 단독 또는 2인 이상이 공동으로 취사·취침 등을 통해 생계를 영위하는 생활 단위"를 말한다.
  ㉡ 가구는 혼인관계나 혈연관계를 전혀 고려하지 않고 거주하는 공간과 생계라는 경제적 협력만을 기준으로 한 집단을 말한다.
  ㉢ 가구는 주거단위를 근거로 하여 이루어지는 것이기 때문에 가구를 형성하려면 1인이라도 족하다. 그러므로 1인 가구는 그 속에 다른 가족원이 포함되어 있지 않으므로 가족보다 크기에 있어 당연히 작다.

② 가구의 네 가지 유형
  ㉠ 가구원이 전부 가족원으로 이루어진 유형 : 가구원 중에 비가족원도 없고 출타 가족원도 없는 가구로서 이 경우에 가구는 가족과 일치한다.
  ㉡ 가족원과 고용인, 동거인 등의 비가족원이 포함되어 가구를 이룬 유형 : 이 경우는 가족원이 아닌 사람들이 합해진 까닭에 가구는 가족보다 규모가 크게 된다.
  ㉢ 가족원의 일부가 출타한 유형 : 이 경우의 가구는 비가족원이 포함되지 않으면서 가족원의 일부가 출타한 상태로 가구는 가족보다 수적(數的)으로 적다.
  ㉣ 비가족원이 가구에 포함되어 있는 반면 가족원 일부가 출타한 유형 : 이 경우는 포함된 비가족원과 출타한 가족원의 수에 따라 가구가 가족보다 클 수도 있고, 작을 수도 있다.

> **추가 설명**
> 한국 가구의 특징
> • 가구 구성 세대 수의 감소
> • 평균 가구원 수의 감소
> • 1인 가구와 2인 가구 등 소인수 가구의 증가
> • 가구주의 고령화 및 여성화의 빠른 진행
> • 다문화 가구의 증가

3 집

① 집의 개념
　㉠ 집은 가족구성원을 뜻한다.　　㉡ 생활하는 거주지를 말한다.
　㉢ 건물을 의미하기도 한다.　　㉣ 가족의 사회적 배경, 지체를 말한다.
　㉤ 가족의 범위를 벗어나 친족의 범위까지 포함하는 경우도 있다.

② 집의 중요성 : 집이란 일상용어이면서 물리적 건물, 문화적인 가격(家格)과 가풍 그리고 가족원과 친척원을 포함하는 넓은 개념이 된다. 즉, 집은 과거에서 현재 그리고 현재에서 미래로 연속되는 개념이며, 일단 성립된 집은 끝없이 존속해야 한다는 영속지향성을 가진다. 따라서 현실의 가족 집단은 선조에서 이어받은 지금 이 상태를 어떻게 존속·발전시켜 자손에 인계하는가가 최대의 관심사이다.

> **추가 설명**
> 집의 특징
> - 그 자체의 존속을 목표로 가족구성원 모두를 지배하는 초인간적·초시간적 관념체계를 나타낸다.
> - 일상용어이면서 물리적 건물, 문화적인 가격(家格)과 가풍 그리고 가족원과 친척원을 포함하는 넓은 개념이 된다.

03 새로운 가족에 대한 정의

1 가족을 부부, 자녀로 구성된 동거집단으로 정의하는 것에 대한 이의 제기

① 가족관계나 가족의식이 핵가족의 범위에 한정되지 않는다.
② 부모가 자녀들과 동거하는 것을 전제로 삼은 데 있다.
③ 가족이 결혼, 혈연, 입양에 의해 맺어진 관계라는 데 있어서 입양이 우리나라에서는 너무 협소하게 이해되고 있다.

2 가족정의에 대한 기존의 입장을 극복하는 새로운 관념

① 가족이 혈연, 입양 그리고 결혼 등에 기반한 특수한 관계를 지닌 사람들의 동거를 필수적인 요소로 삼지 않는다.
② 입양뿐만 아니라 고용 그리고 기타 다른 조건에 의해서라도 동거하는 상태에서 가족공동체의 연대의식이 형성, 지속될 때 가족원으로 받아들여질 수 있다.
③ 사회나 집단에 따라서 결혼보다 모자관계를 선택하기도 하며 또는 부(父)나 모(母)의 역할이 타인이나 사회기관에 의해 대체되고 있는 현실을 감안할 때 핵가족의 형태만을 정상적인 것으로 단정 지을 수 없다.

> **추가 설명**
> 기존입장을 극복하는 포괄적인 가족 정의
> - 일상적인 생활을 공동으로 영위하는 부부와 자녀들, 그들의 친척 그리고 입양이나 기타 관계로 연대의식을 지닌 공동체집단으로서 반드시 동거하는데 한정되지 않는다.
> - 핵가족이나 부계가족에 기반한 가족형태만을 자연적이고 본질적인 인간사회의 가족인 것처럼 인식해 온 가치판단의 입장을 극복하고, 인간적인 요구에 기반한 다양한 형태의 가족을 이론적으로 받아들일 수 있어야 한다.

실전예상문제

객관식

1. 가족에 대한 일반적 설명으로 옳지 않은 것은?
① 사회의 가장 기초적인 단위이다.
② 시대와 지역에 따라 다양한 양상을 나타낸다.
③ 이스라엘의 키부츠가 대표적인 예이다.
④ 혼인과 혈연 또는 양자관계를 통하여 결합된 집단이다.

해설 키부츠는 부모와 자식이 하나의 주거집단을 형성하지 않고, 경제적인 협동도 한 가족단위로 이루어지지 않고 있다.

2. 다음 중 가족을 정의함에 있어 레비스트로스(Lévi-Strauss)가 강조한 것은 무엇인가?
① 공동운명체적 성격 ② 출자율 ③ 혈연관계 ④ 결혼관계

해설 레비스트로스는 머독의 개념보다 확대된 범위의 가족을 말하며, 특히 가족의 운명공동체적 성격을 강조하고 있다.

3. 다음 중 머독, 레비스트로스, 버제스, 로크 등의 학자들이 가족에 대해 공통적으로 갖는 관심은 무엇인가?
① 가족의 개념규정 ② 가족발달과업 ③ 가족주기 ④ 가정의례

해설 머독은 가족을 부부와 그들의 자녀로 구성되고, 주거와 경제적인 협력을 같이 하며, 또한 자녀의 출산을 특징으로 하는 집단으로 보았으며, 레비스트로스는 결혼으로 시작되며 부부와 그들 사이에서 출생한 자녀로 구성되지만 이들 이외에 가까운 친척이 포함될 수 있고, 가족구성원은 권리와 의무 및 다양한 심리적 정서로 결합되어 있다고 보았다. 그리고 버제스와 로크는 혼인, 혈연 혹은 입양에 의해 결합된 집단으로서, 하나의 가구를 형성하고, 각각의 사회적 역할 속에서 상호작용하며 의사소통하고, 공통된 문화를 창조, 유지하는 집단이라고 보았다.

4. 다음 중 가족의 외형적 구성과 기능을 중심으로 가족에 대한 정의를 내린 사람은?
① 머독(Murdock) ② 버제스(Burgess)
③ 로크(Locke) ④ 레비스트로스(Lévi-Strauss)

해설 버제스(Burgess)와 로크(Locke)는 가족구성원간의 내적인 상호작용관계를 강조했다. 그리고 레비스트로스는 가족의 공동운명체적 성격을 강조했다.

정답 1.③ 2.① 3.① 4.①

5 다음 중 학자들의 가족에 대한 정의에서 특별히 강조한 사항이 알맞게 연결된 것은?

① 로크(Locke) — 생활공동체로서 동적으로 해나가는 일상생활
② 머독(Murdock) — 가족구성원간의 내적인 상호관계
③ 레비스트로스(Lévi-Strauss) — 가족의 운명공동체적 성격강조
④ 버제스(Burgess) — 가족의 외형적인 구성과 기능중심

해설
- 머독(Murdock) : 외형적 구성과 기능중심
- 버제스(Burgess)와 로크(Locke) : 내적인 상호관계 강조

6 다음 중 가족에 대한 애착 내지 관심이 다른 의욕과 용기를 압도하고 행동의 주도권을 잡는 생활 태도를 무엇이라고 하는가?

① 개인중심주의   ② 가족주의   ③ 효(孝)사상   ④ 가부장제

해설 가족주의 : 가족에 대한 애착 내지 관심이 다른 의욕과 용기를 압도하고 행동의 주도권을 잡는 생활태도를 말한다.

7 다음 중 가족을 부부와 자녀의 구성으로 보고 주거, 경제 협력, 출산을 특징으로 하는 집단으로 보고 있는 학자는 누구인가?

① 보먼(H.A. Bowman)
② 애덤스(B.N. Adams)
③ 레비스트로스(Lévi-Strauss)
④ 머독(G.P. Murdock)

해설 머독(Murdock) : 머독은 가족을 구성하는 구성원 사이의 인간관계나 커뮤니케이션의 측면보다 가족의 외형적 구성과 기능을 중심으로 가족을 정의하고 있다. 즉 '가족'을 부부와 그들의 자녀로 구성되며 주거와 경제적인 협력을 같이 하고 또한 자녀의 출산을 특징으로 하는 사회집단이라고 정의하고 있다.

8 다음 중 머독(G.P. Murdock)의 가족 정의가 비판을 받는 가장 큰 요인은?

① 부모와 자녀의 동거를 전제로 한 핵가족 중심으로 정의한 점
② 결혼 · 혈연 · 입양을 가족형성의 조건으로 본 점
③ 공통의 가족 의식 강조
④ 가족관계의 확대 해석

해설 문제 7번 해설 참조

9 다음 중 현대 가족에서 강조되고 있는 성격을 잘 설명하고 있는 것은?

① 제도적 가족의 성격이 강하다.
② 우애적 가족의 성격이 강하다.
③ 사회변화에 따른 기능 수행을 강조한다.
④ 전통, 법률, 가부장권, 훈육방식 등에 의해 통솔된다.

해설 현대는 우애적 가족, 구성원 상호간의 정서적 표현을 위한 자기 충족적인 심리집단으로서의 가족이 강조된다.

10 다음 중 부부 중심으로 어버이와 자녀 등 근친자들이 한데 모여 의·식·주 등의 일상생활을 공동으로 하는 생활공동체를 무엇이라 하는가?

① 가족   ② 가정   ③ 가구   ④ 가사

해설 가족이 생활하는 공동체를 가정이라 한다.

11 가구에 관한 설명으로 알맞은 것은?

① 가족만이 생활할 수 있는 공간적인 장소를 의미한다.
② 2인 이상이 되지 않으면 안 된다.
③ 가족보다 크기에 있어서 크다.
④ 거주하는 공간과 가계라는 경제적 협력만을 기준으로 한 집단이다.

해설 가구는 주거단위를 근거로 한 것이기 때문에 1인이라도 족하다.

12 다음 중 가구(家口)에는 포함되나 가족(家族)에는 포함되지 않는 사람은 누구인가?

① 함께 기거하는 고용인
② 외국에 유학 중인 언니
③ 별거하고 계시는 부모
④ 조부모

해설 가구란 혼인관계나 혈연관계를 전혀 고려하지 않고 거주하는 공간과 가계라는 경제적 협력만을 기준으로 한 집단을 말한다.

13 다음 중 가구원에는 포함되나 가족원에는 포함되지 않는 사람은 누구인가?

정답 5.❸ 6.❷ 7.❹ 8.❶ 9.❷ 10.❷ 11.❹ 12.❶ 13.❷

① 별거중의 기혼 장남　　　　　　② 함께 기거하는 가사보조원
③ 유학중의 자녀　　　　　　　　④ 출가한 딸

해설 문제 12번 해설 참조

14 다음 중 가구와 가족이 일치하는 경우로 가장 옳은 것은?

① 가구원 중에 비가족원도 없고 출타가족원도 없는 가구
② 가족원과 고용인, 동거인 등의 비가족원이 포함되어 가구를 이룬 경우
③ 가족원의 일부가 출타한 경우
④ 비가족원이 가구에 포함되어 있는 반면 가족원 일부가 출타한 유형

해설 가구의 네 가지 유형
- 가구원이 전부 가족원으로 이루어진 유형(가구와 가족이 일치)
- 가족원과 고용인, 동거인 등의 비가족원이 포함되어 가구를 이룬 유형
- 가족원의 일부가 출타한 유형
- 비가족원이 가구에 포함되어 있는 반면 가족원 일부가 출타한 유형

15 다음 〈보기〉는 한 가구의 구성원들로 핵가족의 가족원과 가구원 수가 바르게 연결된 것은?

보기	
구성원	부, 모, 나, 동생 직장관계로 함께 사는 사촌언니 아버지의 사업을 돕는 사람 1명 학교관계로 떠나 있는 오빠

① 가족수 : 5, 가구원수 : 5　　　　② 가족수 : 6, 가구원수 6
③ 가족수 : 6, 가구원수 : 5　　　　④ 가족수 : 5, 가구원수 6

해설 핵가족이란 부모와 미혼자녀로 구성되어 있는 가족이다. 한편, 가구는 주거와 가계를 같이 하는 자이다.

16 다음 중 가구를 형성하는데 고려되는 중요 요건은 무엇인가?

① 가족이기주의　　② 법적인 입양　　③ 주거와 생계　　④ 혼인과 혈연

해설 하나의 단위로서의 가족이 생활을 같이 하는 주거집단과 일치하지 않는 경우 이것을 가족과 구별하여 '가구'라 부른다. 즉, '주거와 생계를 같이 하는 자' 또는 '1인가구 또는 2인 이상이 공동으로 취사 · 취침 등을 통해 생계를 영위하는 생활단위'를 가구라고 한다.

17 다음 중 '집'에 대한 설명으로 옳지 않은 것은?

① 가족구성원 모두를 지배하는 초인간적 관념체계이다.
② 그 자체의 존속을 목표로 하는 초시간적 관념체계이다.
③ 건물, 가격, 가풍, 가족원, 친족원을 포함하는 넓은 개념이다.
④ 학술용어로 의미가 단순하다.

해설 '집'이란 용어는 한국인의 일상용어이면서 복잡다양한 의미를 지니고 있다. 물리적인 건물, 문화적인 가격(家格)과 가풍, 그리고 가족원과 친족원을 포함하는 넓은 개념이 된다.

18 다음 중 집이 의미하고 있지 않은 것은?

① 건물 ② 가족구성원 ③ 일회성 ④ 가풍

해설 집은 가족보다 더 일상적으로 광범위하게 사용되는 것이다.

19 다음의 〈보기〉에서 '집'이 의미하는 것은?

> **보기** "그 집은 양반이다."

① 가족구성원 ② 가족의 사회적 배경 ③ 친족원 ④ 물리적인 건물

해설 '우리 집은 네 식구이다'라고 할 때의 집은 가족구성원을 뜻한다. '그 친구의 집은 광주이다'라고 할 때의 집은 생활하는 거주지를 말한다. '저 집은 크다'에서의 집은 건물을 의미하기도 한다. '그 집은 양반이다'라고 할 때의 집은 가족의 사회적 배경, 지체를 말하고, '그 집안과는 혼사할 수 없다'라고 할 때는 가족의 범위를 벗어나 친족의 범위까지 포함한 경우이다.

20 '집'에 대한 설명으로 옳지 않은 것은?

① 성립된 집은 끝없이 존속해야 한다는 영속지향성을 가진다.
② 친자관계의 연결을 의미한다.
③ 존속을 목표로 가족구성원 모두를 지배하는 초시간적, 초인간적 관념체계를 의미한다.
④ 주거와 가계를 같이 하는 자를 의미한다.

해설 ④의 경우는 가구를 설명한 것이다.

정답 14.❶ 15.❹ 16.❸ 17.❹ 18.❸ 19.❷ 20.❹

21 가족을 부부와 자녀로 구성된 동거집단으로만 정의하는 것에 대한 이의제기 내용이 아닌 것은?

① 가족관계나 가족의식이 핵가족의 범위에 한정되지 않는다.
② 부모가 자녀들과 동거하는 것을 전제로 삼은 데 있다.
③ 입양의 문제가 너무 협소하게 이뤄지고 있다.
④ 일상적인 생활을 공동으로 영위하는 연대의식을 지닌 공동체집단이다.

해설 ④는 확대되어진 가족의 개념이다.

22 다음 중 계층적으로 다양한 형태의 가족을 이해하는데 요구되는 포괄적인 가족의 정의로 알맞은 것은?

① 가족은 혼인·혈연 혹은 입양에 의해 결합된 집단으로서 하나의 가구를 형성하며 각각의 사회적 역할 속에서 상호작용하며 의사소통하고 공통의 문화를 창조·유지하는 집단이다.
② 가족은 결혼으로 시작되며 부부와 그들의 출생자녀뿐 아니라 가까운 친척이 포함될 수 있으며, 가족구성원은 법적 유대 및 권리·의무, 심리적 정서로 결합되어 있는 집단이다.
③ 가족은 부부와 그들의 자녀로 구성되며 주거와 경제적인 협력을 같이 하고 또한 자녀의 출산을 특징으로 하는 사회집단이다.
④ 가족은 일상적인 생활을 공동으로 영위하는 부부와 자녀들, 그들의 친척 그리고 입양이나 기타 관계로 연대의식을 지닌 공동체집단으로서 반드시 동거하는데 한정되지 않는 집단이다.

해설 가족의 정의는 '일상적인 생활을 공동으로 영위하는 부부와 자녀들, 그들의 친척 그리고 입양이나 기타 관계로 연대의식을 지닌 공동체집단'으로서 반드시 동거하는 데 한정되지 않는다. 이러고 보면 가족의 정의는 대단히 광범위해졌다. 민족이나 사회문화간, 계층적으로 다양한 형태의 가족들을 이해하는 데 요구되는 포괄적인 정의가 된 셈이다.

정답 21. ④ 22. ④

주관식

1 가족을 정의함에 있어 레비스트로스(Lévi-Strauss)가 강조한 것은 무엇인가?

2 부부 중심으로 어버이와 자녀 등 근친자들이 한데 모여 의·식·주 등의 일상생활을 공동으로 하는 생활공동체를 무엇이라 하는가?

3 현대 가족에서 강조되고 있는 성격에 대하여 간략하게 쓰시오.

4 가구의 네 가지 유형을 쓰시오.

Answer

1 공동운명체적 성격

2 가정

3 현대는 우애적 가족, 구성원 상호간의 정서적 표현을 위한 자기 충족적인 심리집단으로서의 가족이 강조된다.

4
- 가구원이 전부 가족원으로 이루어진 유형(가구와 가족이 일치)
- 가족원과 고용인, 동거인 등의 비가족원이 포함되어 가구를 이룬 유형
- 가족원의 일부가 출타한 유형
- 비가족원이 가구에 포함되어 있는 반면 가족원 일부가 출타한 유형

MEMO

제1부 가족일반론

02 가족의 형태

 단원 개요

가족은 다른 사회제도와 비교해 볼 때 비교적 변하지 않는 제도이다. 지금까지 많은 사회학자들은 산업혁명을 계기로 가족이 크게 변화하였다고 하였으나 근래에는 이에 대한 반론이 제기되고 있다. 그리하여 여기에서는 가족유형의 여러 가지 분류방법을 살펴보고 사회구조와 가족유형과의 관련성을 알아본다. 그리고 특히 핵가족의 변화 성격을 고찰하고, 우리나라의 가족형태의 변화를 산업화, 도시화와 관련시켜 알아본 후 각 사회와 개인의 상황에 따라 선택할 수 있는 앞으로의 다양한 가족생활의 양식을 알아본다.

 출제 경향 및 수험 대책

이 단원에서는 가족의 형태와 분류기준, 핵가족의 성격과 형태, 사회구조와 가족형태와의 관계, 가족형태의 분류, 핵가족과 사회변화, 한국사회의 산업화와 가족형태변화, 새로운 가족형태의 모색 등에 대해서 묻는 문제들이 출제될 수 있는 바, 자세하고 철저한 학습이 요구된다.

2

01 가족의 유형

1 핵가족 · 확대가족

① **핵가족** : 부부와 그들의 미혼자녀로 구성된 가족을 말하며 산업사회에서 보편적인 가족의 형태로 인정되고 또 가장 많은 비율을 차지하는 가족의 형태이다.(개별가족, 단순가족, 소가족)

② **확대가족**
   ㉠ 부부, 자녀 외에 조부모 등이 함께 사는 가족이다. 확대가족은 농사를 짓던 과거의 전통적인 가족의 형태로서 세대 간의 유대감이 강하고 집안의 중요한 일은 어른들을 중심으로 결정한다.
   ㉡ 확대가족은 어른들과 같이 살기 때문에 가족 간의 예절, 특히 웃어른에 대한 공경과 태도를 배울 수 있다.

③ **수정확대가족**
   ㉠ 리트워크(Litwak)가 처음 사용한 용어로서, 핵가족 구조를 가지기는 하지만, 원가족과 떨어져 살고 있을 뿐 지속적인 상호작용망과 지원망을 유지하면서 여전히 긴밀한 유대를 유지하고 있는 가족이다.
   ㉡ 수정확대가족은 현대 가족들이 물리적으로는 떨어져 살고 있지만, 전화, 방문, 지원 제공 등 빈번한 접촉을 통해 밀접한 유대를 유지하고 있는 것이다.

| 표 2-1 | 확대가족과 핵가족

구분	확대가족	핵가족
특징	전통 농경 사회의 일반적 가족 형태	산업화 이후 확대된 가족 형태
장점	가족 전체의 결속과 유대 강조, 윗 세대의 삶의 지혜와 연륜 전수가 용이함	가족 구성원의 관계는 수평적 · 민주적, 개인의 창의성 존중
단점	남성 중심, 가부장제적 질서 중시, 개인의 개성과 창의성 발휘 어려움	구성원 간의 유대감 약화, 가족 해체 현상 발생, 사회화 기능 약화

④ **머독의 복합가족** : 확대가족과 복혼가족으로 구별하여 사용하였다.
   ㉠ 복혼가족 : 결혼 배우자의 수에 따라 일부다처제와 일처다부제가 있다.
   ㉡ 확대가족 : 성격에 따라 혼인한 신랑과 신부가 시가에 거주하면 부처확대가족이라 하고, 신부집에 가서 살면 모처확대가족이라 하며, 시가와 신부집 중 어느 쪽이든 선택이 가능하면 양처확대가족이라 한다. 그리고 신랑의 외삼촌 집에 가서 거주하는 모계 사회의 경우를 외숙처확대가족이라 부른다.

추가 설명

결혼형태에 따른 가족 형태
- **단혼인 일부일처제** : 남편 한 사람과 부인 한 사람이 만나서 살아가는 것을 결혼이라고 생각하는 것이다.
- **복혼인 일부다처제** : 남편은 한 사람이지만 부인은 여럿인 결혼형태로 무문자(無文字) 사회나 수렵채집을 하는 민족에게서 많이 나타난다. 예 일부 이슬람 세계
- **복혼인 일처다부제** : 한 명의 여성이 두 명 이상의 남성과 결혼하는 것이다. 예 인도 남부의 나야족, 히말라야의 티베트족, 인도 남부의 토다족, 폴리네시아 군도의 말쿼산족

추가 설명

가족 형태의 기호화
- 남자는 △, 여자는 ○, 혼인관계는 = 로 표시
- 혼인관계에서 남자는 왼쪽, 여자는 오른쪽, 형제는 연령 순서대로 왼쪽에서 오른쪽으로 표시

| 표 2-2 | 머독의 가족형태의 분류

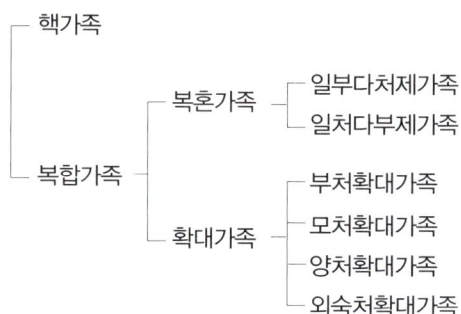

2 결합범위에 따른 분류 – 직계·방계·과도기적 가족

① **직계가족** : 적어도 두 세대 이상이 함께 사는 형태로 전통적인 우리나라의 가족이나 일본 가족과 같이 원칙적으로 맏아들만이 본가(本家)에 남아서 부모를 모시고 가계(家系)를 계승하며 그 이외의 자식은 분가하는 것이다.
② **방계가족** : 가족이 횡적으로 확대되어서 다른 세대뿐만 아니라 같은 세대의 형제들이 결혼한 후에도 그들의 배우자, 자녀 등이 한 거주지에서 부모와 동거하는 가족을 의미한다.
③ **과도기적 가족** : 경우에 따라서 조부모나 부모 없이 잠정적이나마 형제자녀만으로 구성되는 단순한 가족을 의미한다.

3 세대별 분류

남매로 구성된 과도기적 가족은 1세대가족이고, 부부와 미혼자녀로 구성된 핵가족은 2세대가족이며, 조부모와 부모·미혼 자녀로 구성된 직계가족과 방계가족은 3세대가족이 된다.

02 사회변화와 가족 : 산업화와 가족형태의 변화

1 산업화

① **산업화의 정의** : 생산활동의 분업화·기계화로 산업구조가 1차산업에서 2·3차산업으로 옮겨가는 현상과 그에 따른 사회·문화 구조의 변화를 의미한다.
② **산업화의 특징**
  ㉠ 과학기술의 진보와 생산성 향상, 직업의 전문화, 노동자들의 획일적 작업, 농촌인구의 빠른 도시유입, 핵가족의 일반화, 소비수준의 향상 등이다.
  ㉡ 산업화로 도시화, 핵가족화가 촉진되었으며, 집단주의적 또는 가족주의적 가치관은 퇴색하고 개인주의적 가치관이 성행하게 되었다.
  ㉢ 가정과 노동의 분리, 생산과 재생산의 분리, 공사의 분리가 이루어지기 시작했다.
  ㉣ 여성의 경제활동참가율이 증가하여 가족 내에서의 역할분담에도 큰 변화가 나타났

추가 설명

직계가족과 방계가족
- 우리나라와 일본의 이상적인 가족유형은 직계가족이고, 중국의 가족유형은 방계가족이다.
- 직계가족이란 핵가족이 종적(縱的)으로 확대된 가족을 뜻하고, 방계가족이란 횡적(橫的)으로 확대된 형태이다.
- 직계가족에서는 방계가족처럼 모든 가족이 경제적인 자원을 공유하거나 공동출자하지 않는다. 이 형태의 가족에서는 경제적 자원이 한 아들, 즉 장남에게 귀속된다.

추가 설명

산업사회 이전의 전통사회
- 노동과 가족구조가 하나의 통합체로 분리되지 않은 채 유지되었다.
- 생산단위는 가족단위 혹은 친족단위와 동일했고 생활 자체도 생산과 소비가 확연히 분리되지 않았다.
- 노동장소와 가정생활의 장소가 구별되지 않았고 노동역할과 가족역할의 수행, 공적인 일과 사적인 일이 분리되지 않고 연결되어 있었다.
- 가족을 단위로 자급자족적인 부양활동을 하였고, 이를 통해 가족의 생계와 생활이 유지되었다.

다. '남자는 사회, 여자는 가정'이라는 이분적인 역할분담에 변화가 초래되었다.
ⓜ 여성의 취업증가로 인한 가족기능의 공백은 '가족생활의 사회화'를 촉진시켰다. 즉, 예전에 기록 내에서 행해지던 가사와 육아가 가족 외의 사회적 시설과 서비스에 의해 대체되었다.

2 가족의 변화
① **가족규모의 축소** : 출산율 저하, 1인가구의 증가 등으로 전체 일반가구수가 급증함과 동시에 한 가구당 인원은 급격하게 감소하였다.
② **가족세대의 단순화** : 3세대 이상으로 구성된 가구가 급격히 감소했고, 1세대 가구가 급격히 증가했다.
③ **가족형태의 다양화** : 가족의 형태는 다양화되고 있는 추세이다. 부부와 자녀로 구성된 전형적인 핵가족 이외에 1인 가구, 부부가정, 한부모가정, 조손가정, 다문화가정 등으로 그 형태가 다양화되고 있다.
  ㉠ 부부만의 가족 증가는 단독가구의 증가와 더불어 가구구성을 단순화시키는 요소가 되고 있다.
  ㉡ 1인가구는 평균수명 연장에 의해 증가한 노년층 중 자녀와 동거하지 않고 독신가구를 형성하는 사람이 증가하고 또한 결혼적령기에 달한 미혼남녀의 분가가 늘어난 데 기인한다.
  ㉢ 배우자의 사망, 이혼 및 별거로 인해 한부모가정, 조손가정도 증가추세이다.
  ㉣ 국제결혼건수의 증가로 다문화가정이 증가하고 있다.

3 핵가족과 사회변화
다양한 형태의 가족 중에서 가장 단순한 것으로 부부와 그들 사이의 미혼자녀로 이루어지는 것이 핵가족이다.
① **방위가족과 생식가족**
  ㉠ **방위가족** : 한 개인이 부모의 보호를 받으며 이제까지 성장해 온 가족으로 부모에 의하여 운명적으로 태어났다는 점에서 '출생가족'이라고도 한다.
  ㉡ **생식가족** : 부모로부터 독립하여 혼인 후 별도로 자기 자신이 배우자와 함께 확립하는 가족으로 배우자를 만나 자녀를 출산한다는 점에서 '출산가족'이라고도 한다. 오늘날의 생식가족은 자신이 원하는 배우자를 스스로 선택하며, 그런만큼 자신의 생식가족에 대하여는 책임이 수반된다.
② **핵가족의 성격과 사회구조**
  ㉠ 핵가족을 현대산업사회의 특징적인 것으로 간주하고 있지만 사실은 인류의 진행과정의 양끝, 즉 원시수렵채취 사회와 현대산업 사회에 공통적으로 나타나고 있다.
  ㉡ **핵가족의 성격** : 가족의 구성원 간에 민주적·평등적이며, 고도의 이동성이 필요한 생활환경에 잘 적응할 수 있다.

추가 설명
가족세대가 단순화하는 원인
- 가족형성규범의 변화로 인한 무자녀가족의 증가 및 결혼 후 출산까지의 기간 연장
- 노인의 수명신장과 성인자녀의 독립으로 노인들만 남은 가구의 증가
- 결혼연령의 지연으로 인한 미혼가구의 증가와 이에 수반된 형제자매들로 구성된 가족의 증가

추가 설명
산업화 혹은 도시화에 따른 가족관계 변화
- 평등이념에 따라 가족관계가 형성된다.
- 대인관계에 이중성이 나타난다.
- 청년층을 중심으로 한 생활양식이 지배한다.
- 인간관계가 느슨해지고 사회 관계성이 약화된다.

03 새로운 가족형태의 모색

1 개요
가족주의 가치관이 약화되고 결혼에 대한 시각이 달라지면서 가족 형태도 변화하고 있다.
① **가족 구조적인 측면** : 한 부모가족, 미혼모 가족, 무자녀 가족, 노인가족 등
② **가족 구성원의 특성 측면** : 재혼 가족, 입양 가족, 다문화가족 등
③ **생활 양식 측면** : 부부취업가족, 분거 가족(주말부부 가족, 기러기 가족)
④ **탈근대적 측면** : 미혼독신가족(1인 가족), 동거 가족, 동성애 가족, 공동체지향가족

2 다양한 가족 형태
① **독신가족** : 결혼을 하지 않은 상태에서 혼자 살고 있거나 이혼, 사별 등으로 인해 한 사람으로 이루어진 가족형태이다.
② **무자녀가족**
   ㉠ 자녀가 없고 부부로만 구성된 가족이다. 이는 맞벌이가 아닌 경우까지 포함할 수 있다. 이는 결혼하기 전에 부모의 역할을 하지 않겠다고 미리 약속하는 경우, 자녀를 가지는 것을 연기하다가 무자녀가족으로 남게 되는 경우 등 다양하다.
   ㉡ 자발적 무자녀가족으로 결심하는 데에는 교육, 직업, 참여, 준거집단의 지지 등이 영향을 미친다.
③ **한부모가족** : 미성년 자녀를 둔 가정에서 부모의 한쪽이 사망·이혼·미혼모 등의 이유로 혼자서 자녀를 키우며 부모 역할을 담당하는 한부모와 자녀로 구성된 가족을 의미한다. 모자가족, 부자가족으로 분류할 수 있는데, 가장 많은 것은 모자가족이다.
④ **재혼가족** : 재혼으로 형성된 가족으로 두 명의 성인과 그들 중 어느 한 쪽 혹은 양쪽에서 나온 자녀들로 이루어진 가족형태이다.
⑤ **입양 가족** : 혈연관계가 없는 사람을 자녀로 맞이하는 입양으로 이루어진 가족이다.
⑥ **다문화 가족** : 부부 중 한 사람이 외국인인 국제결혼 가족, 외국인 근로자 가족 등이 있다.
⑦ **조손 가족** : 부모 없이 조부모 1명 또는 2명과 손자녀로만 이루어진 가족이다.
⑧ **동거가족** : 공식적으로 결혼식이나 혼인신고를 하지 않고 사는 가족이다. 동거이유는 공동 기거 및 공동취사, 성욕충족 및 경제적 협력의 기능을 수행하는 것이다.
⑨ **동성애 가족** : 동성의 커플이 가족을 이루고 사는 형태로서 동성결혼을 합법화한 국가(예 노르웨이, 스웨덴, 캐나다, 대만 등)들이 있다.

추가 설명

가족 형태의 다양화 배경 : 사회 변동, 의식의 변화(개인주의, 양성평등), 세계화 등

추가 설명

딩크(DINK : Double income, No Kids)족 : 정상적인 부부 생활을 영위하면서 의도적으로 자녀를 두지 않는 맞벌이 부부를 일컫는 용어로 부부 모두 자신의 일을 가지고 경제적으로 여유롭게 살기를 원하며, 아이를 양육하면서 드는 돈과 시간, 노력을 부부의 행복을 위해 쓰겠다는 생각을 가진 사람들이다.

추가 설명

기타 다양한 가족 형태
- 분거 가족(신 이산 가족) : 가정의 사정에 따라 가족들이 멀리 떨어져 사는 가정의 가족 형태이다. 예 자녀들이 학업이나 기타 이유로 지방이나 외국에 따라 떨어져 사는 경우, 부부 중 한 사람이 직장 등의 이유로 지방이나 외국에 따라 떨어져 사는 경우
- 공동체 지향 가족 : 특정한 목적을 위하여 정서적 지지를 함께하거나 자녀 양육을 함께 하면서 사는 개인들이나 소규모 가족 형태이다. 혈연보다는 개인적인 관심사와 필요에 의해 만들어진 가족 형태이다. 예 공동 육아와 노후의 공동제 지향
- 수정핵가족 : 외형상 한 울타리 안에 거주하지만 내용상 위층, 아래층에 살거나 또는 같은 집에 살더라도 식사는 각기 해결하는 등 어느 정도 서로간에 프라이버시를 유지하며 동거하는 방식이다.

실전예상문제

객관식

1 다음 중 직계가족에서 핵가족에로의 변화에 따라 가장 약화된 가족관계는 무엇인가?

① 형제자매관계 ② 고부관계 ③ 부모자녀관계 ④ 부부관계

해설 핵가족 : 부부와 그들 사이의 미혼자녀로 이루어지는 것

2 핵가족과 관련 없는 용어는?

① 개별가족 ② 단순가족 ③ 확대가족 ④ 소가족

해설 가족의 가장 간단한 형태인 부부와 그들의 미혼자녀로 구성된 가족을 머독은 핵가족이라 했는데, 개별가족, 단순가족, 소가족이라고도 한다.

3 다음 중 가족구성의 범위를 기준으로 가족의 유형을 분류한 것은 무엇인가?

① 단혼가족/복혼가족 ② 현대가족/원시가족
③ 소인수가족/다인수가족 ④ 핵가족/확대가족

해설 가족구성의 범위를 기준으로 분류한 가족의 유형
• 핵가족 : 가족의 가장 간단한 형태인 부부와 그들의 미혼자녀로 구성된 가족
• 확대가족 : 부부, 자녀 외에 조부모 등이 함께 사는 가족이다.

4 다음 중 부부와 미혼의 자녀들로만 구성된 가족을 무엇이라 하는가?

① 방위가족 ② 직계가족 ③ 생식가족 ④ 핵가족

해설 핵가족이란 부부와 그들의 미혼 자녀로 구성된 가족을 말한다.

5 부모와 자녀가 각기 별개의 가구를 마련하지만, 가까운 거리에 살면서 실제로는 한집과 같이 왕래하고 협조하며 사는 가족형태는?

① 확대가족 ② 수정핵가족 ③ 방계가족 ④ 수정확대가족

해설 수정확대가족 : 원가족과 떨어져 살고 있을 뿐 지속적인 상호작용망과 지원망을 유지하면서 긴밀한 유대를 유지하고 있는 가족이다.

6 다음 중 핵가족과 확대가족을 구분하는 기준은 무엇인가?

① 부부의 결합형태 ② 가족 내 권위의 소재 ③ 가족의 수 ④ 가족구성원의 범위

해설 문제 3번 해설 참조

7 다음 〈보기〉의 내용에 해당하는 가족 유형은?

> **보기** 전통적인 가족의 형태로서 세대간 유대감이 강하고 가족간 예절, 웃어른 공경 등을 배울 수 있는 가족 형태이다.

① 확대가족 ② 핵가족 ③ 수정확대가족 ④ 부부가족

해설 확대가족은 부부, 자녀 외에 조부모 등이 함께 사는 가족이다.

8 다음 〈보기〉는 머독의 가족형태의 분류를 도표화한 것이다. 빈 칸에 해당하는 가족 형태는?

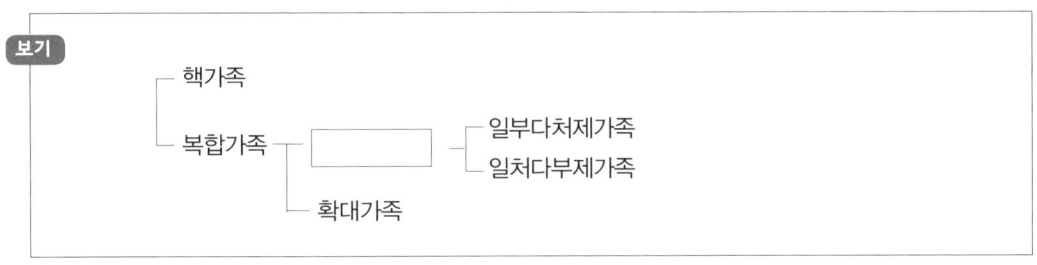

① 직계가족 ② 총체가족 ③ 합성가족 ④ 복혼가족

해설 복혼가족은 결혼배우자의 수에 따라서 구분하는 것으로, 머독은 확대가족과 복혼가족을 합하여 복합가족이라고 구별하였다.

9 다음 중 확대가족과 복혼가족을 합하여 복합가족으로 구별한 사람은?

① 머독(Murdock) ② 레비스트로스(Lévi-Strauss)
③ 버제스(Burgess) ④ 로크(Locke)

해설 문제 8번 해설 참조

정답 1.❷ 2.❸ 3.❹ 4.❹ 5.❹ 6.❹ 7.❶ 8.❹ 9.❶

10 다음 중 부부와 기혼의 아들부부로 구성된 2세대 직계가족을 바르게 기호로 표시한 것은 무엇인가?

① △ = ○
　│
　　○ = △

② ○ = △
　│
　　△ = ○

③ △ = ○
　│
　△ = ○

④ ○ = △
　│
　○ = △

해설 남자는 △, 여자는 ○, 혼인관계에서 남자는 왼쪽에, 여자는 오른쪽에, 형제는 연령 순서대로 왼쪽에서 오른쪽으로 표시하게 된다.

11 다음 중 가족의 형태를 기호화할 때 '='가 의미하는 것은 무엇인가?

① 방계　　② 혈연관계　　③ 혼인관계　　④ 직계

해설 남자는 △, 여자는 ○, 혼인관계는 =로 표시한다.

12 다음의 〈보기〉에 해당하는 가족 유형을 바르게 설명한 것은?

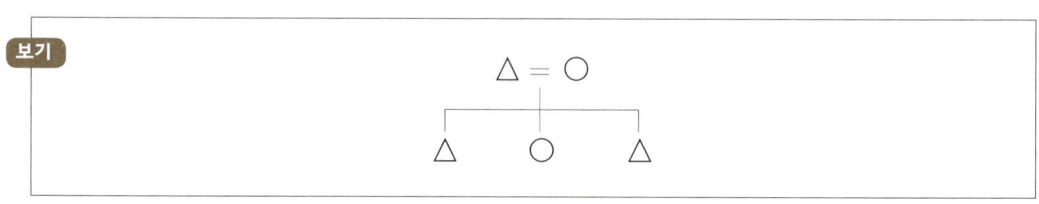

① 1남 2녀의 과도기적 가족
② 2남 1녀의 방계가족
③ 1남 2녀의 직계가족
④ 2남 1녀의 핵가족

해설 핵가족은 부부와 그들의 미혼자녀로 구성된 가족을 말하며 개별가족, 단순가족, 소가족이라고도 한다.

13 다음 중 현대 산업사회에서의 대체적인 가족유형은 무엇인가?

① 확대가족　　② 핵가족　　③ 방계가족　　④ 과도기적 가족

해설 핵가족은 부부와 그들 사이의 미혼자녀로 이루어지며 산업사회의 보편적 형태의 가족이다.

14 세대별로 가족유형을 구분할 때 부부와 미혼자녀로 구성된 핵가족은?

① 1세대가족　　　② 2세대가족　　　③ 3세대가족　　　④ 4세대가족

> **해설** 남매로 구성된 과도기적 가족은 1세대가족이고, 부부와 미혼자녀로 구성된 핵가족은 2세대가족이며, 조부모와 부모·자녀로 구성된 직계가족과 방계가족은 3세대가족이 된다. 여기에 자녀가 결혼하여 자녀가 생기면 4세대 이상 확대될 수 있다.

15 다음의 〈보기〉와 같은 특성을 갖는 가족의 형태는 무엇인가?

> **보기**
> ㉠ 이동성이 높고 산업사회에 적합하다.　　㉡ 결혼과 동시에 경제적으로 완전히 독립한다.
> ㉢ 연애혼의 결혼형태를 취한다.　　　　　㉣ 부부관계의 기반은 애정이다.

① 과도기적가족　　② 직계가족　　③ 방계가족　　④ 핵가족

> **해설** 핵가족의 특징
> - 핵가족에서는 자녀들이 성장하여 혼인하면 그들이 태어난 부모의 가족을 떠나 새로운 가족을 형성하는데, 전자를 방위가족이라 하고, 후자를 생식가족이라고 한다.
> - 서구의 핵가족에서 젊은 부부는 혼인하는 대로 곧 방위가족에서 완전히 독립하여 새로운 거주지를 정하고 자신들의 생식가족을 확립한다. 부모와는 정기적으로 상호방문을 하고 정서적 유대를 지속하나 서로간에 경제적 의존을 기대하지는 않는다.
> - 핵가족에서 부부관계는 원칙적으로 애정을 기반으로 한 연애혼으로 성립되며, 상호애정의 표현을 기대하고, 애정이 지속하는 한 가정생활이 안정되나, 부부간의 애정이 없어지면 쉽게 가족이 해체되고 재혼도 쉽게 이루어진다.
> - 핵가족은 고도의 이동성이 요구되는 생활환경에 잘 적응한다.

16 다음 중 가족의 유형에 대한 설명으로 옳지 않은 것은?

① 방위가족 — 부모의 보호를 받으며 지내는 가족
② 생식가족 — 결혼과 함께 부모의 가족을 떠나 독립해서 새로 형성된 가족
③ 방계가족 — 집의 번영과 존속을 중심으로 하여 가장의 직계비속 중 장남, 장손 등의 가계 계승자와 이들의 배우자 그리고 그들의 자녀들로 형성된 가족
④ 핵가족 — 다양한 형태의 가족 중에서 부부와 그들의 미혼자녀로 이루어진 가족

> **해설** 방계가족 : 다른 세대뿐만 아니라 같은 세대의 형제들이 결혼한 후에는 그들의 배우자, 자녀 등이 한 거주지에서 부모와 동거하는 가족이다.

정답 10.③ 11.③ 12.④ 13.② 14.② 15.④ 16.③

17 다음 중 '(   )이란 핵가족이 종적으로 확대된 가족을 뜻하고, (   )이란 핵가족이 횡적으로 확대된 형태이다.'에서 괄호에 들어갈 단어가 바르게 연결된 것은?

① 과도기적 가족, 생식가족
② 부부가족, 직계가족
③ 방계가족, 직계가족
④ 직계가족, 방계가족

해설 직계가족이란 핵가족이 종적으로 확대된 가족을 뜻하고, 방계가족이란 핵가족이 횡적으로 확대된 형태이다.

18 다른 세대뿐 아니라 같은 세대의 형제들이 혼인한 후에도 그들의 부모와 동거하는 가족을 무엇이라 하는가?

① 직계가족
② 핵가족
③ 방계가족
④ 과도적 가족

해설 문제 16번 해설 참조

19 다음 중 성인기의 남녀가 결혼으로 이룩한 가족 명칭은 무엇인가?

① 과도적 가족
② 혈연가족
③ 생식가족
④ 방위가족

해설 가장 단순한 형태인 핵가족에서는 자녀들이 성장하면 결혼과 함께 그들이 태어난 부모의 가족을 떠나 독립해서 새로운 가족을 형성하게 되는데 이것이 핵가족의 성격에 중요한 의미를 지닌다. 이때 한 개인은 부모의 보호를 받으며 지내온 가족과 그리고 부모로부터 독립하여 혼인 후 별도로 자기자신이 확립하는 두 개의 가족을 경험하게 되는데, 전자에 해당하는 것을 방위가족이라 하고, 후자를 생식가족이라고 한다.

20 다음 중 '인간은 대체로 자신이 태어난 (   )에서 살아가야 할 인생의 방향을 배우게 되므로 (   )은 중요하다. 그리고 부모에 의해 운명적으로 태어났다는 점에서 (   )을 출생가족(出生家族)이라고도 부른다.'에서 괄호에 알맞은 것은?

① 출산가족
② 방위가족
③ 생식가족
④ 핵가족

해설 인간은 대체로 자신이 태어난 방위가족에서 살아가야 할 인생의 방향을 배우게 되므로 방위가족은 중요하다. 그리고 부모에 의해 운명적으로 태어났다는 점에서 방위가족을 출생가족이라고도 부른다.

21 다음 중 사람이 일생동안 경험하는 가족 중 본인이 결혼 후 이루어 생활해가는 가족의 명칭을 무엇이라 하는가?

① 방위가족
② 생식가족
③ 직계가족
④ 혈연가족

해설 부모의 보호를 받으며 지내는 가족을 방위가족, 부모로부터 독립하여 혼인 후 별도로 자기자신이 확립하는 가족을 생식가족이라 한다.

22 다음 중 산업화의 특징으로 거리가 먼 것은?
① 직업의 전문화　② 소비수준의 향상　③ 개인주의적 가치관　④ 확대가족의 일반화

해설 **산업화의 특징** : 직업의 전문화, 소비수준의 향상, 개인주의적 가치관, 과학기술의 진보와 생산성 향상, 농촌인구의 빠른 도시 유입, 핵가족의 일반화

23 다음 중 산업화 사회에 대한 내용으로 옳지 않은 것은?
① 여성의 경제활동 참가율이 증가하여 가족 내 역할분담에 변화가 나타났다.
② 여성의 취업 증가는 가족생활의 사회화를 촉진시켰다.
③ 가족주의적 가치관은 퇴색하고 개인주의적 가치관이 성행하게 되었다.
④ 노동역할과 가족역할의 수행, 공적인 일과 사적인 일이 분리되지 않고 연결되어 있다.

해설 산업사회에서는 가정과 노동의 분리, 생산과 재생산의 분리, 공사의 분리가 이루어지기 시작했다.

24 다음 중 사회구조와 가족형태와의 관계가 바르게 연결된 것은 무엇인가?
① 유목사회 — 모계 확대가족
② 산업사회 — 핵가족
③ 농경사회 — 부부가족
④ 수렵사회 — 수정확대가족

해설 자본주의 산업구조는 노동인구의 대이동과 도시화를 촉진시키며 가족생활 단위는 이에 따라 부부중심의 핵가족으로 점차 변화하게 된 것이다.

25 산업화에 따른 가족의 변화 내용으로 옳지 않은 것은?
① 가족 규모의 축소　② 가족세대의 단순화　③ 1인 가구의 감소　④ 가족 형태의 다양화

해설 핵가족 이외에 1인 가구, 부부가정, 한부모가정, 조손가정, 다문화가정 등 그 형태가 다양화되고 있으며, 증가 추세에 있다.

정답 17. ④　18. ③　19. ③　20. ②　21. ②　22. ④　23. ④　24. ②　25. ③

26 현대사회에 가족세대가 단순화하는 원인으로 거리가 먼 것은?

① 무자녀가족의 증가
② 결혼 후 출산까지의 기간 감소
③ 노인들만 남는 가구의 증가
④ 미혼가구의 증가

해설 가족세대가 단순화하는 원인 : 무자녀가족의 증가, 노인들만 남는 가구의 증가, 미혼가구의 증가, 결혼 후 출산까지의 기간 연장 등

27 다음 중 우리나라 가족 형태에 대한 설명으로 옳지 않은 것은?

① 가족구성원 평균 인원수로 보아 소인수가족으로 변화하는 추세이다.
② 사회변동, 의식의 변화, 세계화 등으로 가족 형태가 다양화되고 있다.
③ 1인가구가 감소하고 있다.
④ 부부가족의 비율이 증대했다.

해설 1인가구는 계속적으로 증가 추세를 보인다.

28 다음 중 한국가족의 변화에 대한 설명으로 옳지 않은 것은?

① 직계가족이 감소한 반면 부부가족은 증가했다.
② 자녀와 동거하는 노인층이 대부분이다.
③ 다문화가족이 증가하였다.
④ 확대가족에서 핵가족으로 일반화되었다.

해설 자녀와 동거하지 않는 노년층이 증가하였다.

29 우리나라에 있어 점점 증가하는 형태의 가족이 아닌 것은?

① 방계가족   ② 부부가족   ③ 독신가족   ④ 다문화가족

해설 부부가족, 독신가족, 다문화가족, 한부모가족 등이 증가하는 추세이다.

30 도시화로 인한 가족관계의 변화에 대한 설명으로 적절하지 않은 것은?

① 인간관계가 밀접해지고 사회관계망이 강화된다.
② 청년층을 중심으로 한 생활양식이 지배한다.
③ 평등 이념에 따라 가족관계가 형성된다.
④ 대인관계에 이중성이 나타난다.

해설 인간관계가 느슨해지고 사회관계망이 약화된다.

31 다음 중 한부모가족의 증가원인으로 거리가 먼 것은?

① 미혼모의 증가   ② 별거의 증가   ③ 이혼의 증가   ④ 재혼의 증가

해설 한부모가족은 대개 부모 중 한 사람이 죽거나 이혼하여 발생하며, 미혼의 남자 혹은 여자가 혼자 자녀를 키우며 부모 영향을 하는 경우도 있다.

32 다음 중 이혼, 사망 등 다양한 이유로 홀로 아이를 키우는 한부모와 자녀로 구성된 가족을 무엇이라 하는가?

① 무자녀가족   ② 재혼가족   ③ 딩크족   ④ 한부모가족

해설 문제 31번 해설 참조

33 다음의 〈보기〉와 같은 성격을 갖는 가족유형은 무엇인가?

> **보기**
> - 가족은 처음부터 부부 두 사람으로 시작하지 않고, 이전의 배우자와 관련된 삼각관계가 존재한다.
> - 가족은 복잡하고 확장된 가족관계망을 가지며, 자녀는 두 가정의 성원으로서 가능하기도 한다.

① 4세대가족   ② 수정확대가족   ③ 재혼가족   ④ 한부모가족

해설 재혼가족이란 두 명의 성인과 그들 중 어느 한쪽 혹은 양쪽에서 낳은 자녀들로 이루어진 다양한 가족을 말한다.

34 다음 중 정상적인 부부생활을 영위하면서 의도적으로 자녀를 두지 않는 맞벌이 부부를 일컫는 말은?

① 히피(Hippie)족   ② 코쿠닝족   ③ 딩크(DINK)족   ④ 여피(Yuppie)족

해설 딩크(DINK)족은 정상적인 부부 생활을 영위하면서 의도적으로 자녀를 두지 않는 맞벌이 부부를 일컫는 용어이다.

정답 26.❷ 27.❸ 28.❷ 29.❶ 30.❶ 31.❹ 32.❹ 33.❸ 34.❸

35 다음 중 외형상으로는 한 울타리 안에 거주하지만 내용적으로는 안채, 바깥채 혹은 위층, 아래층에 살거나 또는 같은 집에 살더라도 아침식사는 각기 해결하고, 저녁 한 끼는 다같이 하는 등 어느 정도 서로 간에 프라이버시를 유지하며 동거하는 방식을 무엇이라 하는가?

① 수정확대가족　　② 방위가족　　③ 생식가족　　④ 수정핵가족

해설　수정핵가족은 외형상으로는 한 울타리 안에 거주하지만 내용적으로는 안채, 바깥채 혹은 위층, 아래층에 살거나 또는 같은 집에 살더라도 아침식사는 각기 해결하고, 저녁 한 끼는 다같이 하는 등 어느 정도 서로 간에 프라이버시를 유지하며 동거하는 방식이다.

36 다음 중 특정한 목적을 위해 정서적 지지를 함께 하거나 자녀 양육을 함께 하면서 사는 개인들이나 소규모 가족 형태를 무엇이라 하는가?

① 분거가족　　② 공동체지향가족　　③ 수정핵가족　　④ 동거가족

해설　공동체지향가족은 혈연보다는 개인적인 관심사와 필요에 의해 만들어진 가족 형태이다.

주관식

1 부부와 그들의 미혼의 자녀들로 구성된 형태로, 현대 사회에서 보편화된 가족 형태는 무엇인가?

2 산업화의 특징을 3가지 이상 쓰시오.

Answer

1 핵가족

2 과학기술의 진보와 생산성 향상, 직업의 전문화, 농촌인구의 도시유입, 핵가족의 일반화

3 산업화에 따른 가족의 변화 내용을 3가지 이상 쓰시오.

4 가족 형태의 다양화 배경을 2가지 이상 쓰시오.

5 무자녀 가족의 정의를 간략히 쓰시오..

6 딩크(DINK)족에 대해 간략히 쓰시오.

7 다문화가족의 정의를 간략히 쓰시오.

> **Answer**
>
> **3** 가족규모의 축소, 가족세대의 단순화, 가족형태의 다양화, 가족기능의 변화
>
> **4** 사회변동, 의식의 변화(개인주의, 양성평등), 세계화
>
> **5** 자녀가 없고 부부로만 구성된 가족 형태이다.
>
> **6** 정상적인 부부 생활을 영위하면서 의도적으로 자녀를 두지 않는 맞벌이 부부를 일컫는 용어이다.
>
> **7** 부부 중 한 사람이 외국인인 국제결혼 가족, 외국인 근로자 가족 등을 지칭한다.

정답 35. ❹ 36. ❷

MEMO

제1부 가족일반론

03 가족에 대한 이론적 관점

 단원 개요

가족에 대한 접근방법은 힐(Hill)과 한센(Hansen)에 의한 제도론적 접근방법, 구조기능론적 접근방법, 상호작용론적 접근방법, 상황적 접근방법, 발달론적 접근방법의 다섯 가지 분류방법을 제시한 후 대체로 그의 분류가 채택되고 있다.

 출제 경향 및 수험 대책

이 단원에서는 구조기능론의 내용 및 특성, 갈등론의 내용 및 특성, 상징적 상호작용론적 접근방법, 사회교환론의 특징, 횡단적 연구방법과 종단적 연구방법의 특성, 패널연구의 특징, 추세연구의 내용 및 특성, 코호트의 의미, 여권주의의 특징 등에 대해서 묻는 문제들이 출제될 수 있는 바, 자세하고 철저한 학습이 요구된다.

3

01 구조기능론과 갈등론

1 구조기능론

① **구조기능론의 특징** : 구조주의와 기능주의가 혼합된 것이다.
　㉠ **구조주의** : 인류학자인 레비스트로스에 의해 처음 사용되었고, 사회의 조직구조가 구성원의 행동과 상호작용에 영향을 미친다고 주장한다. 이를 가족에 적용하면 가족의 구조에 따라 가족관계가 달라지고, 가족구조를 바꾸면 가족 문제도 개선될 수 있다고 보았다.
　㉡ **기능주의** : 역사적 사실보다 사회집단의 현재의 상호작용에 관심을 가지고 구성원들이 집단의 기능을 위해 필요한 행동을 한다고 하였다. 이를 가족에 적용하면 가족은 가족원의 발달과 사회유지 존속에 필요하기 때문에 존재해왔다.

② **가족과 사회간의 기능적 적합성** : 구조기능론에서는 가족을 사회체제 유지를 위한 중요한 기능 중 유형유지의 기능을 담당하는 제도로 파악한다. 즉, 가족은 사회구성원을 재생산하고 전반적으로 공유된 가치를 재생산하는 단위로 파악된다. 따라서, 가족은 개인과 사회를 중재하는 적응력 있는 단위로 사회의 존속을 위해 필수불가결한 것이다.

③ **사회화의 메커니즘으로서의 가족** : 구조기능론에 따르면 개인들로 하여금 기존체계에 적응하는 동기를 조성해 주는 사회화의 메커니즘을 가족이 담당한다. 즉, 부모들은 사회질서를 도모하여 체제의 안정을 유지하는데 기본적인 가치관을 자녀들에게 내면화시킴으로써 사회체제가 개인들에게 요구하는 인성을 형성하며 그들이 수행해야 할 사회적 역할을 교육시킨다.

2 갈등론

① **갈등론자들의 가정** : 갈등론자들은 모든 인간은 자신의 욕망과 이익을 추구하는 존재라고 가정한다. 그래서 인간은 타인이나 사회전체에 대한 배려보다는 자신의 이익 추구에 더 많은 관심을 갖고 있다고 본다. 따라서 사람들이 모여 있는 사회에는 어디에서나 사람들 간의 갈등이 있게 마련이며, 가족집단이라고 예외는 아니라고 본다.

② **교환이론과의 차이** : 인간을 이기적인 존재로 보는 점에서는 교환이론과 유사하지만 교환이론이 이기적인 인간 간에도 어느 정도 안정된 사회관계가 등장함에 주목하는 것과는 달리 갈등이론은 끊임없는 갈등의 표출과 전개에 관심을 갖는다.

③ **갈등과 힘의 관계** : 힘(power)은 갈등이 해결되는 방향을 결정한다고 생각되기 때문에 갈등이론가들은 누가 힘을 갖는가를 확인하려고 노력한다. 그들은 사랑과 애정이 가족을 구성하는 중요한 요소라는 것을 부정하지 않으나 갈등과 힘이 가족체계의 기본 요소라고 주장한다.

추가 설명

구조기능론
- 가족이 성 및 애정의 기능, 자녀출산 및 사회화 기능, 경제적 기능, 정서안정 및 지지 기능을 잘 수행하는 것이 중요하다.
- 부부가 가계부양 역할, 가정관리 역할, 애정 교환 및 성적 역할, 치료적 역할, 자녀 양육 및 사회화의 역할 등을 잘 수행해야 하며, 가족원 각자가 규범과 책임을 준수해야 한다.

추가 설명

갈등의 종류
- **접근-접근 갈등** : 힘이 비슷한 두 개의 유사성을 가진 욕구(긍정적인 욕구)가 동시에 나타나서 어떻게 해야 좋을지 모를 때 생기는 갈등
- **접근-도피 갈등** : 끌리는 목표와 싫은 목표가 동시에 존재하는 경우에 생기는 갈등
- **도피-도피 갈등** : 두 개의 부정적인 갈등이 동시에 나타나서 이럴 수도 저럴 수도 없는 경우이다. 이는 직접적으로 당면 사태를 해결하지 못하는 그 장면으로부터 도피하여 다른 행동을 취함으로써 해결하려 한다.
- **역할갈등** : 역할을 수행해 나가면서 나타나는 갈등

02 사회교환론과 체계론

1 사회교환론

① 사람들은 합리적이고 자신의 만족을 극대화하기 위해 자원을 교환하고 계산하는 행위자로 파악하는 이론으로 ⅰ) 자신이 많이 소유하고 있는 대상에 대해서는 관심이 적다는 한계효용의 법칙, ⅱ) 교환되는 대상은 수요가 클수록 가치와 가격이 높아진다는 수요공급의 법칙, ⅲ) 상품과 용역은 분산된 상태에서가 아닌 독점자에 의해 공급될 때 가격이 높아진다는 독점공급의 법칙 등이 인간관계에도 적용된다고 본다.

② 우정이나 애정과 같은 지속적인 인간관계는 비교적 공평한 교환이 이루어질 수 있는 비슷한 사회적 지위자들간에 발생한다. 또한, 배우자 선택, 부부의 권력관계, 부부의 별거 및 이혼·재혼 등의 가족생활은 곧 교환관계로 환원할 수 있다는 것이다.

2 체계론

① 일반체계이론을 가족에게 적용하여 가족을 체계로 파악하는 이론이다.

② 체계이론에서 체계(system)란 하나의 통일된 전체를 구성하는 상호 관련된 부분의 집합체로 정의된다. 체계는 유기체처럼 한 부분이 변하면 다른 부분들도 변화하고 그 변화가 다시 처음의 변화 부분에 영향을 준다는 속성을 가지며, 체계 전체는 부분들 간의 상호작용이 포함되므로 부분들의 합보다 크다는 가정을 갖는다. 가족은 하나의 체계이며 복잡한 구성요소로 구성되어 있는 역동적인 체계로 인식된다.

③ 한 체계 내에서 관계를 특징짓고 그 체계에 특정한 독자성을 부여하도록 반복적으로 일어나는 행동의 형태를 경계라고 한다. 이러한 경계는 부모와 자녀 간에 존재할 수 있는데, 가족의 경우 경계는 명확하면서도 융통성이 있어야 한다. 경계의 속성을 기준으로 가족은 개방적·폐쇄적·무질서한 가족으로 구분될 수 있다.

④ 가족은 하위구성요소들을 포함한 하나의 체계로서 각 구성요소인 가족구성원들이 상호작용을 하며 서로에게 영향을 미치고, 이러한 상호작용은 그 가족 전체 체계와 다른 가족체계에 영향을 주고, 또한 영향을 받는다.

일반체계이론
- 베르탈란피(L. Bertalanffy)가 주장한 이론으로, 그는 생물학적 유기체에 적용되는 법칙이 인간의 마음으로부터 전 지구의 생태계에 이르는 다른 영역에서도 적용될 수 있을 것이라고 가정하였다.
- 체계의 구성요소들은 서로 상호작용을 하는 밀접한 관계를 맺고 있기 때문에 체계의 어느 한 부분에 변화가 일어나면 다른 부분도 연쇄적으로 변화가 일어나고, 그러한 변화는 다시 처음의 변화에 영향을 미친다. 따라서 체계의 전체적인 맥락과 기능의 측면에서 보아야 제대로 된 이해가 가능하다고 본다.

03 상징적 상호작용론

① 상징적 상호작용론은 가족원이 주관적 입장에서 주변 환경과의 상호작용을 통하여 가치와 의미를 파악하며 지위와 역할을 획득하게 된다고 보고, 가족원간의 언어적·비언어적 행동과 의사소통, 정서적 관계를 미시적으로 연결하여 설명한다.

② 모든 의사소통에는 내용과 관계의 두 가지 측면이 있고, 의사 소통자 간의 관계는 단락

상징적 상호작용론 : 개인이 선택적으로 반응하는 주관적 입장에서 사회 현상을 파악하여 사회 현상을 하나의 과정으로 이해하므로 행위자의 정신적 능력, 행위 및 인간들간의 상호작용에 초점을 둔다.

짓기에 의해 영향을 받으며, 모든 의사소통은 디지털과 아날로그로 구분되고, 관계를 반영한다는 공리를 갖고 있다.

04 가족발달론, 여권주의

1 가족발달론

(1) 가족발달론의 이해

① 가족발달이론은 시간의 흐름에 따른 가족의 변화과정에 관심을 갖고 가족이 가족생활주기 단계별로 내적으로는 구성원들의 여러 요구와 외적으로는 사회적 기대 및 주변 환경의 요구를 효과적으로 충족할수록 가족원들도 다양한 과업을 성공적으로 달성하고 발달할 것이라고 가정한다.

② 이 접근은 시간 차원에 따라 가족의 변화 양상을 파악하고 그 특성과 발달과제를 규명해 주는 유효한 방법으로 알려져 있다. 그러나 다양한 가족에 포괄적으로 적용하는 데 한계가 있다.

(2) 시간적 차원의 연구

가족발달을 이해하는 데 가장 중심이 되는 차원은 시간적 차원이다. 사회과학분야의 연구방법을 시간적 차원에 따라 나누어 보면, 크게 횡단적 연구방법과 종단적 연구방법으로 구분된다.

① 횡단적 연구방법: 어느 한 시점에서 연구대상에 대해 관찰하고 정보를 수집한다. 예 통계청에서 실시하는 인구센서스, 결혼정보회사에서 미혼남녀를 대상으로 선호하는 배우자의 직업에 대한 조사를 하는 것

② 종단적 연구방법
  ㉠ 종단적 연구방법의 의미: 여러 시점에서 연구대상이나 현상을 관찰하고 조사하는 방법이다. 예 첫 자녀를 낳기 전과 낳은 후 결혼에 대한 태도가 어떻게 달라졌는지를 비교하는 연구, 이혼에 대한 사람들의 일반적인 태도가 시대에 따라 어떻게 달라졌는지를 비교하는 연구
  ㉡ 시간에 따라 나타나는 개인과 가족의 행동에서의 변화 원인을 이해하고자 한다면, 노화나 개인의 발달에 따라 나타나는 효과(연령효과), 역사적 시기에 일어난 사건과 관련된 효과(시기효과), 연령효과와 시기효과가 상호작용하여 나타나는 효과(코호트 효과) 등을 구별해야 한다.
  ㉢ 패널연구(panel study): 종단적 연구의 대표적인 유형으로서, 같은 연구대상을 여러 번에 걸쳐 반복적으로 관찰하고 조사하는 연구방법이다. 같은 연구대상을 여러 시점에서 관찰하기 때문에 시간의 흐름에 따라 연구대상에서 나타나는 변화를 발견하는

추가 설명

횡단적 연구방법
• 장점
 - 비교하는 시점이 없으므로 상대적으로 연구설계가 간단하며, 같은 규모의 조사일 때 비용이 적게 든다.
 - 대규모 조사가 가능하기 때문에 조사결과를 전체집단에 일반화하기에 용이하다.
• 단점
 - 조사시점에 따라 관찰된 내용이 영향받을 수 있다.
 - 연구하는 현상의 인과관계의 방향성을 분명히 제시하기 어렵다.
 - 시간 흐름에 따른 변화 발견을 중요하게 생각하는 가족발달과 관련된 연구의 경우에 민감하게 적용되기 어렵다.

데 가장 적합한 방법이다.
ㄹ) **코호트 연구**(cohort study)
- 코호트는 같은 시기에 같은 사건을 경험한 동시집단을 가리킨다. 코호트는 같은 시기에 태어난 사람들이기 때문에 같은 연령대에 시대의 변화를 비슷하게 경험한다.
- 코호트 연구는 개인의 발달적 시간(연령)과 사회적 시간이 어떻게 상호작용하는지를 이해하는 것을 중요하게 생각한다.

ㅁ) **추세연구**(trend study) : 추세연구는 시간에 따른 모집단의 변화를 조사하는 종단연구의 한 유형이다. 추세연구에서는 소수의 연구대상자를 대규모 모집단의 변화를 추적하므로 개개인이나 개별가족이 어떻게 변화하는지를 파악하기는 어려우나 그 가족이 속한 전체 인구집단의 전반적인 변화를 보여 준다.

2 여권주의

① **여권주의 관점** : 가족을 가부장적 사회질서를 재생산하는 단위로 파악하며, 가족이 단일체가 아니라 권력단체의 구조임을 강조한다. 즉, 현재의 가족체계는 남편과 아내가 상이한 계급에 놓여 있고, 이익과 권력에서 불평등이 존재하므로, 가부장적 체계는 권력을 가진 남성의 이익에만 기여하고 기능적이며 여성들은 억압되어 있다고 본다.

② **여권주의 이론에서의 주장** : 여성들이 남성지배적인 사회구조와 가족구조 속에서 차별받고 있으므로 여성들이 권리의식을 갖고 동등한 지위, 자유와 경제적 독립을 누리며, 자신의 삶과 상황을 통제해야 한다고 주장한다.

③ **가족내의 성별 역할분업화** : 이는 여성억압의 한 형태이며 다른 사회제도 내에서는 여성을 통제하는 권력의 기반이 된다고 본다. 가정내 성별에 따른 공적·사적 영역의 분리, 가족과 사회와 같은 이분법적 논리는 마치 가족이 가족 밖의 경제조직이나 국가 또는 기타 사회제도와 유리된 것처럼 보이게 하는데 사실 이것들은 긴밀하게 연결되어 있을 뿐만 아니라 이러한 논리는 여성차별 또는 억압의 기제로 사용된다고 본다.

④ **대안 가족** : 가장 이상적인 가족은 기존 가족범위를 넘어서 아동을 건강하게 키울 수 있는 지역사회 환경을 조성하는 공동체적 삶이라고 본다. 이러한 가족은 이른바 대안가족이라고 불린다. 대안가족은 여성의 자율성을 강조함에 따라 아동과 노인 등 가족돌봄의 가치를 중요시하는 공동체적인 가족이다.

여권주의 관점
- 온건한 관점 : 여성과 남성이 평등성을 성취하도록 하는 범위 내에서 가족구조를 수정해 나가야 한다.
- 급진적 관점 : 전통적 가족의 질서와 구조를 전복시키고 다양한 형태의 결혼양식으로 대체하며, 자녀출산 및 양육과정까지 사회기관으로 이전시켜야 한다.

여권주의 가족관점에서 바람직한 가족관계 : 가족구성원 모두의 평등과 자율이 보장되는 관계이다.

실전예상문제

객관식

1 가족을 사회구성원의 재생산과 전반적으로 공유된 가치의 재생산 단위로 파악하는 이론적 관점은?

① 구조기능론　② 갈등론　③ 상징적 상호작용론　④ 체계론

해설 **구조기능론** : 가족이 개인과 사회에 대한 어떠한 기능을 하는가에 초점을 둔다.(가족과 사회간의 기능적 적합성) 가족을 사회체제유지를 위한 중요한 기능 중 유형유지의 기능을 담당하는 제도로 파악한다. 즉, 가족은 사회구성원을 재생산하고 전반적으로 공유된 가치를 재생산하는 단위로 파악된다. 따라서, 가족은 개인과 사회를 중재하는 적응력 있는 단위로 사회의 존속을 위해 필수불가결한 것이다.

2 다음 중 모든 인간은 자신의 욕망과 이익을 추구하는 존재라고 가정하고 끊임없는 갈등의 표출과 전개에 관심을 갖는 가족에 대한 이론은?

① 구조기능론　② 갈등론　③ 상징적 상호작용론　④ 사회교환론

해설 **갈등론** : 모든 인간은 자신의 욕망과 이익을 추구하는 존재라고 가정하고 끊임없는 갈등의 표출과 전개에 관심을 갖는다.

3 사람들은 합리적이고 자신의 만족을 극대화하기 위해 자원을 교환하고 계산하는 행위자로 파악하는 이론은 무엇인가?

① 체계론　② 구조기능론　③ 사회교환론　④ 상징적 상호작용론

해설 **사회교환론** : 애정과 같은 지속적인 인간관계는 비교적 공평한 교환이 이루어질 수 있는 비슷한 사회적 지위자들 간에 발생한다.

4 가족은 하위구성요소들을 결합하는 하나의 체계로서 각 구성요소인 가족구성원들이 상호작용하면서 서로 영향을 미치고 이는 그 가족 전체 체계와 다른 가족 체계에도 영향을 주고 받는다는 가족 이론은?

① 체계론　② 구조기능론　③ 여권주의이론　④ 상징적 상호작용론

해설 **체계론** : 가족은 하나의 체계이며 복잡한 구성요소로 구성되어 있는 역동적인 체계로 인식된다.

5 한 체계 내에서 관계를 특징짓고 그 체계에 특정한 독자성을 부여하도록 반복적으로 일어나는 행동의 형태를 무엇이라 하는가?

① 접근　　　② 맥락　　　③ 갈등　　　④ 경계

해설 경계는 부모와 자녀 간에 존재할 수 있는데, 가족의 경우 경계는 명확하면서도 융통성이 있어야 한다.

6 주관적 입장에서 주변환경과의 상호작용을 통해 가치와 의미를 파악하며 지위와 역할을 획득하게 된다고 보는 가족에 대한 이론적 관점은?

① 사회교환론　　　② 체계론　　　③ 상징적 상호작용론　　　④ 여권주의

해설 상징적 상호작용론 : 주관적 입장에서 사회현상을 파악하여 사회현상을 하나의 과정으로 이해하므로 행위자의 정신적 능력, 행위 및 인간들간의 상호작용에 초점을 둔다.

7 가족에 대한 이론 중 시간차원에 따라 가족의 변화양상을 파악하고 그 특성과 발달과제를 규명해주는 유효한 방법으로 알려진 것은?

① 사회교환론　　　② 체계론　　　③ 가족발달론　　　④ 여권주의

해설 가족발달이론 : 시간의 흐름에 따른 가족의 변화과정에 관심을 갖고 가족이 가족생활주기 단계별로 내적으로는 구성원들의 여러 요구와 외적으로는 사회적 기대 및 주변 환경의 요구를 효과적으로 충족할수록 가족원들도 다양한 과업을 성공적으로 달성하고 발달할 것이라고 가정한다.

8 횡단적 연구방법과 종단적 연구방법에 대한 설명으로 틀린 것은?

① 횡단적 연구방법은 조사시점에 따라 관찰된 내용이 영향받을 수 있다.
② 횡단적 연구방법은 여러 시점에서 연구대상이나 현상을 관찰하고 조사하는 방법이다.
③ 횡단적 연구방법은 비교하는 시점이 없으므로 상대적으로 연구설계가 간단하며, 같은 규모의 조사일 때 비용이 적게 든다.
④ 종단적 연구는 복합적인 효과들을 서로 구별해 내는 데 필수적이다.

해설 횡단적 연구방법이 어느 한 시점에서 연구대상이나 현상을 관찰하고 조사하는 방법인 반면, 종단적 연구방법은 여러 시점에서 연구대상이나 현상을 관찰하고 조사하는 방법이다.

9 중단적 연구 유형 중 같은 연구대상을 여러 번에 걸쳐 반복적으로 관찰하고 조사하는 연구방법은?

① 코호트 연구　　　② 추세연구　　　③ 패널 연구　　　④ 횡단적 연구

정답 1.❶　2.❷　3.❸　4.❶　5.❹　6.❸　7.❸　8.❷　9.❸

해설 패널 연구 : 같은 연구대상을 여러 번에 걸쳐 반복적으로 관찰하고 조사하는 연구방법이다.

10 같은 시기에 같은 사건을 경험한 동시집단을 가리키는 용어는?

① 코호트　　　② 세대　　　③ 전이　　　④ 궤적

해설 코호트란 같은 시기에 같은 사건을 경험한 동시집단을 가리킨다. 출생 코호트란 같은 시기에 태어난 사람들을 말하며, 결혼 코호트란 같은 시기에 결혼을 한 사람들을 말한다.

11 시간에 따른 모집단의 변화를 조사하는 종단연구의 한 유형은?

① 추세연구　　　② 패널연구　　　③ 코호트연구　　　④ 시기연구

해설 추세연구 : 시간에 따른 모집단의 변화를 조사하는 종단연구이다.

12 다음 중 종단적 연구의 장점은 어느 것인가?

① 적은 비용으로 빠른 시간에 연구 결과를 알아볼 수 있다.
② 대규모 조사가 가능하기 때문에 조사결과를 전체집단에 일반화하기에 용이하다.
③ 변화의 양상을 파악할 수 있어 가족발달 연구에 적합하다.
④ 조사시점에 따라 연구결과가 영향을 받지 않는다.

해설 횡단적 연구와 종단적 연구의 특성 비교

	횡단적 연구	종단적 연구
조사시점	• 어느 한 시점	• 여러 시점
장 점	• 적은 비용으로 빠른 시간에 연구결과를 알아볼 수 있다. • 대규모 조사가 가능하기 때문에 조사결과를 전체집단에 일반화하기에 용이하다.	• 변화의 양상을 파악할 수 있어 가족발달 연구에 적합하다.
단 점	• 조사시점에 따라 연구결과가 영향을 받을 수 있다. • 연구하는 현상의 인과관계의 방향성을 분명히 제시하기 어렵다. • 시간의 흐름에 따른 변화를 발견하기 어렵다.	• 시간과 비용이 많이 든다. • 조사대상자들을 지속적으로 관찰하지 못할 경우 표본의 대표성이 떨어질 수 있다.

13 다음 중 횡단적 연구의 단점이 아닌 것은?

① 조사시점에 따라 연구결과가 영향을 받을 수 있다.
② 연구하는 현상의 인과관계의 방향성을 분명히 제시하기 어렵다.
③ 시간의 흐름에 따른 변화를 발견하기 어렵다.
④ 시간과 비용이 많이 든다.

해설 문제 12번 해설 참조

14 가족에 대한 이론 중 가족을 가부장적 사회질서를 재생산하는 단위로 파악하며, 여성이 권리의식을 갖고 자신의 삶과 상황을 통제해야 한다고 주장하는 것은?

① 구조기능론　　② 갈등론　　③ 여권주의　　④ 체계론

해설 여권주의 : 현재의 가족체계는 남편과 아내가 상이한 계급에 놓여 있고, 이익과 권력에서 불평등이 존재하므로 가부장적 체계는 권력을 가진 남성의 이익에만 기여하고 기능적이며, 여성들은 억압되어 있다고 본다.

주관식

1 모든 인간은 자신의 욕망과 이익을 추구하는 존재라고 가정하는 가족에 대한 이론은 어떤 것인가?

2 사람들은 합리적이고 자신의 만족을 극대화하기 위해 자원을 교환하고 계산하는 행위라고 파악하는 가족 이론은?

정답 10. ① 11. ① 12. ③ 13. ④ 14. ③

3 체계이론에서 체계의 의미를 간략히 쓰시오.

4 횡단적 연구의 장점을 2가지 이상 쓰시오.

5 가족원이 주관적 입장에서 주변 환경과의 상호작용을 통해 가치와 의미를 파악하여 지위와 역할을 획득하게 된다고 보는 이론은?

> **Answer**
>
> **1** 갈등론
>
> **2** 사회교환론
>
> **3** 하나의 통일된 전체를 구성하는 상호 관련된 부분의 집합체이다.
>
> **4** • 적은 비용으로 빠른 시간에 연구결과를 알아볼 수 있다.
>   • 대규모 조사가 가능하기 때문에 조사결과를 전체집단에 일반화하기에 용이하다.
>
> **5** 상징적 상호작용론

제1부 가족일반론

04 가족의 기능

 단원 개요

이 단원에서는 가족기능론의 관점을 이해하고, 가족기능을 가족내적 기능과 대사회적 기능으로 나누어 개인과 가족과의 관계, 사회와 가족과의 관계를 살펴보기로 한다. 그리고 산업화의 진전에 따라 가족기능이 어떻게 변화하는지, 또 현대사회에서 절실하게 요청되는 가족기능의 내용이 무엇인지 학습하고 가족기능의 문제점을 극복하기 위한 비판적인 관점을 살펴보도록 한다.

 출제 경향 및 수험 대책

이 단원에서는 가족의 기능, 애정의 기능의 중요성, 한국가족의 기능수행, 가족기능론에 대한 비판 등에 대해서 묻는 문제들이 출제될 수 있는 바, 자세하고 철저한 학습이 요구된다.

4

01 가족의 기능

1 가족 기능의 의미

① **가족 기능의 개념**
  ㉠ 가족은 여러 가지 측면에서 사회를 위해 기능한다. 이는 사회를 유지시키고 통합시키는 데 가족이 이롭다는 뜻이다(사회에 기여, 핵가족의 보편적 기능).
  ㉡ 가족의 기능은 변화한다. 이는 가족이 수행해야 할 과업을 뜻한다.

② **가족의 특성 및 중요도**
  ㉠ 가족은 개인과 사회의 중간에 위치하여 전체사회에 대하여는 하위체계로, 개인에 대하여는 상위체계로 기능하는 양면성을 가지고 있다. 즉, 가족 기능은 사회지향적인 면과 개인지향적인 면을 모두 갖고 있다.
  ㉡ 가족 기능은 대사회적인 기능과 대내적인 가족 내의 기능으로 분류된다.
  ㉢ 가족이 개인에게 중요한 것은 다른 사회집단이 할 수 없는 특유한 기능을 가족이 수행하기 때문이다.
  ㉣ 사회에 있어서 가족이 중요한 것은 사회의 유지·존속을 위해서 가족 이외의 그 어떤 집단도 대신할 수 없는 기능을 가족이 하고 있기 때문이다.

2 가족 기능의 분화

① 현대사회에서 가족 기능의 분화가 가속화되고 있으나, 출산의 기능은 여전히 고유한 기능으로 남아 있다. 그러나 전통사회에 비하여 현대 산업사회에서는 가족의 기능의 크게 약화되었다. 이는 가족에서 담당했던 기능들이 전문화된 다른 집단이나 단체로 상당부분 이양되었다는 의미이다.
② 가족과 일터를 분리시켰으며, 가족은 개인적 영역으로, 일터는 공적 영역으로 양분되었다.

3 가족 기능의 분류

① **가족 내 기능**
  ㉠ **애정 및 성의 기능** : 가족은 남녀의 애정적 관계를 기초로 형성되고, 그들의 자녀를 사랑으로 양육함. 또한, 부부 간의 성적 욕구를 충족시키는 기능을 가진다.
  ㉡ **자녀 출산의 기능** : 자손을 통해 대를 이어간다는 개인적인 의미뿐 아니라 사회 구성원을 충원시킴으로써 사회를 존속, 발전시켜 나간다는 점에서 사회적으로도 중요한 기능이다. 자녀 출산의 생식 기능은 다른 집단에서 대신할 수 없는 가족만의 고유 기능이다.
  ㉢ **자녀 양육 및 교육 기능** : 자녀 양육을 통하여 자녀가 그 사회에 적합하게 기능하도록 하며, 교육을 통하여 사회생활을 원만하게 해 나갈 수 있도록 지식·규범·도덕을 익히도록 하는 기능을 한다. 이를 통해 사회화가 이루어진다.

📝 **추가 설명**

가족의 중요성
- 가족 구성원의 기본적인 욕구를 충족시키고, 가족 구성원에게 정서적 안정감을 준다.
- 사회화의 기능을 담당한다.
- 현대 사회의 가족 가치관 : 자율과 평등, 개인 중심주의 가치에 중심을 둔다.

② 경제기능 : 가족의 여러 가지 기능은 의식주를 기반으로 한 경제생활 안에서 이루어진다. 즉, 가족은 경제적인 협동체로서 움직인다.
⑩ 보호의 기능 : 질병과 상해와 위험으로부터 가족원과 그 재산을 보호해 준다.
⑪ 휴식 및 정서적 안정의 기능 : 가족 구성원이 심신의 피로를 회복하고 정서적 안정감을 느낄 수 있도록 하는 기능이다.
⊙ 오락의 기능 : 가족이 단위가 되어 여가를 즐길 때 부모와 자녀가 한 자리에 모이게 되므로 교육적인 의미가 수반될 수 있다.
⊙ 종교의 기능 : 가족의 종교적 기능은 가족원이 신앙적 욕구를 충족시키는 기능이다.

② 가족의 대사회적 기능
㉠ 성을 통제하는 기능 : 사회의 승인을 받고 공인된 결혼이라는 제도가 어느 정도 전체 사회의 성관계를 질서 있게 통제해 주는 측면이 있다.
㉡ 사회구성원을 충원(사회구성원 재생산)하는 기능 : 가족이 갖는 자녀 출산의 기능은 국가·사회의 인구를 형성하는 기반이 된다.
㉢ 노동력을 제공하고 생활을 보장하는 기능 : 가족의 대사회적인 경제기능이란 가족이 노동력을 제공하고 생활을 보장하는 기능을 의미한다.
㉣ 사회의 전통·문화를 계승하는 기능 : 사회가 유지·발전할 수 있도록 하는 전통과 문화를 계승한다.
㉤ 사회안정화기능 : 개인 심신의 안정은 재생산의 원동력을 제공하고 그것은 다시 사회의 안정을 도모해 준다. 또한 가족이 사회 안정화를 위해 수행하는 오락 및 종교적 기능도 중요한 역할 중 하나이다.

추가 설명

가족의 보편적 기능에 대한 학자들의 견해
- 데이비스(K. Davis) : 생식, 유지, 지위 부여, 사회화의 기능
- 머독(G.P. Murdock) : 생식, 사회화, 경제적 협력, 성적인 기능
- 라이스(I. Reiss) : 새로 태어난 아이를 양육하는 사회화의 기능
- 다카하시 : 성·생식의 기능, 양육·교육의 기능, 경제적 기능, 휴식·오락의 기능, 보호의 기능, 종교적 기능이다. 이 중에서 성의 기능과 생식·양육의 기능을 가족의 고유기능으로 보고, 그 밖의 것은 부차적인 파생기능이다.

02 가족 기능의 변화

1 가족 기능 변화의 내용

① 경제적 기능 : 산업화 과정을 통해 가족의 경제 및 소비 기능 중 생산기능은 약화되고, 소비기능은 강화되는 방향으로 변모하였다.
② 자녀양육 및 사회화 기능 : 근래 산업화와 함께 사회가 다원화, 이질화, 전문화됨에 따라 자녀의 양육 및 사회화 기능이 전문인 또는 전문기관으로 이전되면서 가족 내 자녀양육 기능이 약화되고 있다.
③ 성적 및 재생산 기능 : 사회에 대해서는 사회통제상의 성적 안정을 가능하게 하는 역할을 한다. 또한 자녀를 출산해서 양육하는 재생산의 기능으로 전개된다. 그런데 가족의 성적 기능은 의학기술의 발달로 인한 임신 및 출산의 자유, 다양한 피임법의 개발 및 보급으로 인한 성생활의 자유 등의 요인에 의해 출산을 위한 수단으로보다는 본능충족 및 결혼생활 만족요인으로 강화된 측면이 있다. 반면, 가족의 자녀출산 및 양육을 통한 재생산

기능은 낮은 출산율과 초혼연령의 상승 등으로 인해 약화되어 가는 경향이다.

④ **여가 및 휴식 기능** : 이 기능은 에너지를 재충전할 수 있다는 점뿐 아니라, 오늘날과 같이 자아가 확대되고 삶의 의미를 중시하게 된 사회에서는 일 자체만큼이나 중요한 기능으로 부각되고 있다.

⑤ **정서적 안정 및 유대 기능** : 현대인에게는 직장생활과 학교생활에서 받는 스트레스가 증가함에 따라 그 긴장과 갈등을 완화시켜 주는 공간으로서의 가족이 더욱 중요시되고 있다. 즉, 정신적·육체적 피로를 회복하고 안정시키는 기능은 현대사회의 인간소외, 경쟁의 격화, 고독화, 스트레스에 의한 정신불안 등에 대응함에 있어 그 중요성이 더욱 증대된다.

2 현대가족의 바람직한 기능

① **오늘날까지 지속되는 가족의 기능(매키버 : MacIver)** : 성욕을 합법적으로 만족시키는 기능, 자녀를 출산하여 양육시키는 기능, 가정적인 따뜻한 분위기를 제공하는 기능

② **서구사회의 현대가족이 오늘날 수행하고 있는 주요한 기능(듀발 : Duvall)**
  ㉠ **가족원간의 애정도모** : 애정은 가족생활의 중요한 소산이다.
  ㉡ **정서적 안정감 부여와 수용** : 가족 안에서 마음 놓고 실수할 수도 있고 안정감을 느끼며 학습한다. 가족은 경쟁관계가 아닌 상호보완 관계를 증진시키고, 또한 누릴 수 있는 곳이다.
  ㉢ **만족감과 목적의식 부여** : 가족은 산업사회에 결핍된 기본적인 만족감과 보람을 개인에게 충족시켜준다.
  ㉣ **지속적인 동료감 유지** : 가족 안에서만 지속적인 동료감이 충족될 수 있다.
  ㉤ **사회적 지위 부여와 사회화** : 출생 시 자녀는 부모로부터 생득적 지위를 부여받는데, 개인이 평생 지니는 행동과 가치, 목표, 태도는 특히 그들 부모의 자녀양육 특성과 어릴 때의 가족생활방식과 긴밀한 관계가 있다.
  ㉥ **통제력과 정의감의 확립** : 가족 안에서 개인은 사회생활에 필요한 규칙·권리·의무·책임감을 가장 잘 배울 수 있다.

03 한국가족의 기능 수행

1 한국가족의 기능 수행

① **가족 기능 수행도**
  ㉠ 부인의 가족에 대한 기능 수행이 남편의 기능 수행보다 약간 높다. 대내적 가족 기능이 여성의 역할로 인식되고 있으며, 실제 여성의 수행도 역시 높다.
  ㉡ 기능별로 볼 때 자녀사회화 기능은 남편·아내 모두가 가장 높게 수행하는 기능인 데

> **추가 설명**
>
> **파슨스(Parsons)** : 가족의 기능 중 일부를 대행하는 양로원, 유치원·학교·교회·오락실과 같은 '가족기능 대행 전문기관'을 '비혈연적 조직'이라고 불렀다.

반해, 애정표현은 가장 낮게 수행하고 있다. 한편, 남편은 친척관계 유지기능을 높게 수행한다.
ⓒ 자녀사회화 기능이나 경제 기능 수행은 높으나, 실제적이고 구체적인 자녀교육 기능 수행이나 가계관리, 부부간의 대화 등의 기능 수행은 낮다.

② 가족 기능에 대한 인식 및 기능 수행 만족도
ⓐ 남편, 아내 모두 가장 중요한 기능으로 인식하고 있는 것은 애정·정서적 기능이다.
ⓑ 남편이 가장 만족하는 요인은 자녀 교육과 사회화 기능이고, 불만이 있는 기능은 성적 기능, 종교·도덕·오락·휴식의 기능이다. 현대사회가 가지고 있는 가족문제의 원인으로 대두되고 있다.

2 가족 기능론에 대한 문제점 제기(갈등론과 여권주의의 관점)

갈등론과 여권주의 입장에서는 핵가족이 산업사회의 산물만은 아님을 강조한다. 갈등론자들과 여권론자들은 가족 내에서 사회화 과정을 통하여 성차별적·계급 차별적 이데올로기가 재생산되는 측면에 대해서도 주목하고 문제를 제기한다.

① **여성의 과중한 부담**
ⓐ **여성의 경제적 기능**: 여성들은 가족의 소득을 극대화시키기 위해 소득활동에 참여할 뿐만 아니라 지출을 최소화하기 위해서 합리적 소비를 하는 데 주력한다.
ⓑ **교육기능**: 종래의 가족에서 이루어지던 교육기능이 공식적 교육기관인 학교에 이양되었다고는 하지만 아직도 교육의 많은 부분이 가족에 의존하고 있는 실정이다(일반적으로 어머니의 역할로 인식).
ⓒ **가족복지기능**: 대부분의 가족복지는 여성의 몫으로 여성의 부담이 점차 증가하고 있다.

② **핵가족의 기능론에 대한 비판**
ⓐ 핵가족은 산업사회에 필연적이거나 당연한 것이 아니라고 본다.
ⓑ 남성이 생계를 담당하고 여성이 정서적 지원을 하는 기능론의 주장은 극히 일부인 중·상류층가족에 한정될 뿐이라고 본다.
ⓒ 가족은 출산을 통하여 세대 간의 인간 재생산 기능을 수행하고, 의식주의 일상생활을 통하여 노동력 재생산 기능을 수행하며, 또한 사회화 과정을 통하여 성차별적·계급 차별적 이데올로기를 재생산한다고 본다.

> **추가 설명**
> **구조기능주의의 견해**: 가족이 사회와 개인을 위해 수행하는 순기능적 측면만을 강조하고, 그 기능 수행이 원활히 되기 위해서는 가족 내 부부간의 역할 분담이 성에 의해 잘 이루어져야 한다고 본다.

실전예상문제

객관식

1 다음 중 가족이 개인에게 중요한 주된 이유는 무엇인가?

① 사회를 유지하기 때문이다.
② 욕구를 충족시켜 주기 때문이다.
③ 다른 집단이 할 수 없는 특유한 기능을 수행하기 때문이다.
④ 피는 물보다 진하기 때문이다.

> **해설** 가족이 개인에게 중요한 것은 다른 사회집단이 할 수 없는 특유한 기능을 가족이 수행하기 때문이다. 동시에 사회에 있어서 가족이 중요한 것은 사회의 유지·존속을 위해 가족 이외의 그 어떤 집단도 대신할 수 없는 기능을 가족이 하고 있기 때문이다.

2 다음 중 데이비스(Davis)가 말한 보편적 가족의 기능에 해당되지 않는 것은 무엇인가?

① 생식   ② 지위 부여   ③ 보호   ④ 사회화

> **해설** 어떤 사회의 가족이나 다 수행하는 기능을 보편적 가족의 기능(예 생식, 사회화, 지위 부여 등)이라 한다.

3 다음 중 새로 태어난 아이를 양육하는 사회화 기능만이 유일한 보편적 기능이라 주장한 사람은?

① 데이비스(Davis)   ② 라이스(Reiss)   ③ 머독(Murdock)   ④ 프로이트(Freud)

> **해설** 머독(G.P. Murdock)은 생식, 사회화, 경제적 협력 그리고 성적인 기능이 보편적 기능이라고 하였다. 또한 라이스(I. Reiss)는 새로 태어난 아이를 양육하는 사회화의 기능만이 가족이 지닌 유일한 보편적 기능이라고 하였다.

4 다음은 가족의 어떤 기능에 대한 설명인가?

> **보기** 자손을 통해 대를 이어간다는 개인적인 의미뿐 아니라 사회 구성원을 충원시킴으로써 사회를 존속, 발전시켜 나간다는 점에서 사회적으로도 중요한 기능이다.

① 경제적 기능
③ 전통·문화 계승의 기능
② 애정 및 성의 기능
④ 자녀 출산 및 양육의 기능

> **해설** 자녀 출산 및 양육의 기능이란 자손을 통해 대를 이어간다는 개인적인 의미뿐 아니라 사회 구성원을 충원시킴으로써 사회를 존속, 발전시켜 나간다는 점에서 사회적으로도 중요한 기능이다.

5 다음 중 가족의 의미와 기능에 대한 설명으로 옳지 않은 것은?

① 가족은 가족 구성원에게 정서적 안정감을 준다.
② 협조적인 생활 공동체로 가족의 개념이 확대되고 있다.
③ 사회화의 기능을 담당하는 가족의 기능은 사라졌다.
④ 현대 사회는 가족의 형태가 다양해지면서 가족의 의미도 변화하고 있다.

해설 가족 구성원의 기본적인 욕구를 충족시키고, 순수한 애정을 주고받음으로써 가족 구성원에게 정서적 안정감을 주며, 사회화의 기능을 담당하는 가족의 중요성은 여전히 중요하다.

6 가족의 기능 중 생물학적 개체를 하나의 인격체인 존재로 전환시키는 기능은?

① 경제적 기능   ② 양육·교육의 기능   ③ 보호의 기능   ④ 애정·성의 기능

해설 올바른 행동과 올바르지 못한 행동을 판단할 수 있도록 가르치는 양육 및 교육과정에서 어린이들은 생활양식, 행동규범 더 나아가서는 의식구조와 가치체계를 습득하게 된다.

7 노동력을 재생산할 수 있게 하며, 긴장이나 피로를 회복시키는 기능은?

① 출산의 기능   ② 경제적 기능   ③ 휴식의 기능   ④ 보호의 기능

해설 가족은 가족원에 대하여 심신의 긴장이나 피로를 회복시켜 주는 휴식의 기능을 갖는다. 사회생활로 지친 몸과 마음을 가정에 돌아와 쉬며 긴장을 풀고, 다음날의 노동을 할 수 있도록 노동력을 재생산하게 한다.

8 다음에서 설명하는 가족의 대사회적 기능으로 옳은 것은?

보기
- 가족의 가장 본질적인 기능이다.
- 자녀를 출산함으로써 세대를 전승하고 사회가 계속 유지될 수 있도록 한다.

① 양육과 보호   ② 경제적 기능
③ 사회 구성원 재생산   ④ 정서적 안정감 제공

해설 가족은 자녀를 출산함으로써 사회 구성원을 지속적으로 충원하는 역할을 한다.

정답 1.❸ 2.❸ 3.❷ 4.❹ 5.❸ 6.❷ 7.❸ 8.❸

9 현대 가족의 기능에 대한 설명이 바르게 연결된 것은?

> **보기**
> ㉠ 생산 기능이 강화되었다.
> ㉡ 양육과 보호 기능이 약화되었다.
> ㉢ 자녀에 대한 사회화 기능이 강화되었다.
> ㉣ 사회 구성원의 재생산과 정서적 안정의 기능이 강조되고 있다.

① ㉠, ㉡   ② ㉠, ㉢   ③ ㉡, ㉢   ④ ㉡, ㉣

해설 생산 기능은 주로 기업이 담당하고 있으며, 자녀에 대한 교육 및 사회화 기능은 교육 기관과 대중 매체로 이전되고 있다.

10 다음 중 가족의 대사회적 기능에 속하지 않는 것은?

① 성을 통제하는 기능
② 사회구성원을 충원하는 기능
③ 노동력을 제공하는 기능
④ 종교기능

해설 가족의 대사회적 기능
- 성을 통제하는 기능
- 사회구성원을 충원하는 기능
- 사회안정화 기능
- 사회의 전통·문화를 계승하는 기능
- 노동력을 제공하고 생활을 보장하는 기능

11 다음 중 가족의 대사회적인 기능으로 알맞은 것은?

① 오락의 기능
② 애정 및 성의 기능
③ 자녀양육·교육기능
④ 노동력을 제공하는 기능

해설 문제 10번 해설 참조

12 다음 중 가족 고유의 기능이 점차 비혈연조직으로 이양됨에 따라 미래가족에서 더 강조되는 가족의 기능은 무엇인가?

① 애정의 기능   ② 경제적 기능   ③ 성·생식의 기능   ④ 오락의 기능

해설 가족은 인간과 사회에 대해 비혈연조직이 수행하지 못하는 중요한 기능을 담당하고 있다. 즉, 애정의 기능으로서 이것은 가족의 기능 중 중요한 기능이며 모든 형태의 가족이 지니는 기능이다. 현대의 산업화된 사회에 있어서 핵가족화의 경향에 따라 애정의 기능은 더욱 중요한 것이 된다.

13 다음 중 도시화·산업화함에 따라 더욱 크게 그 기능이 강조되고 결과적으로 중요시되는 가족의 기능은 무엇인가?

① 애정·정서적 안정의 기능 ② 자녀의 교육 및 사회화의 기능
③ 종교의 기능 ④ 생산의 기능

해설 현대 사회의 인간소외, 경쟁격화 등에 대응하여 애정, 정서적 안정 기능의 중요성이 더욱 증대된다.

14 현대 사회 가족 기능의 변화 중 낮은 출산율과 초혼연령의 상승 등으로 인해 약화되어 가는 경향을 보이는 가족 기능은?

① 경제적 기능 ② 자녀출산기능 ③ 휴식 기능 ④ 정서적 안정 기능

해설 가족의 자녀출산 및 양육을 통한 재생산 기능은 낮은 출산율과 초혼연령의 상승 등으로 약화되는 경향이다.

15 현대 사회 가족 기능의 변화 내용으로 거리가 먼 것은?

① 가족의 생산 기능은 약화되고 소비기능은 강화되는 방향이다.
② 자녀출산 기능은 낮은 출산율과 초혼연령 상승으로 약화되는 경향이다.
③ 현대 사회의 인간 소외, 경쟁 격화, 스트레스 등으로 가족의 정서적 안정 기능의 중요성이 더욱 증대된다.
④ 가족 내의 자녀 양육 기능이 더욱 강화되고 있다.

해설 자녀의 양육 및 사회화 기능이 전문인 또는 전문기관으로 이전되면서 가족 내 자녀양육 기능이 약화되고 있다.

16 매키버가 제시한 오늘날까지 지속되는 가족의 기능에 해당되지 않는 것은?

① 성욕을 합법적으로 만족시키는 기능 ② 자녀를 출산하여 양육시키는 기능
③ 지속적인 동료감을 유지시키는 기능 ④ 가정적인 따뜻한 분위기를 제공하는 기능

해설 매키버가 제시한 오늘날까지 지속되는 가족의 기능 : 성욕을 합법적으로 만족시키는 기능, 자녀를 출산하여 양육시키는 기능, 가정적인 따뜻한 분위기를 제공하는 기능

17 듀발이 제시한 오늘날 수행하고 있는 가족기능에 해당되지 않는 것은?

정답 9.④ 10.④ 11.④ 12.① 13.① 14.② 15.④ 16.③ 17.③

① 가족원간의 애정도모 ② 사회적 지위 부여와 사회화
③ 생산경제기능 ④ 통제력과 정의감의 확립

해설 **오늘날의 가족 기능(듀발)**
- 가족원간의 애정도모
- 만족감과 목적의식 부여
- 사회적 지위 부여와 사회화
- 안정감 부여와 수용
- 지속적인 동료감 유지
- 통제력과 정의감의 확립

18 서구사회의 현대가족이 오늘날 수행하고 있는 중요한 기능으로 가족원간의 애정도모, 안정감 부여와 수용, 만족감과 목적의식 부여, 지속적인 동료감 유지, 사회적 지위 부여와 사회화, 통제력과 정의감의 확립 등을 들고 있는 학자는?

① 듀발(Duvall) ② 매키버(MacIver) ③ 라이스(Reiss) ④ 데이비스(Davis)

해설 문제 17번 해설 참조

19 다음 중 가족원들이 다른 곳에서는 생각할 수조차 없는 방법으로 서로가 자유로이 비판하고 잘못을 지적하고 명령하고 칭찬하거나 비난하기도 하고 상을 주거나 벌을 주기도 하고 달래기도 함으로써 이룩될 수 있는 가족의 기능은 무엇인가?

① 지속적인 동료감 ② 통제력과 정의감의 확립
③ 안정감 부여와 수용 ④ 만족감과 목적의식 부여

해설 가족 안에서 개인은 사회생활에 필요한 규칙·권리·의무·책임감을 가장 잘 배울 수 있다.

20 가족기능수행도에서 남편·아내 모두가 가장 높게 수행하는 기능은?

① 애정표현 ② 자녀사회화 ③ 친척관계유지 ④ 부부 대화

해설 자녀사회화 기능이나 경제 기능 수행은 높으나, 실제적이고 구체적인 자녀교육 기능 수행이나 가계관리, 부부간의 대화 등의 기능 수행은 낮다.

21 다음 중 서구가족과 다르게 우리나라 가족에서 중요시되는 기능은 무엇인가?

① 종교·도덕적 기능 ② 친척관계 유지기능
③ 자녀의 사회화 기능 ④ 성·애정의 기능

해설 현대가족의 기능으로 애정·성·자녀의 사회화를 강조한 서구사회의 기능과 다른 점은 우리나라가 특히 친척관계 유지기능을 중요하게 여기고 있다.

22 가족이 사회와 개인을 위해 수행하는 순기능적 측면만을 강조하고, 그 기능 수행이 원활히 되기 위해서는 가족 내 부부간의 역할 분담이 성에 의해 잘 이루어져야 한다고 보며, 개인들에게 빈번한 지역적 이동과 사회적 이동을 요구하는 산업사회에 기능적으로 적합한 것을 핵가족이라고 보는 입장은?

① 구조기능주의　　② 수정전통주의　　③ 여권주의　　④ 전통주의

해설 구조기능주의 : 가족이 사회와 개인을 위해 수행하는 순기능적 측면만을 강조하고, 그 기능 수행이 원활히 되기 위해서는 가족 내 부부간의 역할 분담이 성에 의해 잘 이루어져야 한다고 본다. 그리고 산업사회에서는 개인들에게 빈번한 지역적 이동과 사회적 이동을 요구하기 때문에 그런 사회에 기능적으로 적합한 것을 핵가족이라고 본다.

23 다음 중 갈등론과 여권주의 관점에서 제기하는 가족기능론에 대한 비판으로 옳지 않은 것은?

① 핵가족은 산업사회에 당연한 것이다.
② 교육의 많은 부분이 아직도 어머니의 역할로 인식되며 여성의 과중한 부담을 초래한다.
③ 남성이 생계를 담당하고, 여성이 정서적 지원을 하는 성별 분업은 역사적으로 살펴볼 때 극히 일부인 중·상층 가족에 한정될 뿐이다.
④ 가족은 출산을 통하여 세대 간의 인간 재생산 기능을 수행하고, 의식주의 일상생활을 통하여 노동력 재생산 기능을 수행하며, 또한 사회화 과정을 통하여 성차별적·계급차별적 이데올로기를 재생산하였다.

해설 핵가족은 산업사회에 필연적이거나 당연한 것이 아니다. 핵가족은 산업사회의 산물만은 아니다. 산업화 이전의 농경사회에도, 또 수렵채취사회에도 핵가족은 존재했다. 또한 오늘날의 산업사회에도 핵가족 이외에 다양한 가족형태가 나타나고 있다.

정답 18.❶　19.❷　20.❷　21.❷　22.❶　23.❶

주관식

1 가족 내 기능에 대해 3가지 이상 쓰시오.

2 자손을 통해 대를 이어간다는 의미뿐 아니라 사회를 존속·발전시킨다는 점에 중요한 의의가 있는 가족의 기능은?

3 가족의 대사회적 기능을 3가지 이상 쓰시오.

4 가족 구성원이 심신의 피로를 회복하고 정서적 안정감을 느낄 수 있도록 하는 가족 기능은?

5 듀발이 제시한 오늘날 수행하고 있는 가족 기능을 3가지 이상 쓰시오.

Answer

1 애정 및 성의 기능, 자녀 출산의 기능, 자녀 양육 및 교육 기능, 경제적 기능

2 자녀 출산의 기능

3
- 성을 통제하는 기능
- 사회안정화 기능
- 노동력을 제공하고 생활을 보장하는 기능
- 사회구성원을 충원하는 기능
- 사회의 전통·문화를 계승하는 기능

4 휴식 및 정서적 안정 기능

5
- 가족원 간의 애정도모
- 만족감과 목적의식 부여
- 사회적 지위 부여와 사회화
- 안정감 부여와 수용
- 지속적인 동료감 유지
- 통제력과 정의감의 확립

제1부 가족일반론

05 가족생활주기

단원 개요

이 단원에서는 가족생활기간에 대하여 그 의의를 파악하고 단계구분의 기준을 알아본다. 그리고 가족생활 주기가 오늘날 어떻게 변화하였는지, 또 세대별로는 어떻게 다른지 고찰해 본다. 그리고 발달과정에서 수행해야 할 발달과업의 개념에 대하여도 이해가 필요하다. 이러한 가족생활 주기를 통하여 각자의 생애 계획을 세워보는 데에도 의의가 있을 것이며, 나아가 세대 간의 이해를 도모하는 계기를 마련할 수도 있을 것이다.

출제 경향 및 수험 대책

이 단원에서는 가족생활주기 단계구분과 우리나라 가족생활주기의 변화, 가족생활주기의 의의, 한국 가족생활주기의 변화 및 가족생활주기단계에 따른 발달과업 등에 대해서 묻는 문제들이 출제될 수 있는 바, 자세하고 철저한 학습이 요구된다.

5

01 가족생활주기의 정의

1 가족생활주기의 의미

① 개인이 일생을 살아가는 것처럼 가족이라는 사회집단도 일생을 살아간다는 가족발달적 관점에서 볼 때, 대부분의 가족이 밟아 가는 시간적인 변화를 가족주기 또는 가족생활주기라고 한다.

② 가족주기(가족발달)의 관점은 한 가족이 처음부터 끝까지 진행해 가는 도중에 당면하게 되는 각 국면의 문제와 잠재적인 문제, 취약점과 강점을 시간적 차원과 계속적인 발달의 과정으로 연구하는 데 도움을 주지만, 서구의 규범적 가족(핵가족)을 모형으로 하기 때문에 시대, 계층, 인종, 직업에 따라 상이한 가족 상황을 하나의 단계 모형에 끼워 맞추는 것이 문제가 있다는 지적도 많이 받는다.

2 가족생활주기와 관련된 기본 가정(클라인과 화이트, Klein & White)

① **가족은 다양한 차원에서 분석 가능** : 가족은 개인적·심리적 측면, 개개인 간의 관계적·상호작용적 측면, 사회적·제도적 측면 등의 세 가지 분석수준에서 규명할 수 있다.

② **발달과정은 가족을 이해하는 데 필수적** : 가족구성원 개개인이 성장, 노화함에 따라 가족원들 사이의 상호작용과 가족의 구조가 변화하며, 가족 안에서 역할을 부여하는 규범 등도 시간에 따라 변화하기 때문이다.

③ **가족집단은 위의 세 가지 분석수준의 영향을 받음** : 가족생활의 개인적 측면, 관계적 측면, 그리고 사회제도적 측면은 서로 영향을 주고받으며 연계되어 있다.

④ **시간은 다차원적** : 가족사건과 관련된 시간개념은 물리적 시간보다 그 시기나 순서에 대한 규범과 더 밀접한 관련이 있으며, 여러 가지 사회적 의미를 함축한 '사회적 과정의 시간'이다.

⑤ **가족은 반투과적 집단** : 가족은 외부와 구별되는 경계, 즉 가족 고유의 규범이나 문화 등을 가지고 있지만, 그 경계는 폐쇄적인 것이 아니라 외부에 존재하는 사회체계와 영향을 주고받는다.

> **추가 설명**
> 가족생활주기 : 가족생활을 단계별로, 장기적으로 고찰해서 각 단계가 지니고 있는 가능성과 문제점을 파악하고, 가족생활의 기틀과 생활의 조화를 이해할 수 있도록 가족생활의 유형을 분류해 놓은 것이다.

02 가족생활주기의 단계 구분과 발달과업

1 핵가족의 가족생활주기 단계 구분

① 듀발(Duvall)과 힐(Hill)의 단계 분류
  ㉠ 가족원수의 변화에 따른 분류 : 형성기 → 확대기(첫 자녀 출산부터 막내자녀 출산까지의 기간) → 안정기(첫 자녀가 집을 떠날 때까지의 기간) → 축소기(막내자녀가 집

을 떠날 때까지의 기간) → 노부부기
ⓒ **역할전환과 맏이 학력에 따른 분류** : 영아기 가족(0~2세) → 미취학 아동기 가족(3~5세) → 학동기 가족(6~12세) → 청년기 가족(13~20세) → 자녀성년기 가족(21세~떠남)
ⓒ **은퇴지위를 기준으로 한 분류** : 형성기 → 영아기 가족 → 미취학 아동기 가족 → 학동기 가족 → 청년기 가족 → 자녀성년기 가족 → 중년기 가족(부모후기 가족) → 노년기 가족
② **비젤로우(Bigelow)의 가정경제(지출과 수입 변화)와 자녀학력(교육 상황)에 따른 분류** : 가족형성기 → 자녀 출산 및 미취학 아동기 → 초등교육기 → 고등교육기 → 대학교육기 → 경제적 회복기 → 은퇴기

2 가족의 발달과업 개요

① **기본적인 과업의 선행조건** : 물질적 부양, 자원의 배분, 노동의 배분, 가족원의 사회화, 자녀 출산 및 성혼, 질서의 유지, 자신의 사회적 위치 인식
② **가족의 목표**
ⓐ 특별한 시기의 가족의 단기적 포부와 사회의 장기적·국가적 목표와 관련된다.
ⓑ 일생(一生)을 통해 단계적으로 가족원의 정신적·사회적 발전을 촉진시킨다.
ⓒ 각 가족생활주기에서 가족의 발달과업을 지배하는 시간적인 과정으로 표현된다.
ⓓ 가족생활주기의 각 단계의 발달과업과 기능에 깊은 영향을 끼친다.

3 단계별 발달과업 유형

① **8단계 발달과업**
ⓐ **신혼기** : 결혼이라는 새로운 삶의 형태에 적응하는 시기로서, 남편과 아내로서의 역할과 앞으로 출산하게 될 자녀들에 대한 부모로서의 심리적 체계와 가족체계를 준비해야 하는 시기이다.
ⓑ **자녀 출산기** : 둘만의 부부생활이 자녀출산을 계기로 크게 변화하는 시기이다. 부모 역할을 적절히 수행하는 것이 중요한 과업이다.
ⓒ **학령전기 자녀기** : 부부 둘만의 상호작용이 적어지고 배우자에 대한 관심과 배려가 급격히 감소되는 시기이다. 따라서 자녀의 욕구에 적응할 뿐 아니라, 에너지 소모와 개인적인 시간부족에 대처하며 부부만의 시간을 가지고자 노력할 필요가 있다.
ⓓ **학령기 자녀기** : 가족과 사회의 상호작용을 확대함으로써 자녀가 가족 밖의 관계를 원활하게 수립할 수 있게 하고 자녀의 교육적 발달을 위한 격려가 필요하다.
ⓔ **10대 자녀기** : 자녀들이 청소년기에 접어들 뿐만 아니라 부모 역시 중년기를 맞이하는 시기로, 부모자녀간의 세대 간 갈등이 쉽게 발생할 수 있다. 따라서 부모자녀관계의 균형을 융통성 있게 변화시키고, 중년기의 부부관계와 직업적 이슈에 관심을 기울일 필요가 있다.

추가 설명

전이(transition)
- 전이는 가족이 가족생활주기 상의 한 단계에서 다음 단계로 이동하는 것을 의미한다.
- 전이는 첫 자녀 출산, 배우자 사망과 같은 사건에 의해 나타난다.
- 가족단계와 사건은 규범적으로 예상된 시기에 경험할 수도 있고, 이러한 예상을 벗어난 시기에 경험할 수도 있다.

추가 설명

가족의 발달과업 성공도를 위한 요건
- 가족이 얼마나 그들의 단기적 포부를 잘 설정하는가
- 사회적 목표를 위하여 얼마나 잘 협조하는가
- 가족의 발달과업을 얼마나 잘 수행하는가

추가 설명

학령전기 자녀기 : 이 시기의 아동은 신체적, 지능적, 사회적으로 발달이 현저하게 이루어지는 시기이므로 부모의 에너지가 아이들에게만 집중되기 쉽다.

ⓗ **진수기** : 자녀들이 본격적인 성인으로서 사회로 진출하는 시기이다.
ⓘ **중년기** : 빈둥지시기라고 불리기도 하는데, 자녀가 가족을 떠나고 직업을 가진 부부들의 은퇴로 공적 영역의 생활이 축소되면서 관계의 중심축이 부부로 이전된다. 은퇴 후의 삶에 대한 적응과 부부관계의 재정립, 조부모 역할 수용 등이 주된 발달과업이다.
ⓙ **노년기** : 자신들의 노화와 배우자의 죽음에 적응해야 하고, 죽음을 맞이할 심리적·경제적 준비를 해야 한다.

② 3단계 발달 과업
　㉠ **가정 형성기**
　　• 두 사람이 결혼으로 새로운 가족을 형성하여 첫 자녀를 낳기 전 까지의 시기이다.
　　• 부부로서 서로에게 적응하며 함께 발달해 나가기 위한 노력이 필요하다.
　㉡ **가정 확대기** : 자녀가 출생하고 성장하여 독립하기 전까지의 기간이다. 자녀를 건강하고 바르게 양육하기 위한 부부 공동의 노력이 필요하다.
　　• **자녀 양육기** : 자녀의 출생 및 양육에 따라 부부가 부모의 역할을 새롭게 정립해 나가는 시기이다. 자녀 양육에 관한 지식이나 시간 부족으로 어려움을 겪기도 한다.
　　• **자녀 교육기** : 자녀가 초등학교에 다니기 시작한 이후부터 독립하기 이전까지의 시기로서, 부모는 본격적인 학교 교육을 받게 되는 자녀가 학교 생활에 잘 적응할 수 있도록 도와주어야 한다. 또한 자녀의 관심 영역과 활동 범위가 확대됨에 따라 경제적 요구가 커지므로 이에 적절하게 대비해야 하며, 자녀 교육기의 부모는 노부모 부양과 자녀 양육 등으로 위아래 세대로부터 스트레스를 많이 받아 '샌드위치 세대'라고 한다.
　㉢ **가정 축소기** : 자녀가 성인이 되어 부모로부터 독립하면서 부부만 남게 되거나, 부부 중 한쪽 배우자가 사망함으로써 가족의 규모가 축소되는 기간이다.
　　• **자녀 독립기** : 자녀가 취업, 결혼 등으로 가정을 떠나는 시기이다.
　　• **노후기** : 자녀의 독립 이후 두 부부가 사망할 때까지의 시기이다. 이 시기에는 신체적 노화에 따른 건강상의 문제와 함께 무력감, 고독감 등에 빠지기 쉽다. 경제적 자원을 안정적으로 관리하는 것이 요구된다.

03 한국가족생활주기의 변화

1 가족생활주기 변화

① **가족형성기의 단축** : 평균 초혼연령이 점점 상승하면서 출산 템포가 빨라져서 가족형성기가 단축되었다.
② **자녀출산기간의 축소** : 평균 자녀 수가 줄고 출산 템포가 빨라졌기 때문에 첫 자녀 출산에서 막내자녀 출산까지의 기간이 축소되었다. 한편, 수명연장으로 가족생활주기의 전

추가 설명
빈둥지 기간 및 빈둥지 증후군
• 자녀가 집을 떠남으로써 부부의 생활이 공허해지는 것을 강조하여 이 시기를 '빈둥지 기간'이라고도 한다.
• 대학 입학이나 군대 입대, 취업 혹은 결혼 등으로 성장한 자녀가 다 떠나버린 부부에게 흔히 나타나는 정신적 불안정과 우울증, 허탈감 등을 '빈둥지 증후군'이라고 한다.

추가 설명
자녀 양육기의 발달 과업
• 영·유아 양육에 따른 생활의 변화에 적응해야 한다.
• 조부모가 된 양가 부모와의 관계를 재조정해야 한다.
• 증가한 생활비용 충족 및 자녀교육을 위해 경제적 계획을 세워야 한다.

추가 설명
노후기의 발달 과업
• 노화를 긍정적으로 받아들이고 적응하기, 가족 및 이웃과 원만한 관계를 유지한다.
• 배우자, 친구 등의 죽음에 대해 심리적으로 준비한다.
• 운동, 균형 잡힌 식생활, 적극적인 태도 등으로 심신의 건강 유지
• 경제적 자원을 안정적으로 관리한다.
• 회고를 통해 자신의 삶과 가족을 긍정적이고 의미 있게 평가한다.

체기간은 연장되었고, 가족생활주기에서 자녀출산기가 차지하는 비중이 급격히 줄어들었다. 이로 인해 여성의 생애주기에서 적극적 자녀양육기가 차지하는 비중이 축소되었고, 이는 기혼여성의 취업증가의 중요한 요인으로 작용하였다.

③ **빈 둥우리기의 연장** : 한국인의 초혼연령 상승에도 불구하고 자녀출산기간이 줄어들고 평균수명이 연장되면서 부부가 함께 하는 기간도 연장되었다. 이와 함께 자녀를 모두 결혼시키고 난 후 부부만이 남게 되는 빈 둥우리기가 출현하였다.

④ **세대 간 공유기간의 연장** : 수명의 연장으로 부모자녀세대가 함께 생존하는 기간이 크게 연장되었다.

2 앞으로의 가족생활주기 변화 예측

① **가족주기의 변화** : 가족형성기, 확대기는 짧아지고 있으며 축소기는 길어지고 있다.
　㉠ 가족형성기와 확대기가 짧아지는 것은 초혼연령 상승과 낮은 출산율로 인한 것이다.
　㉡ 축소기가 길어지는 것은 평균수명의 연장으로 노인부부만 남는 시간이 길어진 데 기인한다. 즉, 가족주기는 연장되는데 자녀수는 감소해서 자녀양육으로부터 해방된 노년기가 길어지고 있다.

② **가족생활주기변화에 대한 대비** : 장기적 또는 체계적으로 교육과 홍보를 통해 이루어져야 할 것이다. 아무런 준비 없이 이러한 변화를 맞이했을 때 개인적 차원에서 뿐만 아니라 가족집단, 사회집단의 차원에서도 해결하기 어려운 난관에 봉착할 것이 예측되기 때문이다.

추가 설명

평균초혼연령의 특징 : 만혼화로 초혼연령이 늦어지고 있다.

추가 설명

여성의 출산율 : 20대의 출산율이 계속 감소하고 있는 반면 30대와 40대 초반의 출산율은 지속적으로 증가하는 모습을 보이고 있다.

추가 설명

한국가족생활주기 변화
- 교육기간의 연장으로 혼인연령이 높아지고, 자녀를 적게 가짐으로써 출산기간과 양육기간이 단축되고, 부부만 남게 되는 기간이 연장된다.
- 수명의 연장으로 노년기가 길어지게 된다. 그리고 자녀수는 감소해서 자녀양육으로부터 해방된 노년기가 길어지고 있다.

실전예상문제

객관식

1. 가족생활주기가 가지는 의미가 아닌 것은?

① 가족생활주기의 각 단계가 지니는 가능성과 문제점을 파악한다.
② 가족생활의 기틀과 생활이 조화될 수 있도록 한다.
③ 가족의 행위를 설명하고 예측하는 데 사용된다.
④ 가족의 심리적 안정에 기여한다.

해설 가족생활주기는 가정생활에 대해 장기적 안목을 갖게 한다.

2. 가족생활주기와 관련된 기본 가정으로 거리가 먼 것은?

① 가족은 한정된 차원에서 분석 가능하다.　　② 가족은 반투과적 집단이다.
③ 발달과정은 가족을 이해하는데 필수적이다.　　④ 시간은 다차원적이다.

해설 가족생활주기와 관련된 기본 가정
- 가족은 반투과적 집단이다.
- 발달과정은 가족을 이해하는데 필수적이다.
- 시간은 다차원적이다.
- 가족 집단은 모든 분석수준(개인적 측면, 관계적 측면, 사회제도적 측면)의 영향을 받는다.

3. 다음 중 듀발과 힐이 가족생활주기를 형성기 · 확대기 · 안정기 · 축소기 · 노부부기로 구분한 기준은 무엇인가?

① 자녀출산과 자녀의 혼인　　② 남편-아버지의 은퇴
③ 역할전환과 맏이의 학력　　④ 가족원 수의 변화

해설 가족생활주기를 형성기 · 확대기 · 안정기 · 축소기 · 노부부기로 구분하는 것은 가족의 수적인 변화를 기준으로 한 것이다.

4. 듀발과 힐이 가족주기의 단계설정을 하는 데 있어 기준으로 하지 않은 것은?

① 가족원의 수적인 변화　　② 자녀들의 교육상황
③ 맏아이의 발달단계　　④ 남편-아버지의 은퇴기준

해설 이 기준은 관습적으로 상호작용 유형에 긴장을 주는 가정생활주기의 변화뿐 아니라 가족원의 직업적, 교육적 경력에서 변화의 영향을 고려한 것이다.

5 듀발과 힐(Duvall & Hill)이 연령별 역할전환점과 맏이의 학력을 기준으로 나눈 가족주기에 해당하지 않는 것은?

① 영아기 가족   ② 청년기 가족   ③ 자녀성년기 가족   ④ 중년기 가족

해설 ④는 아버지의 은퇴지위를 기준으로 했을 때 마지막 단계이다.

6 다음 중 듀발(E. Duvall), 힐(R. Hill), 비젤로우(G. Bigelow) 등과 관계가 깊은 것은?

① 수정확대가족   ② 수정핵가족   ③ 가족생활주기   ④ 가족의 기능

해설 듀발과 힐은 가족원의 수적인 변화, 맏아이의 발달단계, 남편-아버지의 은퇴지위를 기준으로 가족생활주기를 구분하였고, 비젤로우는 수입과 지출 유형의 변화와 자녀들의 교육상황을 기준으로 가족생활주기를 구분하였다.

7 다음 중 수입과 지출의 재정적 유형의 변화와 자녀들의 교육상황을 기준으로 하여 가족주기의 단계를 구분한 사람은?

① 듀발(Duvall)   ② 힐(Hill)   ③ 비젤로우(Bigelow)   ④ 모리오카 키요미

해설 문제 6번 해설 참조

8 가족의 기본적인 발달과업 선행 조건으로 거리가 먼 것은?

① 물질적 부양   ② 부의 절대 권력   ③ 노동의 배분   ④ 가족원의 사회화

해설 가족의 기본적인 발달과업 선행 조건 : 물질적 부양, 노동의 배분, 가족원의 사회화, 자원의 배분, 질서의 유지, 자신의 사회적 위치 인식

9 다음 중 가족의 발달과업과 관련하여 가족목표의 내용으로 거리가 먼 것은?

① 단계적으로 가족원의 정신적·사회적 발달을 촉진시킨다.
② 특별한 시기 가족의 단기적 포부와 사회의 정기적·국가적 목표와 관련된다.
③ 가족생활주기에서 가족의 발달과업을 지배하는 시간적인 과정으로 표현된다.
④ 가족형성기의 목표가 변함없이 지속된다.

정답 1.④ 2.① 3.④ 4.② 5.④ 6.③ 7.③ 8.② 9.④

해설 가족의 목표
- 일생을 통해 단계적으로 가족원의 정신적·사회적 발전을 촉진시킨다.
- 각 가족생활주기에서 가족의 발달과업을 지배하는 시간적인 과정으로 표현된다. 그러므로 가족형성기에는 결혼 초 부부간의 적응이 목표라면, 자녀를 낳은 후에는 자녀 양육이 목표가 된다.
- 특별한 시기 가족의 단기적 포부와 사회의 정기적·국가적 목표와 관련된다.
- 가족생활주기의 각 단계의 발달과업과 기능에 깊은 영향을 끼친다.

10 가족의 발달과업 성공도를 위한 요건이 아닌 것은?
① 단기적 포부의 설정
② 사회의 정의화
③ 사회적 목표를 위한 협조
④ 발달과업의 수행 여부

해설 가족의 성공도를 위한 요건
- 가족이 얼마나 그들의 단기적 포부를 잘 설정하는가
- 사회적 목표를 위하여 얼마나 잘 협조하는가
- 가족의 발달과업을 얼마나 잘 수행하는가

11 다음 발달과업 과정 중 부모의 에너지가 아이들에게만 집중되기 쉽고, 부부 둘만의 상호작용이 적어지고 배우자에 대한 관심과 배려가 급격히 감소되는 시기는?
① 자녀출산기
② 학령 전기 자녀기
③ 10대 자녀기
④ 진수기

해설 학령 전기 자녀기 : 부부 둘만의 상호작용이 적어지고 배우자에 대한 관심과 배려가 급격히 감소되는 시기이다.

12 다음 발달과업 과정 중 자녀들이 각자 본격적인 성인으로서 사회에 진출하는 시기는?
① 신혼기
② 자녀 출산기
③ 진수기
④ 중년기

해설 진수기 : 자녀들이 각자 본격적인 성인으로서 사회에 진출하는 시기이다.

13 다음 중 빈둥지 시기라고도 불리는 발달과업 단계는?
① 학령기 자녀기
② 진수기
③ 중년기
④ 노년기

해설 중년기 : 자녀가 가족을 떠나고 직업을 가진 부부들의 은퇴로 공적 영역의 생활이 축소되면서 관계의 중심축이 부부로 이전된다.

14 다음 발달과업 단계 중 부부로서 서로에게 적응하며 함께 발달해 나가기 위한 노력이 필요한 시기는?

① 가정형성기　　② 가정확대기　　③ 자녀교육기　　④ 가정축소기

해설 가정형성기 : 두 사람이 결혼으로 새로운 가족을 형성하여 첫 자녀를 낳기 전까지의 시기이다.

15 다음 중 자녀 양육기 가족생활의 내용이 아닌 것은?

① 자녀 양육으로 생활 비용이 증가한다.
② 자녀와의 갈등으로 가족 관계에 위기가 발생한다.
③ 자녀의 출생으로 부부가 부모의 역할을 새롭게 정립해 나간다.
④ 자녀 양육에 관한 지식이나 시간이 부족하여 부모 대부분이 어려움을 겪게 된다.

해설 자녀양육기 : 자녀의 출생 및 양육에 따라 부부가 부모역할을 새롭게 정립해 나가는 시기이다.

16 다음 가족생활 주기 중 본격적인 학교교육을 받게 되는 자녀가 학교생활에 잘 적응할 수 있도록 도와주어야 하며, 부모에 대한 경제적 요구가 커지므로, 이에 적절하게 대비할 수 있도록 해야 하는 시기는?

① 가정형성기　　② 자녀양육기　　③ 자녀교육기　　④ 노후기

해설 자녀교육기 : 자녀가 학교생활에 잘 적응할 수 있도록 돕는다.

주관식

1 가족생활주기의 의미를 간략히 서술하시오.

2 클라인과 화이트가 제시한 가족생활주기와 관련된 기본 가정을 3가지 이상 쓰시오.

정답　10.❷　11.❷　12.❸　13.❸　14.❶　15.❷　16.❸

3 가족이 가족생활주기상의 한 단계에서 다음 단계로 이동하는 것을 의미하는 단어는 무엇인가?

4 가족의 발달과업 수행의 선행조건을 3가지 이상 쓰시오.

5 다음 보기의 내용은 어떤 발달과업 단계에 속하는가?

> **보기**
> - 부모 자녀간의 세대 간 갈등이 쉽게 발생할 수 있다.
> - 부모가 중년기를 맞이하는 시기이다.

6 한국 가족생활주기 변화의 변화 내용을 3가지 이상 쓰시오.

Answer

1. 가족생활주기는 가족생활을 단계별로, 장기적으로 고찰해서 각 단계가 지니고 있는 가능성과 문제점을 파악하고, 가족생활의 기틀과 생활의 조화를 이해할 수 있도록 가족생활의 유형을 분류해 놓은 것이다.

2. 발달과정은 가족이해에 필수적, 가족은 다양한 차원에서 분석 가능, 가족은 반투과적 집단, 시간은 다차원적

3. 전이

4. 물질적 부양, 자원의 배분, 노동의 배분, 가족원의 사회화, 자녀 출산 및 성혼, 질서의 유지, 자신의 사회적 위치 인식

5. 10대 자녀기

6. 가족형성기의 단축, 자녀출산기간의 축소, 빈둥지 기간의 연장, 세대 간 공유기간의 연장

제1부 가족일반론

06 가족과 계층

 단원 개요

사회계층은 각 개인의 삶의 기회, 삶의 양식을 결정하는 데 중요한 변수가 된다. 어느 계층에 속하는가에 따라 가족의 구체적 특성도 달리 나타나며, 사회불평등구조는 가족을 매개로 재생산되기도 한다. 또한 모든 계층의 사람들이 가족을 형성하지만 그들이 경험하는 가족생활은 동일하지 않다. 이 단원에서는 계층의 의의를 살펴보고 계층의 측정방법을 알아본다. 그리고 한국사회의 계층구성을 이해한 후 각 계층별로 구체적인 가족생활이 서로 어떻게 나타나는가를 살펴본다.

 출제 경향 및 수험 대책

이 단원에서는 사회계층을 측정하는 방법, 사회계층에 대한 관점 및 사회계층구조의 변화, 사회계층의 의의, 사회계층의 측정방법, 사회계층구조의 변화 및 계층이 가족생활에 미치는 영향 등에 대해서 묻는 문제들이 출제될 수 있는 바, 자세하고 철저한 학습이 요구된다.

6

01 계층의 의의

1 계층의 정의

① 경제적, 정치적, 사회적으로 다양한 요인에 의해 서열화된 집단을 계층이라고 한다. 즉 재산, 권력, 위신 등 경제·정치·문화적 자원 중 하나 또는 복합 기준에 의해 같은 지위를 가진 사람들의 집단이다. 계층은 계급과 함께 구조화된 불평등을 설명하는 개념으로 사용된다.

② 계층에서는 계급, 권력, 지위의 세 가지 요인이 복합적으로 작용하여 상·중·하층으로 범주화된다. 그 결과 경제적 측면에서는 계급, 사회적 측면에서는 지위 집단, 정치적 측면에서는 파당이 나타나게 된다.

2 계층 구조

① 전체 사회의 계층구조는 일반적으로 피라미드 형을 이루고 있는 것으로 알기 쉽지만 선진제국의 계층구조는 중간층이 불룩하고 저변부가 오히려 좁은 형태를 띠고 있다. 이는 주로 소득이 평준화되고 교육기회가 확대된 결과이다.

② 저개발 국가나 산업화의 초기 단계에 있는 사회는 중간층이 적고 저소득자와 빈곤자가 많아서 계층구조는 하부로 갈수록 넓어지는 경향을 보인다.

02 사회계층의 측정

1 객관적 방법

① 계층 척도의 객관적 자료인 직업, 수입원, 가옥형태, 주거지, 교육과정, 수입액, 인종적 요인이나 출신, 재산, 정치, 권력, 지식, 업적 등 다양한 객관적 기준을 설정하여 조사한 후 이들을 종합평가하여 계층을 분류하는 것이다.

② 객관적 측정에서 사용되는 변수 중에서 일차적인 것이 직업이고, 그 직업을 얻기 위해 필요한 교육수준(학력)과 그 직업에서 얻는 수입 또는 소득의 3가지가 핵심적인 것들이다.

③ 대체로 학자들은 직업, 학력, 소득 등을 각각 그 정도에 따라 일정한 점수를 부여하여 그 점수를 합쳐서 사회경제적 지위(Socio-Economic Status : S.E.S.)의 지표로 삼고, 그 점수의 크기에 따라 사람들의 계층적 위치를 규정한다.

2 주관적 방법

① 주관적인 방법은 사람들이 자신의 계층적 위치를 어떻게 인식하고 있는가를 알아보는 방법이다. 사람들의 자아 평가를 바탕으로 하여 사회의 계층구조를 파악하는 방법이다.

추가 설명

계급과 계층
- 계급 : 경제적 요인에 의해 서열화된 위치의 집단(일원론적 관점)
- 계층 : 다양한 요인에 의해 서열화되어 있는 집단(다원론적 관점) → 지위 불일치 현상 발생
- 계급과 계층 : 같은 계급에 속한 개인들은 동질적 속성을 지닌다. 하지만 계층을 구성하는 개인들은 여러 사회적 지위들의 높낮이가 각각 다를 수 있다.(지위 불일치)

추가 설명

계층의 특징
- 경제적 자원의 차이를 넘어서서 사회·문화적 자원이나 정치적 권력의 차이까지 포괄함.
- 연구자 또는 특정인이 사회 불평등을 설명하기 위해 임의로 설정한 기준에 따라 분류되는 경우가 많다. 예컨대, 중산층과 서민층의 경계선과 같은 구분은 상대적이며 가변적이다. 따라서 계층 간 경계가 뚜렷하지 않고, 상황에 따른 기준에 맞추어 분류된다.
- 구성원들은 자신이 속해 있는 계층에 대한 의식이 명료하지 않기 때문에 계층 귀속감이 막연한 수준에서 피상적 느낌에 머무는 경우가 많다.

② 사람들의 의식 속에 있는 계층적 지위, 또는 계층구조를 탐색하려는 것이다. 이 방법은 사람들의 계층의식, 또는 특정 계층에의 귀속의식을 탐색하는 데에 주로 쓰인다.
③ 주관적인 계층 측정은 정치·경제적인 이해를 중심으로 하는 사회심리적인 범주로서의 계층을 알아내는 데에 많은 도움을 얻을 수 있다.

3 평판적 방법(평가적 방법)
① 피조사자로 하여금 자신의 계층적 위치를 평가하게 하는 것이 아니라 이웃사람이나 다른 사람의 계층을 평가하게 하는 것이다. 즉, 피조사자에게 제삼자의 계층을 평가하게 하는 방법이다. 따라서 이 방법도 그 성격에 있어서 주관적 방법과 비슷한 범주에 속한다.
② 어떤 집단 또는 지역사회에서 존경받는 사람 또는 실질적인 영향력을 가진 사람들을 가려내는 데에 특히 유효한 방법이다.
③ 사회성원들로 하여금 상호평가하게 하는 것으로 인간관계가 밀접한 작은 지역사회에서 적용하는 것이 적절하다.
④ 개인들이 그 지역사회의 성원들에 대해 갖고 있는 지식의 정도와 성격에 민감하여 신빙성이 낮을 수 있으며, 평가자의 주관적 편견을 제어할 수 있는 장치가 없다.

> **추가 설명**
> **객관적 측정방법**: 연구자의 주관적인 판단이나 평가자의 태도가 개입되지 않고 가장 객관적으로 개인의 계층을 측정할 수 있는 방법이기는 하지만, 주위 사람들의 평가와 일치하지 않을 가능성도 많다.

> **추가 설명**
> **주관적 방법의 특징**: 사람들이 자기평가를 할 때 과장하거나 지나치게 낮게 평가하는 경향이 있어서 신뢰도가 낮은 것이 약점이다.

03 사회계층에 대한 관점

1 사회계층의 기능론적 관점
① 사회 계층 현상은 사회생활의 영위에 없어서는 안 되는 중요하고 어려운 일을 적절히 수행할 수 있도록 하기 위해 꼭 필요한 장치라는 관점으로, 사회 계층은 사회의 존속을 위해서 중요한 기능을 수행하고 있다는 주장이다.
② 특정한 사회적 지위는 다른 지위에 비해 전체 사회에 미치는 영향이 다르며, 기능적으로 중요한 역할에는 특수한 지식과 능력이 요구된다.
③ 사회는 재능을 가진 사람들이 교육에 따르는 손실과 비용을 감수하고 교육을 받을 수 있도록 하기 위한 장치를 마련하게 되는데, 이것이 더 많은 희소가치의 분배 현상으로 나타난다.
④ 각 지위에는 기능적인 중요도에 따라 차등적인 보수와 그에 수반되는 명예, 존경 등이 주어진다. 즉, 어떤 지위의 사회적인 중요도에 따라 주어지는 보수의 불평등 체계가 사회계층이며, 사회 계층은 꼭 필요한 현상이라고 본다.

2 사회계층의 갈등론적 관점
① 갈등론적 관점은 기능론적 관점에서 사회의 지위와 역할에 중요도가 다르다고 주장하는 것은 잘못이라고 본다. 따라서 역할이나 지위에 차이를 규정하는 그 행위 자체는 권력을

> **추가 설명**
> **기능론적 관점**
> - **계층 발생 원인**: 개인의 능력, 역할의 기여도에 따른 사회적 희소가치의 차등 분배
> - **사회 불평등에 관한 입장**: 차등적 보상 체계 → 사회의 기능이 원활히 작동된다고 본다.
> - **자원 배분의 기준과 절차**: 구성원들 간의 합의된 기준 → 개인의 자질과 능력에 의해 합법적으로 배분해야 한다.
> - **사회 계층 현상의 사회적 기능**: 개인과 사회가 최선의 기능을 하도록 하는 장치 → 동기를 부여하고 인재를 충원함으로 사회 발전에 기여한다.
> - **직업관**: 중요하고 어려운 직업에 종사하는 개인에게 그에 합당한 지위와 높은 보상을 부여하는 것은 당연하다.

추가 설명

갈등론적 관점
- 계층 발생 원인 : 지배 집단의 기득권 유지를 위한 차등 분배를 비판한다.
- 사회 불평등에 관한 입장 : 집단 간의 적대감과 불신을 조장하여 사회 갈등을 유발한다고 본다.
- 자원 배분의 기준과 절차 : 지배 집단에 유리한 기준 → 가정 배경, 권력, 경제력 등에 의해 강제적으로 배분되었다고 본다.
- 사회 계층 현상의 사회적 기능 : 개인과 사회가 최선의 기능을 하는 데 장애 요소가 됨 → 상대적 박탈감과 집단 간 갈등을 유발하여 사회 발전 저해
- 직업관 : 직업의 중요도에는 차이가 없으며, 현존하는 직업 간 불평등 현상은 지배 집단의 이해관계가 반영된 결과로 본다.

추가 설명

계층 이동 가능 여부 구조
- 폐쇄형 : 수직 이동이 제한된 계층 구조이다.(예 인도의 카스트 제도, 신라의 골품 제도 같은 신분 제도) 신분은 주로 세습되며 다른 계층으로의 이동이 제한되어 태어날 때에 주어진 지위에 따라 일생을 살아가는 경우가 대다수이다.
- 개방형 : 현대 사회의 계층 구조에 해당된다. 계층 내에서의 이동도 자유롭고, 개인의 노력과 능력에 따른 사회 이동이 많으며, 성취 지위가 중요시되는 계층 구조이다.

가진 자들의 자의적 판단에 불과하다고 본다.

② 갈등론적 관점은 인간 재능의 차이는 선천적인 것이 아니라 자라난 환경의 차이에서 비롯되는 후천적인 것이라고 주장한다.

③ 갈등론적 관점에서는 인간은 이기적인 존재가 될 수도 있고, 이타적인 존재가 될 수도 있다고 본다. 따라서 인간 행동에 대한 동기 부여는 보수에 의해서만 이루어지는 것이 아니며 스스로의 양심이나 의무감 등에 의해서도 가능하다고 본다.

④ 갈등론적 관점에서는 계층의 역기능을 강조하고 있는데, 계층 체계는 현재의 계층을 확대 재생산하기 위한 수단에 불과하며 사회의 폭넓은 인재 육성과 발굴을 제한하고 있다고 주장한다.

04 사회계층 구조의 변화

1 사회이동과 계층구조

① 사회이동의 수직이동, 수평이동
  ㉠ 수직이동 : 한 계층에서 다른 계층으로 이동함으로써 상승이동과 하강이동이 있는데, 전자는 낮은 계층의 지위에서 높은 곳으로 옮아가는 것이고, 후자는 높은 계층의 지위에서 낮은 곳으로 옮아가는 것이다.
  ㉡ 수평이동 : 계층적 지위에는 변화 없이 직종이나 직장·직위를 이동하는 것이다.

② 세대 내 이동과 세대 간 이동
  ㉠ 세대 내 이동 : 한 개인의 일생 동안에 일어나는 사회적 위치의 변화이다.
  ㉡ 세대 간 이동 : 세대가 바뀌면서 사회적 위치가 변화하는 것인데 부모와 자녀 사이의 계층적 위치 변화를 의미한다.

③ 구성원 비율에 따른 계층 구조
  ㉠ 피라미드형 : 구성원 비율이 상류 계층에 비해 하류 계층으로 갈수록 월등하게 높은 계층 구조이다. 예 전근대적인 신분 사회
  ㉡ 다이아몬드형 : 중류 계층의 비율이 상·하류층에 비해 높은 구조로, 오늘날 복지 정책이 구비된 현대 산업사회에서 나타난다.
  ㉢ 수직형 : 완전 계층형 구조인데 모든 구성원이 1등부터 꼴찌까지 일직선으로 배열되어 있는 형태로 완전한 불평등(계층화) 상태이다.
  ㉣ 수평형 : 완전 평등형 계층 구조로 모든 구성원이 평등한 위치에 서 있는데 현실에서는 찾아보기 힘든 다소 극단적인 형태이다.
  ㉤ 모래시계형 : 중류층이 몰락하여 상·하류층의 양극화 현상이 심각한 사회이며, 압도적 다수가 하층을 차지한다. 중산층의 비중을 높이기 위한 대책이 요구된다.
  ㉥ 타원형 : 다이아몬드 계층 구조에서 상층과 하층의 비율이 증가한 형태로 중간 계층

의 비율이 가장 높다. 이는 사회적 안정성이 매우 높다.

2 현대 사회의 계층구조 변화(한국의 경우)

① 일제식민지시대 계급구성의 변화
  - ㉠ 상인층과 서민지주가 등장하면서 신분제의 동요는 더욱 가속화되었다. 계급구조의 변동은 갑오농민전쟁 이후 식민지로 전락하면서 더욱 가속화되었다.
  - ㉡ 1930년대에 들어와 급속하게 진행된 식민자본주의의 발전에 따라 자본가계급과 노동자계급으로서의 계급분화가 전개되었다. 1930년대 후반에는 중화학공업화에 따라 생산직노동자가 급증하였다.

② 산업화 이후의 변화
  - ㉠ 광복 이후에는 반봉건적인 지주계급이 몰락하였고, 귀속재산의 불하(拂下)를 통해 자본가집단이 형성되었다.
  - ㉡ 1960~1980년간, 즉 20여년간에 걸쳐 급격한 계급구성상의 변화를 보였다.
  - ㉢ 1960년대 이후 한국사회는 노동자계급이 급속하게 성장하였고, 농민층은 반대로 급속히 감소하였으며, 도시 프티부르주아는 꾸준히 성장한 것으로 요약되는데, 농민층은 도시 산업노동자와 도시 소생산자층으로 옮겨갔다.

> **추가 설명**
> **현대 사회 계층 구조**
> - 기술 발전이 계층 간 격차를 완화하리라는 관점 : 기술 발전으로 결국 계층 간 격차가 줄어들게 될 것이다. 그러면 다이아몬드형 계층 구조에서 중상층과 중하층의 인구 비율이 더 늘어나게 되면서 타원형 계층 구조가 만들어진다.
> - 기술 발전이 계층 간 격차를 심화하리라는 관점 : 계층에 따라 지식과 정보의 접근·이용의 차이가 확대되어 사회가 양극화되어 상층이 일부 존재하고, 낮은 중간층이 있으며 압도적 다수가 하층을 차지하는 형태로 모래시계형으로 될 것으로 본다.

05 사회계층과 가족생활

1 상류계층 가족

우리 사회의 각 영역에서 지배적 위치에 있는 사람들로서 상속을 기반으로 한 경제력으로 사회적 권력을 획득하고 혼인을 통하여 세력을 확대·지속시키며 이를 다시 다음 세대로 전승시킨다.

2 중간계층 가족

① 중간계층은 직업·학력·소득에서 매우 다양하고 이질적인 성향을 갖는 하위집단으로 구성된다. 자녀양육과 교육을 중시하며, 부부중심의 핵가족을 구성하여 평등한 부부관계를 지향하는 듯 하나 실제로는 전통적인 권위관계와 성별 분업이 이루어지고 있다.
② 도·소매상인, 자영 서비스업자 등으로 구성되는 구중간계층은 신중간계층과 하류계층의 중간 정도에 위치하지만 신중간계층보다는 하류계층과 더 유사한 성격을 띤다.
③ 구중간계층에 속하는 자영 소상인의 경우는 소규모 자본을 가지고 자영업을 운영하며, 모든 가족원의 노동력을 동원하여 직접 노동하면서 가족생활과 노동력 재생산을 수행한다.
④ 신중간계층인 화이트칼라 계층의 가족은 상류계층과는 달리 세대 간 자본의 상속은 불가

> **추가 설명**
> **상류계층 가족의 특징**
> - 상속을 기반으로 한 경제력으로 사회적 권력을 획득하고, 혼맥을 통하여 세력을 확대·지속시키며 이를 다시 다음 세대로 전승한다.
> - 상류계층의 계급내혼은 상류계층끼리 혼인이라는 동맹을 통해 그들 간의 이해관계의 일치를 가져오게 하고 계층이동의 폐쇄성을 강화시키는 결과를 가져오게 된다.

> **추가 설명**
> **구중간계층** : 모든 가족원의 노동력을 동원하여 직접 노동하면서 가족생활과 노동력 재생산을 수행한다.

능하지만 높은 학력을 기반으로 안정된 직업을 가지고 있으며, 자녀들에게 교육, 혼인, 주택 마련 등에서 경제적 지원을 하고 있다.

3 하류계층 가족

① 하류계층은 수입의 극대화와 지출의 극소화 전략을 갖고 노력하며, 경제적 궁핍·생계를 위한 여성노동, 주거환경의 열악함이라는 공통적인 성격을 갖고 있다.
② 하류계층의 여성들은 생계를 위한 노동과 가사노동의 이중부담 때문에 가족의 정서적 요구를 들어주기 어렵고 자녀의 부적응행동에도 훈육의 역할을 수행하지 못하고 체념한다.
③ 대체로 핵가족 형태이며, 여성 가구주의 비율이 높다. 경제적 요인으로 인하여 부모 부양의 사례가 적으며 상호간의 경제적 교류도 저조하고, 기혼 자녀에 대한 부모의 권한이 약화되어 있다.
④ 남편의 수단적 역할과 부인의 표현적 역할의 성별 분업은 이루어지지 않고 있으며 많은 기혼 여성들이 소득활동을 하고 있다. 그리고 성별 고정관념이 강하게 자리잡고 있다.

추가 설명

사회계층
• 상류계층 : 자본가계급, 정치엘리트
• 중간계층 : 화이트칼라, 일반관료, 프티부르주아, 부농
• 하류계층 : 공장노동자, 주변적 노동자, 소작농·농업노동

실전예상문제

객관식

1 계층에서는 세 가지 요인이 복합적으로 작용하여 상·중·하층으로 범주화되는데, 여기에 해당되지 않는 것은?

① 의식　　② 권력　　③ 지위　　④ 계급

> [해설] 계층이란 경제적, 정치적, 사회적으로 다양한 요인에 의해 서열화된 집단이다. 이는 계급, 권력, 지위의 요인이 복합적으로 작용하여 상·중·하층으로 범주화된다.

2 사회계층을 측정하는 방법으로 거리가 먼 것은?

① 객관적 방법　　② 실증적 방법　　③ 주관적 방법　　④ 평판적 방법

> [해설] 사회계층을 측정하는 방법 : 객관적 방법, 주관적 방법, 평판적 방법

3 계층을 측정하는 객관적 측정 방법 중 실제조사과정에서 주로 쓰이는 변수가 아닌 것은?

① 직업　　② 학력　　③ 소득　　④ 권력

> [해설] 주로 객관적 측정에서 실제 조사에 쓰이는 것은 직업, 학력, 소득의 세 변수가 핵심적이다.

4 다음 중 사회계층을 객관적 방법으로 측정할 때 가장 일차적인 변수로 알맞은 것은?

① 재산　　② 교육수준　　③ 직업　　④ 소득

> [해설] 사회계층 측정 시 객관적 방법 : 이 방법은 계층 척도의 객관적 자료인 직업, 수입원, 가옥 형태, 거주지, 교육 정도, 수입액, 인종적 요인이나 출신, 재산, 정치, 권력, 지식, 업적 등 다양한 객관적 기준을 설정하여 조사한 후 이들을 종합 평가하여 계층을 분류하는 것이다. 객관적 측정에서의 변수 중에서 일차적인 것이 직업이고, 그 직업에 필요한 교육수준(학력)과 그 직업에서 얻는 수입 또는 소득의 세 가지가 핵심적인 것들이다.

5 사회계층의 측정 방법 중 객관적 방법에 대한 설명이 아닌 것은?

① 직업, 학력, 소득 같은 것은 그 정도에 따라 일정한 점수를 주어 그 점수를 합해 사회경제적 지위의 지표로 삼는다.

정답 1.① 2.② 3.④ 4.③ 5.②

② 핵심적인 변인으로는 사회적 명망을 들 수 있다.
③ 대체로 사회경제적 지위 점수의 크기에 따라 계층적 위치를 규정한다.
④ 실제 조사과정에서 직업, 학력, 소득이 주로 쓰인다.

해설 문제 4번 해설 참조

6 직업, 학력, 소득 등 객관적으로 개인의 계층을 측정할 수 있는 방법은 무엇인가?
① 평판적 방법   ② 주관적 방법   ③ 실용적 방법   ④ 객관적 방법

해설 문제 4번 해설 참조

7 다음 중 자기가 어느 계층에 속한다고 생각하는가에 대한 주관적 평가를 토대로 자신이 소속된 계층구조를 판단하는 방법은?
① 횡단적 방법   ② 평판적 방법   ③ 객관적 방법   ④ 주관적 방법

해설 주관적 방법은 사람들이 자신의 계층적 위치를 어떻게 인식하고 있는가를 알아보는 방법이다.

8 피조사자로 하여금 제3자의 계층을 평가하게 하여 계층을 측정하는 방식은?
① 객관적 방법   ② 주관적 방법   ③ 평판적 방법   ④ 실증적 방법

해설 평판적 방법(평가적 방법) : 피조사자에게 제3자의 계층을 평가하게 하는 방법이다.

9 다음 중 사회계층의 측정 중 평판적(평가적) 방법에 대한 내용으로 거리가 먼 것은?
① 제3자의 계층을 평가하게 한다.
② 비교적 좁은 지역에서 실효를 거둘 수 있다.
③ 지역사회 실질적 영향력을 가진 사람들을 가려내는 데 유효한 방법이다.
④ 평가자의 주관적 편견을 제어할 수 있다.

해설 평판적 방법은 평가자의 주관적 편견을 제어할 수 있는 장치가 없다는 단점이 있다.

10 사회계층에 대한 기능론적 관점으로 적절하지 않은 것은?

① 사회계층은 사회적 존속을 위해 중요한 기능을 수행하고 있다.
② 중요하고 어려운 직업에 종사하는 개인에게 합당한 지위와 높은 보상을 부여하는 것은 당연하다.
③ 차등적 보상체계로 사회의 기능이 원활히 작동된다.
④ 계층은 보편적이지만 필연적이거나 불가피하지는 않다.

해설 기능론적 입장에 따르면 사회계층 현상은 사회생활의 영위에 없어서는 안되는 중요하고 어려운 일을 적절히 수행할 수 있도록 하기 위해 꼭 필요한 장치라는 관점이다.

11 다음 중 계층체계는 현재의 계층을 확대재생산하기 위한 수단에 불과하며, 따라서 계층이 사회와 개인의 적절한 기능을 방해한다고 보는 관점은 무엇인가?

① 사회계층의 통합론적 관점
② 사회계층의 절충주의적 관점
③ 사회계층의 갈등론적 관점
④ 사회계층의 기능론적 관점

해설 사회계층의 갈등론적 관점 : 계층의 역기능을 강조하고 있는데, 계층체계는 현재의 계층을 확대 재생산하기 위한 수단에 불과하며 사회의 폭넓은 인재육성과 발굴을 제한하고 있다고 주장한다.

12 사회계층에 대한 갈등론적 관점이 아닌 것은?

① 계층은 사회와 개인이 최선의 기능을 하는데 장애요소가 된다.
② 직업의 중요도에는 차이가 없다.
③ 인간의 재능 차이는 자라난 환경의 차이에서 비롯되는 후천적인 것이다.
④ 사회의 지위와 역할에 중요도가 다르다.

해설 ④는 기능론적 관점의 내용이다.

13 다음 중 한 개인의 일생 동안에 일어나는 사회적 위치의 변화는?

① 사회이동　　② 세대내 이동　　③ 세대간 이동　　④ 수평이동

해설 세대내 이동은 한 개인의 일생 동안에 일어나는 사회적 위치의 변화이다. 반면, 세대 간 이동은 세대가 바뀌면서 사회적 위치가 변화하는 것인데 부모와 자녀 사이의 계층적 위치 변화를 뜻한다.

14 다음 중 계층적 지위에는 변화가 없이 직종이나 직장, 직위를 이동하는 것을 무엇이라고 하는가?

정답 6.④ 7.④ 8.③ 9.④ 10.④ 11.③ 12.④ 13.② 14.①

① 수평이동　　　② 수직이동　　　③ 세대 간 이동　　　④ 세대내 이동

[해설] 수평이동은 계층적 지위에는 변화가 없이 직종이나 직장, 직위를 이동하는 것이다.

15 전근대적인 신분사회에서 볼 수 있는 계층 구조로서 구성원 비율이 상류 계층에 비해 하류 계층으로 갈수록 월등히 높은 계층 구조는?

① 피라미드형　　　② 다이아몬드형　　　③ 수직형　　　④ 타원형

[해설] 피라미드형 : 구성원 비율이 상류 계층에 비해 하류 계층으로 갈수록 월등히 높은 계층 구조이다.

16 완전 평등한 계층 구조로 다소 극단적 형태의 계층 구조는?

① 다이아몬드형　　　② 수직형　　　③ 수평형　　　④ 타원형

[해설] 수평형 : 완전 평등형 계층 구조로 모든 구성원이 평등한 위치에 서 있는데 현실에서는 찾아보기 힘든 다소 극단적 형태이다.

17 중간 계층의 비율이 높으며 사회적 안정성이 매우 큰 계층 구조는?

① 피라미드형　　　② 수직형　　　③ 모래시계형　　　④ 타원형

[해설] 타원형 : 다이아몬드 구조에서 상층과 하층의 비율이 증가한 형태로 중간 계층 비율이 가장 높다.

18 우리나라에서 자본가계급과 노동자계급으로의 계급분화가 전개된 때는?

① 1910년대　　　② 1920년대　　　③ 1930년대　　　④ 1940년대

[해설] 계급구조의 변동은 갑오농민전쟁 이후 식민지로 전락하면서 더욱 가속화되었다. 특히 1930년대에 들어와 급속하게 진행된 식민자본주의의 발전에 따라 자본가계급과 노동자계급으로서의 계급분화가 전개되었다.

19 다음 중 1960~1980년의 20년간 우리나라 계층구조변화에 대한 설명으로 알맞은 것은?

① 현저한 농민층의 비율 증가　　　② 근대적 임금노동자 계급의 성장
③ 신흥자본가 집단의 붕괴　　　④ 지주계급의 등장

해설 한국사회는 1960~1980년간, 즉 20여 년간에 걸쳐 급격한 계급구성상의 변화를 보였다. 1960년대 이후 한국사회는 노동자계급이 급속하게 성장하였고, 농민층은 반대로 급속히 감소하였으며, 도시 프티부르주아(소생산자, 소상인, 봉급생활자 등을 일컬음)는 꾸준히 성장한 것으로 요약되는데, 농민층은 도시 산업노동자와 도시 소생산자층으로 옮겨갔다.

20 다음 중 사회계층과 가족생활과의 관계가 바르게 연결된 것은?

① 신중간계층 — 혼인의식을 치르지 않고 동거하는 비율이 높다.
② 구중간계층 — 모든 가족원의 노동력을 동원하여 직접 노동하면서 가족생활과 노동력 재생산을 수행한다.
③ 상류계층 — 자녀의 결혼이 개방적이고 자유롭다.
④ 하류계층 — 자녀양육과 교육문제를 가장 중요하게 인식하고 있으며 자녀들의 교육, 혼인, 주택 마련 등에 경제적 지원을 한다.

해설 구중간계층에 속하는 자영소상인의 경우 소규모 자본을 가지고 자영업을 운영하며, 모든 가족원의 노동력을 동원하여 직접 노동하면서 가족생활과 노동력 재생산을 수행하게 된다.

21 다음 중 중간계층 가족의 특성으로 알맞은 것은?

① 대체로 핵가족형태이며 부모부양의 사례가 적고 기혼자녀에 대한 부모의 권한이 약화되어 있다.
② 부부중심의 핵가족을 구성하고 평등한 부부관계를 지향하며 자녀양육, 교육을 가장 중요하게 생각한다.
③ 가족 친족에 대한 전통적인 가치관을 가지고 있으나 친척간의 상호교환이 활발하지 못하다.
④ 계급 내 혼인이라는 동맹을 통해 계층 간의 이해관계의 일치를 가져오게 하고 계층 이동의 폐쇄성을 강화한다.

해설 중간계층에 속하는 하위 집단들의 이질적 성향은 가족생활에서도 나타난다. 신중간계층인 화이트칼라 가족과 구중간계층인 도시 프티부르주아의 경우를 보면 후자는 하류계층과 유사하게 보인다. 화이트칼라 계층의 가족은 상류계층과는 달리 세대 간 자본의 상속은 불가능하지만 높은 학력을 기반으로 안정된 직업을 가지고 있으며, 자녀들에게 교육·혼인·주택 마련 등에서 경제적 지원을 하고 있다. 이 계층의 부부들은 자녀 양육과 교육 문제를 가장 중요하게 인식하는데, 교육에 대한 이들의 적극적 지원은 질 높은 노동력의 재생산을 가능하게 해 준다. 중간계층은 부부중심의 핵가족을 구성하여 평등한 부부관계를 지향하는 듯 하나 실제로는 전통적인 권위관계와 성별 분업이 이루어지고 있다.

22 다음 중 중간계층에 속하지 않는 계층은?

① 화이트칼라   ② 정치엘리트   ③ 프티부르주아   ④ 부농

정답 15.❶ 16.❸ 17.❹ 18.❸ 19.❷ 20.❷ 21.❷ 22.❷

해설 **사회계층**

사회계층	기업부문	관료부문	비공식부문	농업부문
상류계층	자본가계급	정치엘리트	—	—
중간계층	화이트칼라	일반 관료	프티부르주아	부농
하류계층	공장노동자	—	주변적 노동자	소작농·농업노동

23 다음 중 중간계층 가족에 대한 설명으로 가장 알맞은 것은?

① 수입의 극대화와 지출의 최소화를 꾀하는 생존 전략을 가진다.
② 계층 이동의 폐쇄성을 강화하고, 계급 지위를 재생산하는 경향이 있다.
③ 대체로 남편의 수단적 역할과 부인의 표현적 역할의 성별 분업이 이루어지지 않고 있다.
④ 직업, 학력, 소득에서 매우 다양하고 이질적인 성향을 갖는 하위 집단으로 구성되어 있다.

해설 중간계층은 직업, 학력, 소득에서 매우 다양하고 이질적인 성향을 갖는 하위 집단으로 구성되어 있다.

24 다음 중 하류계층 가족에 대한 설명으로 옳지 않은 것은?

① 하류계층에서는 가정 밖의 생산에 참여해 필요한 자원을 획득하는데, 이들의 생계는 수입의 극대화와 지출의 최소화를 꾀하는 생존전략에 의존하고 있다.
② 하류계층가구는 대체로 방계가족형태이다.
③ 혼인유형에서 혼인의식을 치루지 않고 동거하는 비율이 높다.
④ 하류계층가족에서는 남편의 수단적 역할과 부인의 표현적 역할의 성별 분업은 이루어지지 않고 있으며, 많은 기혼여성들이 소득활동을 하고 있다.

해설 사회계층은 각 개인의 삶의 기회, 삶의 양식을 결정하는 중요한 변수로, 우리나라 하류계층의 가족은 대체로 핵가족 형태이며, 여성가구주의 비율이 높고, 경제적 요인으로 인하여 부모부양의 사례가 적으며, 상호간의 경제적 교류도 저조하고, 기혼자녀에 대한 부모의 권한이 약화되어 있다. 또한, 남편의 수단적 역할과 부인의 표현적 역할의 성별 분업은 이루어지지 않고 있으며, 많은 기혼여성들이 소득활동을 하고 있다. 그러나 성별 고정관념이 강하게 자리잡고 있기 때문에 남편지배형의 권력구조를 수용하고 있다.

25 다음 중 우리나라 하류계층의 가족생활에 대한 설명으로 알맞은 것은?

① 기혼여성의 취업활동은 가계유지보다는 교양을 위한 것이다.
② 대화와 여가의 부족을 더 느끼고, 남편지배형의 권력구조이다.

③ 부모부양사례가 많고, 기혼자녀에 대한 부모의 권한이 강하다.
④ 대체로 확대가족형태이며, 여성가구주의 비율이 낮다.

해설 문제 24번 해설 참조

26 다음 중 하류계층의 가족생활의 특징으로 알맞은 것은?

① 가족가치관의 측면에서 평등한 부부관계를 지향한다.
② 대체로 핵가족 형태이며, 부모 부양의 사례가 적고 기혼자녀에 대한 부모의 권한이 약화되어 있다.
③ 이질적인 이익과 성향을 갖는 하위집단으로 구성되어 있다.
④ 직업, 학력, 소득이 매우 다양하다.

해설 문제 24번 해설 참조

주관식

1 현대 한국사회의 계층구조를 분석하는데 가장 간단한 단일지표는 무엇인가?

2 사회계층을 측정하는 평판적 방법의 정의를 간략히 쓰시오.

Answer

1 직업

2 피조사자에게 제삼자의 계층을 평가하게 하는 방법이다.

정답 23. ④ 24. ② 25. ② 26. ②

3 사회계층은 사회의 존속을 위해 중요한 기능을 수행하고 있다는 사회계층 관점은 무엇인가?

4 사회계층의 기능론적 관점의 특징을 3가지 이상 쓰시오.

5 수직이동과 수평이동에 대해 간략히 쓰시오.

6 세대 내 이동과 세대 간 이동에 대해 간략히 쓰시오.

7 사회계층 구조 중 중간계층의 비율이 가장 높으며 사회적 안정성이 매우 높은 형태는 어떤 것인가?

Answer

3 기능론적 관점

4
- 개인의 능력, 역할의 기여도에 따른 차등분배는 필요하다.
- 사회계층은 사회 존속을 위해 중요한 기능을 수행한다.
- 중요하고 어려운 직업에 종사하는 개인에게 지위와 높은 보상을 부여하는 것은 당연하다.

5 수직이동은 한 계층에서 다른 계층으로 이동함으로써 상승이동과 하강이동이 있고, 수평이동은 계층적 지위에는 변화가 없이 직종이나 직장, 직위를 이동하는 것이다.

6 세대 내 이동은 한 개인의 일생 동안에 일어나는 사회적 위치의 변화이다. 세대 간 이동은 대가 바뀌면서 사회적 위치가 변화하는 것인데 부모와 자녀 사이의 위치 변화를 의미한다.

7 타원형 계층 구조

제1부 가족일반론

07 한국가족의 가치관

 단원 개요

사람들의 기본적인 가치관은 깊이 뿌리박혀 있고, 대부분 무의식적이며 광범위하게 퍼져 있어서 모든 행위와 사고에 영향을 미친다. 과거에 우리나라에는 유교적 가치관이 모든 행동의 기준이 되어 왔고, 특히 가족생활과 관련된 경우에는 더욱 그러하였다. 따라서 가족가치관의 변화 양상을 부문별로 고찰하여 바람직한 가치관의 정립을 모색하고자 한다. 먼저, 전통적 가치관을 가족주의를 중심으로 살펴보고, 가족가치관의 변화 과정에서 나타나는 과도기적인 아노미현상을 알아본다. 그리하여 미래지향적인 바람직한 가족가치관을 모색해야 할 것이다.

 출제 경향 및 수험 대책

이 단원에서는 한국 가족의 일반적 성격과 가족주의의 특성, 우리나라 가족가치관의 과도기적 아노미현상, 이기적 가족주의의 극복방안, 앞으로 예측되는 가족가치관의 변화방향, 전통적 가족가치관 중 한국가족의 일반적 성격과 가족주의, 가족가치관의 변화 등에 대해서 묻는 문제들이 출제될 수 있는 바, 자세하고 철저한 학습이 요구된다.

7

01 전통적 가족 가치관

1 과거 전통적인 한국가족의 가치관

여기에서는 부계 직계가족이 확립된 17세기 중엽부터 서구문화가 도입되는 광복까지를 전통사회로 규정하고자 한다.

① 가족 내부에 여러 층의 신분서열이 엄격하게 존재한다.
② 가족의 중심은 부부관계가 아니라 부모자녀관계, 특히 그 중에서도 부자관계에 있다.
③ 부모자녀관계는 자식의 일방적이며 절대적인 예속을 강조하는 권위복종관계이다.
④ 장남은 다른 자녀들보다, 남자는 여자보다, 존속(尊屬)은 비속(卑屬)보다, 적자(嫡者)는 서자(庶者)보다 높은 지위를 갖는다.
⑤ 과거에서 미래에 이르는 초시간적인 집단인 가문의 유지와 존속이 지상의 가치이므로 가족원 개인의 자유나 독립·발전은 무시된다.
⑥ 한국가족의 전통적 가치관은 유교적 가치체계가 그 특징이다. 효에 가치를 두고, 친자관계나 가부장권을 중시하며, 장유유서의 이념을 실천하고 가문의 유지나 존속을 지상의 가치로 보았다. 결국 한국가족은 대내적으로나 대외적으로 가족원보다는 가족을 중요시하고 우선시하는 가족주의를 발전시켜 왔다.

2 가족주의에 대한 다양한 견해

① 최재석
  ㉠ 가족주의란 "모든 가치가 가족의 유지·존속과 관련되며 가족의 단결과 영속화와 가족의 공동이익을 추구하려는 집단적인 노력"을 의미한다.
  ㉡ 가족주의를 한국인의 사회적 성격 중의 하나로 제시하면서 한국인의 사회적 성격은 가족주의 이외에 감투지향의식, 상하서열의식, 친소구분의식(親疎區分意識), 공동체에서의 개인의 미분화라고 설명하였다.

② 김태길
  ㉠ 한국인이 가지고 있는 가치관의 일반적 특색 가운데 가장 중요한 것의 하나로 '가족주의적이라고 볼 수 있는 사고(思考) 내지 행동의 경향'을 지적하였다. 즉, 가족주의는 가족에 대한 애착과 관심이 다른 의욕이나 동기를 압도하고 행동의 주도권을 잡는 생활태도라고 했다.
  ㉡ 조선시대의 가족주의는 가족이나 붕당과 같은 작은 집단의 협력과 인화를 위해서는 적합했을지 모르나, 국가 또는 민족과 같은 규모가 큰 집단의 요청을 만족시키기에는 충분한 원리가 아니었다고 가족주의의 한계를 지적하였다.

③ 애덤스(Adams) : 가족주의가 개인의 독립과 성취를 중요시하는 개인주의적 가치와 상충된다고 하고, 부모를 존중하는 가치를 가족주의 가치라고 보았다.

추가 설명

한국전통 가족의 일반 성격
- 여러 층의 신분서열이 엄격하게 존재
- 가족의 중심은 부자관계
- 부모자녀관계는 권위복종관계
- 가족원 개인의 자유나 독립·발전은 무시
- 유교적 가치체계

추가 설명

존속과 비속
- 존속 : 나를 중심으로 하여 나보다 윗세대를 뜻하는 말
- 비속 : 나를 중심으로 하여 나보다 아랫세대를 뜻하는 말

④ **이기적 가족주의** : 개인이 집이나 가문의 테두리로부터 독립하지 못한 채 사회 밖으로 확산되어 나가지 못하고 배타성을 띠게 되면 이것을 이기적 가족주의라고 표현하기도 한다.
⑤ **공리주의적 가족주의** : 가족이 굳건한 보루가 되어 흔들리기 쉬운 자아정체감을 확립해 주었으며, 고통을 덜어줌으로써 가족원의 정신건강에 긍정적 영향을 주었다. 이러한 경우를 공리주의적 가족주의라고 할 수 있다.

02 가족 가치관의 변화

1 가족 가치관의 과도기적 아노미

① 한국가족은 가족주의로 특징지어지는 전통적인 부계가족으로부터, 우애와 평등을 기본으로 하는 핵가족의 방향으로 변화하고 있다. 그러나 한국가족은 구조적·외형적으로는 핵가족화하였으면서도 관념적·내용적 측면에서는 가족주의를 바탕으로 하는 부계 직계가족 원리가 깊게 자리잡고 있어 모순과 갈등의 문제를 안고 있다.
② 이론적인 면에서나 일반론에서는 적어도 현대적 방향으로 변화하고 있다고 할 수 있으나 자기 자신의 문제에 대해서는 보다 정통성을 고수하는 경향을 보인다.
③ 규범적 의식의 측면에서는 상당히 현대화되어 있지만 행동면에서는 여전히 전통적이고 전근대적이다.

2 가족 가치관의 변화 양상

| 표 7-1 | 전통가족과 현대가족의 가치관 비교

내용	전통가족(가족주의)	현대가족(개인주의)
① 가족 유형	직계가족, 대가족	핵가족, 소가족
② 사회구성의 기본단위	개인은 친족집단으로부터 미분화, 친족이 개인보다 우선	개인 친족집단의 분화, 개인이 친족보다 우선
③ 가족의 지배권	가부장	가족원의 상호조화
④ 아들과 딸에 대한 태도	아들 선호	아들, 딸 평등
⑤ 효도관	자기부정적 복종 자녀는 노동력 제공 수단, 노후 의지 수단으로 간주	자아실현 자녀의 잠재력을 개발하여 최대한의 발달을 도모하는 것 자체에 가치를 둠
⑥ 노부모 부양	맏아들 책임	부모 자신이 해결
⑦ 친족관계	부계친족 우선	양계적 성격
⑧ 결혼의 목적	가(家)의 영속적 계승을 위한 아들 출산	개인의 행복 실현
⑨ 배우자 선택	가문과 가문의 결합, 중매혼	본인 자신의 선택, 연애혼

추가 설명

한국인의 인간관계
- 가족 내의 인간관계는 사회내의 상하 서열관계의 원형으로서 작용하였다.
- 한국인은 가족주의로부터 파생된 독특한 친소구분의식이 철저하다.
- 한국인은 '나'라는 인격을 '가족'이라는 집단 속에 매몰시키는 경향이 있다. 따라서 가족 이외의 더 넓은 집단에 대한 일체감은 결여된다.

추가 설명

아노미(anomie) : 사회적 기준이나 규범, 가치관을 상실하면서 발현되는 불안정 상태를 말한다.

추가 설명

전통 사회의 가족 가치관
- 가족에 대한 기본 가치관 : 효 사상, 가부장제, 가족 중심주의 가치를 기본으로 함.
- 가족 관계 : 효를 바탕으로 한 수직적인 관계
- 결혼 : 가계 계승을 위한 것으로, 당사자의 의견보다는 부모나 집안 어른들의 결정에 따라 이루어졌고, 가문과 가문의 결합이라는 의미가 강조

⑩ 부부관계	남편은 부인을 지배하는 상하 주종의 관계, 배우자보다는 혈연 친족을 우선시	다른 관계보다 부부관계가 우선시되며 부부간의 행복, 동료감 등을 중시
⑪ 역할 분화	성별, 연령 등에 따른 엄격한 구분	기능상 구분
⑫ 가족과 사회와의 관계	가족은 사회로부터 미분화	가족은 사회와 완전분리, 가족은 사적(私的)인 장소, 사회는 공적(公的)인 장소
⑬ 이동성	적은 지리적·사회적 이동성, 귀속지위 중시	큰 지리적·사회적 이동성, 성취지위 중시

03 가족 가치관의 미래지향 : 가족 윤리의 확립

1 가족주의의 현대적 변형

① 산업화로 인한 부부중심의 소인수가족(少人數家族)으로의 변화는 '핵가족 가족주의'로서 배타성이 더욱 강화되는 결과를 초래하였다.

② 오늘날의 가족집단은 맹목적으로 가족의 사회경제적 지위 상승에 전력투구하고 있다. 이것은 바로 개방되는 사회변화에서 새로운 가족 윤리관이 확립되지 못한 까닭이다. 이는 또한 경제성장 일변도의 급진적인 근대화 과정의 산물로 팽배해진 '황금만능주의'와도 관련된다.

2 이기적 가족주의의 극복

① **선택적인 결혼** : 결혼은 필수적이거나 운명적이기보다는 선택적이어야 하며, 선택적인 만큼 책임이 따르는 새로운 관계의 형성이다.

② **평등한 부부관계** : 서로가 진정한 선택에 의해 결합할 때 부부관계는 비로소 평등하게 된다. 이때 부부 모두 경제적 자립가능성이 확보되어야 한다.

③ **민주적 자녀양육**
  ㉠ 부모에의 복종보다 사회적 책임의 완수에 최선을 다하도록 양육해야 한다.
  ㉡ 현대사회에서의 '효'란 진정한 도덕적 개인주의에 기반을 두었을 때, 그리고 부모들의 가치관에 자녀들이 자발적으로 동의할 때 비로소 이루어질 수 있는 것이다.

④ **민주시민의 가족윤리** : 가족이 친밀성과 민주적 관계로 결속되어 확고한 윤리관을 지닐 때 민주시민이 길러질 수 있다.

⑤ **선택적 가정의례** : 의례에 참여하는 가족구성원들은 의례를 지속하거나 조정해 나갈 선택의 자유가 있다.

3 가족과 사회의 연결

① 기혼여성들의 사회활동 기회를 확대시킴으로써 사회의 윤리를 가족윤리와 어떻게 조화

추가 설명

현대 사회의 가족 가치관

- 가족에 대한 기본 가치관 : 자율과 평등, 개인 중심주의 가치에 중심을 둠.
- 가족 관계 : 수평적이고 민주적인 관계
- 결혼 : 개인 성장의 측면을 중요시하게 되어, 결혼도 선택할 수 있다는 인식이 확산되고 있음.
- 자녀 출산과 양육 및 가족 부양 : 가족 구성원 중의 여성이나 남성 어느 한쪽이 부담해야 하는 문제가 아니라 가족 간의 의사결정과 상호 간의 합의에 의해 역할을 분담해야 한다는 인식이 보편화되었음.

추가 설명

가족과 사회의 연결

- 어머니들을 위한 올바른 사회교육
- 기혼여성들의 사회활동 기회를 확대
- 여성들의 사회참여 적극 지원
- 혈연주의와 가족이기주의의 극복을 통한 가족윤리의 확립

시켜 나가야 할지를 심사숙고해야 한다.
② 가정의 개방은 사회의 개방과 연결되어 있으므로 여성들의 사회참여가 적극 지원되어야 하며, 가족 안에서 남성이 더 이상 생계부양자로 군림하여서는 곤란하다.
③ 다원적 사회질서를 위해서는 혈연주의와 가족이기주의의 극복을 통한 가족윤리의 확립이 선행되어야 한다.

실전예상문제

객관식

1 전통적인 한국가족의 가치관으로 거리가 먼 것은?

① 가족 내부에 여러 층의 신분서열이 엄격하게 존재한다.
② 부모자녀관계는 권위복종관계이다.
③ 가족의 중심은 부부관계이다.
④ 가족원 개인의 자유나 독립, 발전은 무시된다.

> **해설** 가족의 중심은 부부관계가 아니라 부모자녀관계, 특히 그 중에서도 부자관계에 있다. 이때의 부부관계는 지배와 복종의 종적 관계, 예속적 관계로 유지된다. 따라서 부인은 남편의 집을 존속시키기 위한 수단으로서의 지위와 역할을 가지며, 집의 정식 구성원으로서의 위치는 불안하였다.

2 다음 중 전통적인 한국가족의 가치관에 대한 설명으로 옳지 않은 것은?

① 자녀들은 성별, 출생순위, 적서와 관계없이 평등하며, 가정의 화목은 가족원 상호인격을 존중함으로써 유지된다.
② 가족의 중심은 부모자녀관계에 있으며, 부부는 지배·복종의 관계이다.
③ 가족내부에 신분서열이 엄격하고 강력한 가부장권이 존재한다.
④ 전통 가족이라고 하면 17세기 중엽 이후 서구문화 도입 이전까지로 보는 것이 타당하다.

> **해설** 한국가족의 부모자녀관계는 자식의 일방적이며 절대적인 예속을 강조하는 권위복종관계이다. 그리고 장남은 다른 자녀들보다, 남자는 여자보다, 존속은 비속보다, 적자는 서자보다 높은 지위를 가졌다.

3 다음 중 전통 한국가족의 부자관계의 특징으로 알맞은 것은?

① 경쟁적 관계   ② 수직적 관계   ③ 우애적 관계   ④ 수평적 관계

> **해설** 전통가족의 부모자녀관계는 자식의 일방적이며 절대적인 예속을 강조하는 권위복종관계이다.

4 한국가족의 전통적 가족 가치관과 관련 없는 사항은?

① 유교적 가치체계
② 친자관계나 가부장권 중시
③ 장유유서의 이념실천
④ 가족원을 우선시

> **해설** 한국가족의 전통적 가치관은 유교적 가치체계가 그 특징이다. 효에 가치를 두고, 친자관계나 가부장권을 중시하며, 장유유서의 이념을 실천하고 가문의 유지나 존속을 지상의 가치로 보았다. 결국 한국가족은 대내적으로나 대외적으로 가족원보다는 가족을 중요시하고 우선시하는 가족주의를 발전시켜 왔다.

5 다음 중 한국가족의 전통적 가족 가치관의 근간을 이루는 것은 무엇인가?

① 토속신앙적 가치체계 ② 기독교적 가치체계 ③ 불교적 가치체계 ④ 유교적 가치체계

> **해설** 한국가족의 전통적 가치관은 유교적 가치체계가 그 특징이다.

6 다음 중 전통적 한국가족의 특성을 가장 잘 표현하는 단어로 적절한 것은?

① 가족주의 ② 평등주의 ③ 공리주의 ④ 현실주의

> **해설** 가족주의란 "모든 가치가 가족의 유지, 존속과 관련되며 가족의 단결과 영속화와 가족의 공동이익을 추구하려는 집단적인 노력"을 의미한다고 보았다.

7 다음 중 최재석이 제시한 전통적 한국인의 사회적 성격이 아닌 것은?

① 가족주의 ② 개인의 분화 ③ 상하서열의식 ④ 친소구분의식

> **해설** 최재석은 가족주의를 한국인의 사회적 성격 중의 하나로 제시하면서 한국인의 사회적 성격은 가족주의 이외에 감투지향의식, 상하서열의식, 친소구분의식, 공동체에서의 개인의 미분화라고 설명하였다.

8 다음 중 가족주의의 특성에 관한 설명으로 알맞은 것은?

① 국가 · 민족과 같은 큰 규모의 요청을 만족시키는 데 충분한 원리이다.
② 구체적으로 가족에의 헌신, 효도를 강조한다.
③ 청소년의 집단형성이 쉽고, 청소년문제 발생률이 높다.
④ 개인의 독립과 성취를 중요시한다.

> **해설** 가족주의란 모든 가치가 가족의 유지 · 존속과 관련되며, 가족의 단결과 영속화와 가족의 공동이익을 추구하려는 집단적인 노력을 의미하는 것으로, 개인이 가족에서 독립하지 못하며, 개개인의 구성원보다 가문이 중시되고, 그러한 가족적인 인간관계가 가족 외의 모든 사회에까지 확대된다.

9 다음 중 가족에 대한 애착 내지 관심이 다른 의욕과 동기를 압도하고 행동의 주도권을 잡는 생활태도를 무엇이라 하는가?

① 개인중심주의 ② 가족주의 ③ 효(孝)사상 ④ 가부장제

정답 1.❸ 2.❶ 3.❷ 4.❹ 5.❹ 6.❶ 7.❷ 8.❷ 9.❷

해설 김태길은 가족주의란 "가족에 대한 애착 내지 관심이 다른 의욕과 동기를 압도하고 행동의 주도권을 잡는 생활태도"라고 정의하였다.

10 다음 중 가족주의가 개인의 독립과 성취를 중요시하는 개인주의적 가치와 상충된다고 하고, 부모를 존중하는 가치를 가족주의가치라고 본 사람은?

① 조혜정   ② 김태길   ③ 콜버그   ④ 애덤스

해설 애덤스(B. Adams)는 가족주의가 개인의 독립과 성취를 중요시하는 개인주의적 가치와 상충된다고 하고, 부모를 존중하는 가치를 가족주의가치라고 보았다. 따라서 가족주의가 지배적인 사회에서는 청소년집단이 형성되기 어려울 뿐만 아니라 청소년문제가 적게 생긴다고 한다.

11 다음 중 가족이 굳건한 보루가 되어 흔들리기 쉬운 자아정체감을 확립해 주었으며, 고통을 덜어줌으로써 가족원의 정신건강에 긍정적 영향을 준 경우의 가족주의는?

① 이기적 가족주의   ② 공리주의적 가족주의
③ 이타적 가족주의   ④ 상황적 가족주의

해설 공리주의적 가족주의는 가족이 굳건한 보루가 되어 흔들리기 쉬운 자아정체감을 확립해 주었으며, 고통을 덜어줌으로써 가족원의 정신건강에 긍정적 영향을 준 경우이다.

12 다음 중 사회적 기준이나 규범, 가치관을 상실하면서 발현되는 불안정 상태를 무엇이라 하는가?

① 유예   ② 부모집착   ③ 갈등   ④ 아노미

해설 아노미(anomie)상태란 사회적 기준이나 규범, 가치관을 상실하면서 발현되는 불안정 상태이다.

13 다음 중 우리나라 가족 가치관의 과도기적 아노미 현상을 바르게 나타낸 것은?

① 자유교제를 통한 결혼이 남녀 모두에게 허용되는 단계로 변화하고 있다.
② 구조적으로 핵가족 방향으로 변화했으나 관념적으로는 부계 직계 가족 원리가 깊게 자리잡고 있다.
③ 남녀간의 역할이나 부부간의 역할이 융통성있게 변화되고 남녀평등이 이루어졌다.
④ 행동면에서는 상당히 근대화되어 있으나 규범적 의식 측면에서는 여전히 전통적이다.

해설 가족 가치관의 과도기적 아노미는 외형적인 변화와 달리 내면적으로는 달라지지 않고 과도기적 혼란 상태를 나타내는 측면이 있다.

14 다음 중 앞으로 예측되는 가족 가치관의 변화방향으로 알맞은 것은?

① 성별에 따른 엄격한 역할분리
② 부부관계에서의 평등주의
③ 중매혼으로의 회귀
④ 결혼에서의 부모의 영향력 증대

해설 오늘날 한국가족은 내면적으로 가족가치관의 측면에서 과도기적 단계에 놓여 있는데, 점차 전통적인 부계가족으로부터 우애, 평등을 기본으로 하는 핵가족의 방향으로 변화하고 있으나 의식과 행동의 괴리는 상당히 불일치한 양상을 보이고 있다.

15 다음 중 현대 가족의 가치관으로 알맞은 것은?

① 노부모 부양은 맏아들 책임
② 결혼은 집안의 영속적 계승을 위한 아들 출산이 목적
③ 부부 관계의 우선시
④ 가족은 사회로부터 미분화

해설 현대사회는 다른 관계보다 부부관계가 우선시되며, 부부간의 행복, 동료감 등을 중시한다.

16 전통가족과 현대가족의 가치관을 비교할 때 현대가족의 특징으로 부적당한 것은?

① 핵가족, 소가족
② 적은 지리적·사회적 이동성
③ 가족원의 상호조화
④ 가족은 사회와 완전분리

해설 현대가족은 지리적·사회적 이동성이 크고 성취지위를 중시한다.

17 현대 사회의 가족 가치관에 대한 설명으로 옳지 않은 것은?

① 의사 결정은 가족 상호 간의 합의를 따른다.
② 자녀 출산과 양육 및 가족 부양은 여성이 부담해야 하는 문제이다.
③ 결혼에 대한 가치관의 변화로 개인 성장의 측면을 중요하게 여긴다.
④ 과거와는 달리 최근에는 결혼도 선택할 수 있다는 인식이 확산되고 있다.

해설 자녀출산과 양육, 가족부양은 가족간의 의사결정과 상호간의 합의에 의해 담당해야 한다는 인식이 보편화되고 있다.

정답 10.④ 11.❷ 12.④ 13.❷ 14.❷ 15.❸ 16.❷ 17.❷

18 다음 중 이기적 가족주의의 극복 방안이 아닌 것은?

① 선택적인 결혼　② 평등한 부부관계　③ 전통적 가정의례고수　④ 민주적 자녀양육

> **해설** 이기적 가족주의의 극복
> - 선택적인 결혼
> - 민주적 자녀양육
> - 선택적 가정의례
> - 평등한 부부관계
> - 민주시민의 가족윤리

19 다음 중 이기적 가족주의의 극복 방안으로 거리가 먼 것은?

① 민주시민의 가족윤리　　　　② 민주적 자녀양육
③ 평등한 부부관계　　　　　　④ 필수적이고 운명적인 결혼

> **해설** 문제 18번 해설 참조

20 다음 중 이기적 가족주의의 극복 방안으로 알맞은 것은?

① 관혼상제례, 신념체계는 보편적 가치로 존재해야 하며 가족원 각자가 조정, 선택할 수 없도록 한다.
② 사회의 책임완수에 앞서 부모에의 복종을 위해 최선을 다하도록 자녀를 기른다.
③ 친밀성과 민주적 관계로 결속되어 윤리관을 지닐 때 민주시민이 길러질 수 있다.
④ 결혼은 가(家)의 영속적 계승을 목적으로 하여야 한다.

> **해설** 가족이 친밀성과 민주적 관계로 결속되어 확고한 윤리관을 지닐 때 비로소 비인간적인 사회제도를 비판하고 시정할 수 있는 민주시민이 길러질 수 있다.

정답　18. ③　19. ④　20. ③

주관식

1 과거 전통적인 한국가족의 가족에 대한 가치관을 3가지 이상 쓰시오.

2 최재석이 정의한 가족주의 의미를 간략히 쓰시오.

3 최재석이 제시한 한국인의 사회적 성격을 3가지 이상 쓰시오.

4 이기적 가족주의의 극복 방안을 3가지 이상 쓰시오.

Answer

1
- 가족 내부에 여러 층의 신분서열이 존재한다.
- 가족의 중심은 부부관계가 아니라 부모자녀관계, 특히 그 중에서도 부자관계에 있다.
- 부모자녀관계는 자식의 일방적이며 절대적인 예속을 강조하는 권위복종관계이다.
- 장남은 다른 자녀들보다, 남자는 여자보다, 존속은 귀속보다, 적자(嫡者)는 서자(庶子)보다 높은 지위를 가졌다.
- 유교적 가치체계이다.

2 가족주의란 "모든 가치가 가족의 유지, 존속과 관련되며, 가족의 단결과 영속화와 가족의 공동이익을 추구하려는 집단적인 노력"을 의미한다.

3 가족주의, 감투지향의식, 상하서열의식, 친소구분의식, 공동체에서의 개인의 미분화

4
- 선택적인 결혼
- 평등한 부부관계
- 민주적 자녀양육
- 민주시민의 가족윤리
- 선택적 가정의례

MEMO

제2부 결혼과정

08 성(性)

 단원 개요

산업화에 따른 기계화는 여성의 사회 진출을 가능하게 하였으며 여성의 취업과 고등교육의 기회 확대는 여성의 자아실현을 제고하고, 그 결과 전통적으로 성에 근거한 성역할에 대한 생각은 수용하기 어렵게 되었다.
이 단원에서는 성과 성역할에 대한 바른 이해를 위해 성차와 성역할에 관한 이론, 성역할 발달에 영향을 주는 요인, 남녀차이에 대한 고정관념의 문제를 살펴보기로 한다.

 출제 경향 및 수험 대책

이 단원에서는 남성과 여성의 차이 중 적성의 차이, 성차 및 성역할 발달에 관한 이론(정신분석이론, 사회학습이론, 인지발달이론), 성역할 발달에 영향을 미치는 요인 등에 대해서 묻는 문제들이 출제될 수 있는 바, 자세하고 철저한 학습이 요구된다.

8

01 성과 성행동

1 일반적인 남녀의 차이

① 신체적 차이
  ㉠ 남성과 여성의 대표적인 신체적 차이는 생식기관에서 나타나는데 이는 임신 3개월 말쯤 분별된다.
  ㉡ 출생 시 남아는 여아보다 크고 강하지만 그 후 신체적 성장과 감정적 성숙의 속도에 있어서 여아가 남아보다 빨라 사춘기에 이르면 여성이 2년 정도 앞선다.

② 적성의 차이
  ㉠ 언어능력에 있어서는 여자가 남자보다 우세하다.
  ㉡ 시간·공간적 능력에서는 남자가 여자보다 우세하다.
  ㉢ 수리능력에서 남자가 여자보다 우세하다.

③ 성욕의 차이
  ㉠ 일반적으로 남성의 성욕은 여성보다 긴급하고 충동적이다. 남성의 성욕은 당연하고 필수적이며, 성에 대한 흥미 역시 충동적이고 즉시적이다.
  ㉡ 여성은 남성에 비해 억제적이고 주기적이며, 성에 대한 흥미나 관심이 적거나 아예 없기도 하다.
  ㉢ 남성은 성과 사랑을 분리시킬 수 있는 생리적 특징을 지니고 있으나 여성은 성과 사랑을 연결시키고 결합시킨다.

④ 사회적 발달의 차이
  ㉠ 성격에 있어서 남성은 여성보다 도전적이고 호전적이어서 남성들은 싸우기를 좋아하고 즐겨 행한다. 이에 비해 여성은 가정적이며 평화적이다.
  ㉡ 남성이나 여성 모두가 자아에 대해서 민감하나 그 표현 방법에 있어서 남성은 외향적이고 여성은 내향적이다.
  ㉢ 남성은 보다 이론적이고 논리적인 반면 여성은 감정적이다.
  ㉣ 구애 방법에 있어서는 남성이 직접적이고 능동적이며 확실한 반면, 여성은 간접적이고 수동적이다.
  ㉤ 남성은 단지 사실에 대해서만 관심과 흥미를 가지므로 인간적 관계를 개입시키지 않고 어떠한 상황을 그대로 단순하게 받아들인다. 여기에 비해 여성은 모든 것을 인간관계와 결부시켜 생각하고 감정을 개입시키는 경향이 있는데 이것이 장애가 되기도 한다.

2 성차의 요인

① 생물학적 요인 : 염색체와 호르몬에 의한 영향을 받는다.

추가 설명

성(性)
- 성이란 남녀의 구분 또는 남녀의 육체적 특성을 가리키는 말이다.
- 인간은 일반적으로 생물학적 성에 따라 사회적으로 기대되는 태도·행동·의식·복장 등이 달라지는데, 이를 보통 성역할이라고 한다.
- 인간은 유아기에 남녀의 신체구조의 차이를 발견하고, 남성과 여성으로 구별된다는 것을 인식하게 된다. 또 이때 부모 중 자기와 같은 성을 가진 사람과 자신을 동일화하는 과정을 거친다.
- 개인은 각각의 발달단계에서 주위 사람들이 기대하는 성역할을 내면화하면서 청소년기에 도달하면 2차 성징의 발현과 함께 성욕 등을 자각함으로써 남성 또는 여성으로서의 자기동일성을 형성·확립하게 이른다.

㉠ 인간의 남·여성의 결정은 여성의 난자와 남성의 정자가 서로 만나 수정란을 이룸으로써 이루어진다.
㉡ 정자와 난자가 결합하는 과정에서 X 또는 Y성염색체의 이동방향에 따라 남성과 여성이 구분된다. 즉, 난자 속의 X염색체와 정자 속의 Y염색체가 결합하면 남성이 되고, 난자 속의 X염색체와 정자 속의 X염색체가 결합하면 여성이 된다.
㉢ 사춘기에 남성호르몬인 테스토스테론(testosterone)은 주로 남성에게, 여성호르몬인 에스트로겐(estrogen)과 프로게스테론(progesterone)은 여성에게 특징적으로 분비된다. 보다 더 많이 분비되는 성호르몬의 기능에 따라 남성적 또는 여성적 생리 특성이 형성된다.
② 심리학적 요인 : 성차를 일으키는 심리학적 요인을 다룬 대표적인 학자 프로이트(Freud)는 성욕주의 이념으로서 남성과 여성의 심리 차이를 밝혀내었다.
㉠ 여성들은 남근을 가지고 있지 않기 때문에 자연적으로 남근을 가진 남성을 선망하며, 여성심리의 특성으로 수동성, 피학성, 허영, 자기도취성, 불완전한 자아발달 등을 각각 남근 숭배사상으로 설명하였다.
㉡ 남성은 3~6세경에 어머니의 사랑을 갈구하고 아버지를 배척하는 오이디푸스 콤플렉스를 겪게 된다.
③ 사회문화적 요인 : 성장 중의 성역할 학습에 주의를 기울인 사회학습 이론가들은 부모를 가장 강력한 동일시 대상으로 보았는데, 부모는 아동의 자아개념 형성에 큰 영향을 준다. 형제와 친척 역시 성역할 학습에 도움을 주며 기타 장난감, 책, TV, 영화 등의 매체에 의해서도 성역할은 학습된다.

> **추가 설명**
> 생물학적인 성 : 성을 생물학적인 의미로 말할 때는 한 종(種)의 구성원들을 암수로 구분하는 특성들의 총체를 가리킨다. 그러나 때로 염색체의 이상이나 생식샘, 성호르몬, 성기 등이 남성과 여성, 혹은 암수를 구분하는 전형적인 특성에 일치하지 않는 경우들이 있는데, 이런 경우를 간성(間性)이라고 한다. 예 성염색체 이상, 난소고환증 등

> **추가 설명**
> 성차의 사회문화적 요인 : 어린이의 생리적 형태가 자리 잡게 되면 수많은 문화적 암시가 성장하는 아이에게 제공되므로 성차는 이러한 성장과정 중의 교육 환경에 보다 크게 영향을 받게 된다.

02 성역할

1 성차 및 성역할 발달에 관한 이론
① 정신분석이론
㉠ 프로이트에 의하면 남자와 여자의 근원적인 차이는 그의 심리·성적 발달 5단계 중에서 3단계인 남근기에서의 서로 다른 경험에 기인한다고 보고 있다.
㉡ 남근기 시기에 남아는 오이디푸스 콤플렉스를, 그리고 여아는 엘렉트라 콤플렉스를 해결하기 위한 수단으로 성역할 동일시가 이루어진다고 한다.
② 사회학습이론 : 미셸(Mischel)은 '성역할은 직접학습과 관찰학습에 의해 발달된다'고 설명한다.
③ 인지발달이론
㉠ 콜버그(L. Kohlberg)는 성역할 동일시의 가장 중요한 요인은 아동 자신이 남자다 또는 여자다라는 성별 자아개념을 인식하는 것으로 이것이 동일시에 선행된다고 본다.

> **추가 설명**
> 프로이트의 정신분석이론
> • 1단계 : 구강기(생후 약 1세)
> • 2단계 : 항문기(1~3세)
> • 3단계 : 남근기(3~6세)
> • 4단계 : 잠복기(6~12세)
> • 5단계 : 생식기(12세 이후)

> **추가 설명**
> 사회학습이론 : 성인의 행동을 모방하고 동일시하며 이에 대하여 보상이나 강화를 받기 때문에 남녀간 성역할이 다르게 형성된다고 보는 입장이다.

㉡ 자신이 남성인가 여성인가에 대한 인식을 한 다음 자신의 성과 관계된 것들 예를 들면 각자의 성에 적합한 옷이나 장난감 등을 선호하고 동성의 성인의 행동을 모방하게 된다고 한다.
㉢ 성에 대한 동일시 내지 자각이 결정적인 시기에 인지적으로 확립되면 사회적 강화에 의해서 이것을 변화시키기는 매우 어렵다.

2 성역할 발달에 영향을 미치는 요인들

① 생물학적 요인
㉠ 성차(性差)를 일으키는 생물학적 요인은 염색체와 호르몬에 의한 것이다. 성은 인간의 염색체 46개 중 성염색체라 불리는 X, Y 염색체의 결합 방식에 의해 결정된다.
㉡ 남녀의 성기관 형성에 있어서는 여성의 기관이 기초가 되고 남자의 것은 여성의 기관에서 분화되어 나온 것이다.
㉢ 사춘기가 되면 생식선의 호르몬 생산이 왕성해지며 이로 인해 제2차 성특징의 발달이 시작된다. 이것은 뇌의 근처에 위치하는 뇌하수체에서 생산되는 성호르몬에 의해 조절되며, 만일 사춘기 이전에 생식선(生殖腺)들이 제거되면 제2차 성징은 나타나지 않는다.

② 문화적 기대
㉠ 전통적인 성역할이 대부분의 문화권에서 보편적인 현상이지만 남성성, 여성성의 발달은 문화에 따라 상당히 융통성이 있다.
㉡ 만약 남녀간에 신체적 구조에 기인한 사회적·인지적 차이가 있다면 이들은 문화적인 요인에 의해서 상당히 수정될 수 있다.

③ 부모의 역할
㉠ 부모는 성역할 습득을 위한 훈육자로서 또는 모델로서의 의미를 지니며, 자녀는 이러한 부모를 통하여 성역할을 발달시킨다.
㉡ 부모의 모델적 행동과 관련하여 볼 때 복종적이고 약한 부모보다 지배적이고 강력한 부모를 더 많이 모방하고, 냉담한 부모보다 애정적인 부모가 더 많은 영향을 미친다. 그리고 이러한 부모가 같은 성일 때 더 강한 모방이 일어난다.
㉢ 아버지는 아들·딸을 구별하여 서로 다른 상호작용 양식을 발달시키고 이것이 자녀의 성역할 발달에 큰 영향을 미친다고 한다.

④ 형제의 역할
㉠ 일반적으로 남자 형제를 가진 아동은 여자 형제를 가진 아동보다 더 남성적이다.
㉡ 많은 연구 결과 같은 성의 형제를 가짐으로써 성역할 발달이 빨리 이루어진다고 한다.

⑤ 또래의 영향
㉠ 성역할 발달에 미치는 영향도 매우 중요한데, 또래의 영향은 특히 학령전기에 두드러진다.

추가 설명

성역할
- 남성 또는 여성이라는 성에 기대되는 사회적 행동양식이다. 성역할의 개념에는 일정한 사회적 가치가 부여된다.
- 성역할에는 남녀가 자신의 성에 따라 서로 상이한 특성을 가지고 있을 것이라는 고정관념이 내포되어 있는데, 그러한 성에 따른 이미지는 사회와 시대마다 서로 다르다.
- 성에 부여된 인위적인 역할과 생물학적 차이에 의거한 역할을 구별하는 것은 매우 중요하다.
- 기존의 성역할 이미지와 성역할의 서열구조는 학습을 통하여 다음 세대에 문화의 일부로 계승되고 강화된다.
- 성역할의 학습은 가정에서의 교육과 학교교육, 사회의 관습 등을 통해 행해진다.

추가 설명

부모의 역할 : 성역할 습득을 위한 훈육자로서 또는 모델로서의 의미를 지니며, 성역할을 발달시킨다.

ⓒ 아동들은 서로 성에 적합한 행동에 대해서 보상하고, 부적합한 행동에 대해서는 벌을 준다.
⑥ **대중매체의 영향** : TV, 비디오, 라디오 등은 전통적인 성역할을 많이 표현함으로써 많은 시간을 이들 대중매체와 접하는 아동에게 전통적 성역할을 고수하게 하는 결과를 낳기도 한다.
⑦ **학교의 영향**
　　㉠ 성역할 학습의 매개 요인으로 학교의 조직, 교사와 학생과의 관계, 교과과정의 자료 등이 있다.
　　ⓒ 교사와 학생과의 상호작용에서도 여아에게는 표현적 특성을, 남아에게는 도구적 특성을 강조한 활동을 강화한다.

성역할에 대한 학교의 영향 : 교과과정은 특히 성역할의 모델을 전형화시키고 있는데 고학년으로 갈수록 남아의 역할 묘사가 고정적인 형태로 나타난다.

❸ 남녀 차이에 대한 고정관념
① **여성에 대한 사회적 통념**
　　㉠ 성역할 규범과 사회적 편견은 흔히 남성보다 여성에게 불합리한 고통과 불이익을 주게 되는데 이것이 남녀차별의 문제이다.
　　ⓒ 가족은 남성과 여성으로 구성되고 이 양성간의 결합에 의해 유지, 발전되므로 성이란 가족생활에 있어서 빼놓을 수 없는 요소가 된다. 더구나 이러한 성차를 어떻게 받아들이고 조정하느냐에 따라 가족의 분위기가 결정되고 인간관계 역시 좌우된다.
② **남녀 차이에 대한 고정관념의 문제**
　　㉠ **정신건강에 대한 기준의 차이** : 정신건강 진단 전문가들은 '정상적이고 건강한 성인'의 특성을 기술할 때, 남성의 경우는 유능하고 독립적이며, 객관적인 사람으로, 여성의 경우는 감정에 흐르기 쉽고 대인관계에 민감하며 복종성을 가진 여자를 정신적으로 건강한 사람으로 보고 있다. 이것은 우리가 같은 사회에서 생활하고 있으면서도 정신건강의 수준에 대하여 성별에 따라 전혀 다른 기준을 적용하고 있음을 알 수 있다.
　　ⓒ **능력에 따른 차별론의 타당성** : 남녀가 그들의 지적 능력이나 적성에 따라 합당하게 처우받고 있는가의 문제이다. 즉, 지능검사로써 가장 정평이 있는 웩슬러(D. Wechsler)형 성인지능검사는 지능을 언어성 검사와 동작성 검사로 양분하고 있는데, 일반적으로 남성은 동작성 점수가 우세하고 언어성 점수는 이에 비해 떨어지는 반면, 여성은 언어성 점수가 우세하고 동작성 점수가 떨어진다. 이와 같은 지능의 차이가 사회 내에서 타당하게 대우받고 있는가에 대해서는 문제가 많다.
　　ⓒ **기회균등의 문제** : 후천적 사회화 과정에서의 차별적 대우로 인하여 생긴 능력의 열세와 능력으로 인정, 요구되는 지식이 한쪽 성에 유리하도록 편재되어 있다.
　　㉣ **남녀간의 관점의 차이** : 남녀간에 생활하는 '행동의 장'이 서로 다르기 때문에 사물을 보는 관점이 달라지고, 따라서 여러 가지 현상에 대한 원인귀속 과정이 달라진다.

성별에 따른 남녀 구별과 차이 : 현실생활과 사회적 수준에서 불합리한 편견과 고정관념을 낳게 되어 여러 가지 문제를 아울러 야기시킨다.

> **추가 설명**
>
> **양성성**
> - 사회적 성 역할의 고정 관념을 이루는 내용 중에 여성적 특성과 남성적 특성 중 바람직한 것만이 결합하여 공존하는 것이다.
> - 성격과 행동이 독립적이면서도(고정 관념상의 남성성) 부드러운(고정 관념상의 여성성) 기존의 성 역할에 얽매이지 않는 건강하고 적응적인 성격을 의미한다.

ⓜ 양성화의 기능성

- 벰(Bem)은 '양성성'으로의 사회화가 전통적인 성역할보다 훨씬 더 기능적이라고 주장한다. 벰이 언급한 심리적 양성성의 개념은 한 사람이 남성성과 여성성을 동시에 가질 수 있기 때문에 상황에 따라서 도구적 역할과 표현적 역할을 모두 수행할 수 있는 보다 효율적인 성역할을 제시해 준다.
- 양성성이란 사회의 성역할 고정관념을 이루는 내용 중에서 바람직한 여성적 특성과 바람직한 남성적 특성이 결합되어 공존하는 것을 의미한다.
- 양성성은 변화하는 환경과 세계에 대한 심리적·사회적 적응이란 관점에서 볼 때, 어느 한 성별의 특성에 얽매이기보다 양자의 특성을 모두 소유하는 편이 적응력이 우세하다는 주장이다.

실전예상문제

객관식

1. 남성과 여성의 차이에 대한 내용으로 알맞지 않은 것은?
① 성차를 일으키는 생물학적 요인은 크게 염색체와 호르몬에 의한 영향을 들 수 있다.
② 남성과 여성의 대표적인 신체적 차이는 생식기관에서 나타나는데 이는 임신 1주쯤 분별된다.
③ 남성은 성과 사랑을 분리시킬 수 있는 생리적 특징을 지니고 있으나 여성은 성과 사랑을 연결시키고 결합시킨다.
④ 남성은 보다 이론적이고 논리적인 반면 여성은 감정적이다.

해설 생식기관은 임신 3개월 말쯤 분별된다.

2. 다음 중 남성성과 관계가 깊은 호르몬은 무엇인가?
① 테스토스테론(testosterone)
② 프로게스테론(progesterone)
③ 에스트로겐(estrogen)
④ 칼시토닌(calcitonin)

해설 성인 남성은 현저한 양의 테스토스테론과 미량의 여성호르몬을 가지고 있다.

3. 다음 남녀간의 차이 중 대체로 여자가 남자보다 우세한 것은 무엇인가?
① 모든 능력
② 시간과 공간능력
③ 수리능력
④ 언어능력

해설 여아는 남아들보다 언어의 유창성, 언어유추, 난해한 문장이해, 창작 등에서 우세하다.

4. 여성과 남성의 사회적 발달의 차이에 대한 설명으로 옳지 않은 것은?
① 남성은 여성보다 도전적이고 호전적이며, 여성은 가정적이며 평화적이다.
② 남성은 보다 이론적이고 논리적인 반면 여성은 감정적이다.
③ 구애방법에 있어서는 남성이 직접적이고 능동적이며 확실한 반면, 여성은 간접적이고 수동적이다.
④ 남성은 모든 인간적 관계를 개입시키고, 여자는 개입시키지 않는다.

해설 남성은 단지 사실에 대해서만 관심과 흥미를 가지므로 인간적 관계를 개입시키지 않고 어떠한 상황을 그대로 단순하게 받아들인다. 여기에 비해 여성은 모든 것을 인간관계와 결부시켜 생각하고 감정을 개입시키는 경향이 있는데 이것이 장애가 되기도 한다.

정답 1.② 2.① 3.④ 4.④

5 성차를 일으키는 심리학적 요인을 다룬 대표적인 학자로서 여성들은 남근선망을 가지고 있다고 본 학자는?

① 피아제 ② 콜버그 ③ 프로이트 ④ 에릭슨

해설 프로이트는 여성들은 남근을 가지고 있지 않기 때문에 자연적으로 남근을 가진 남성을 선망한다고 보았다.

6 성역할이 직접학습과 관찰학습에 의해 발달된다고 한 사람은?

① 미셸 ② 프로이트 ③ 콜버그 ④ 아라페쉬

해설 미셸은 가정생활이나 사회생활 속에서 부모나 성인의 행동을 통해서 남성 혹은 여성에 적합한 행동을 모방하고, 또 학습하며 이에 대해 보상이나 강화를 받기 때문에 성역할이 다르게 형성된다고 했다.

7 다음 중 성차와 관련하여 성인의 행동을 모방하고 동일시하며 이에 대하여 보상이나 강화를 받기 때문에 남녀간 성역할이 다르게 형성된다고 보는 이론은 무엇인가?

① 인지발달론적 입장 ② 사회학습론적 입장 ③ 사회인지론적 입장 ④ 정신분석학적 입장

해설 성차(性差) 및 성역할 이론
- 정신분석학적 입장 : 성차란 남녀의 해부학적 구조의 차이에 의해서 야기되며, 발달 초기에 성욕의 애착대상이 자신의 성과 반대되는 부모, 즉 아들은 어머니, 딸은 아버지가 되어 사랑을 구하다가 점차 동성의 부모에 대한 성역할 동일시로 변한다고 설명한다.
- 인지발달론적 입장 : 아동이 3~6세에 이르면 자신이 여성인가 남성인가에 대한 인지적 이해를 명확히 하고 그것이 변화될 수 없음을 파악한다. 그 뒤에는 자기의 성과 관계된 것들 예를 들면, 각각의 성에 적합한 옷이나 장난감을 선호하게 되고 동성의 성인의 행동을 모방하게 된다고 한다.
- 사회학습이론 : 아동은 성인의 행동을 관찰하여 사회생활 속에서 남성 혹은 여성에 적합한 행동을 모방하고 학습하는데, 주위에서 이러한 행동을 보상하거나 강화하기 때문에 성역할이 다르게 형성된다.

8 다음 중 성역할 동일시에 선행하는 요인은 아동 자신이 남자 또는 여자라는 성별 자아개념을 인식하는 것이라고 한 학자는?

① 스키너(B.F. Skinner) ② 왓슨(J.B. Watson) ③ 콜버그(L. Kohlberg) ④ 프로이트(S. Freud)

해설 남성성 또는 여성성의 발달은 성역할 사회화 과정에서 형성된다고 보는 입장은 정신분석이론, 사회학습이론, 인지발달이론이 있는데, 이 중 인지발달이론을 주장하는 콜버그는 성역할 동일시의 가장 중요한 요인은 아동 자신이 성별 자아개념을 인식하는 것으로 보았다.

9 다음 중 '나는 남자다' 또는 '나는 여자다'라고 자아개념을 인식한 뒤에 동성의 성인의 행동을 모방하게 되는 동일시가 나중에 이루어진다고 하는 성역할 발달이론은?

① 애착형성이론 ② 인지발달이론 ③ 사회학습이론 ④ 정신분석이론

> **해설** 콜버그는 성역할 동일시의 가장 중요한 요인은 아동 자신이 남자다 또는 여자다라는 성별 자아개념을 인식하는 것으로 이것이 동일시에 선행된다고 주장한다(인지발달이론).

10 성역할 발달에 영향을 미치는 요인 중 알맞지 않은 내용은?

① 전통적인 성역할이 대부분의 문화권에서 보편적인 현상이지만 남성성, 여성성의 발달은 문화에 따라 상당히 융통성이 있다.
② 많은 연구 결과 같은 성의 형제를 가짐으로써 성역할 발달이 빨리 이루어진다고 한다.
③ 대중매체는 미래지향적 성역할로만 전환시켜 준다.
④ 부모는 성역할 습득을 위한 훈육자로서 또는 모델로서의 의미를 지니며, 자녀는 이런 부모를 통해 성역할을 발달시킨다.

> **해설** TV, 비디오, 라디오 등은 전통적인 성역할을 많이 표현함으로써 많은 시간을 이들 대중매체와 접하는 아동에게 전통적 성역할을 고수하게 하는 결과를 낳기도 한다.

주관식

1 프로이트에 의하면 남근기 시기에 남아와 부모를 통해 성역할 동일시가 이루어지는데, 그 해결하려는 수단이 되는 것은 각각 무엇인가?

2 남성 또는 여성이라는 성에 기대되는 사회적 행동양식을 무엇이라 하는가?

3 '양성성'의 의미를 간략히 쓰시오.

Answer

1 오이디푸스 콤플렉스, 엘렉트라 콤플렉스
2 성역할
3 바람직한 여성적 특성과 바람직한 남성적 특성이 결합되어 공존하는 것이다.

정답 5.❸ 6.❶ 7.❷ 8.❸ 9.❷ 10.❸

MEMO

제2부 결혼과정

09 사랑

단원 개요

현대와 사회, 성과 연령을 불문하고 사랑에 대한 관심은 광범위하고 많은 사람들의 주의를 끌고 있다.

출생하여 부모로부터 사랑을 받고 자라며 형제, 친구, 이웃 등과 더불어 사랑을 주고 받으며 성장한다. 사춘기에 이르면 동성의 친구뿐만 아니라, 이성에의 관심이 싹트고 이러한 정서적 발달은 청년기에 이르러 배우자선택과 결혼의 중요한 동기가 된다. 즉, 사랑은 이성교제, 결혼에 선행되는 기본 정서이다.

사랑은 가족의 형성과 발달, 가족구성원의 협력에 매우 중요하다. 따라서 사랑의 의미, 본질, 유형, 발달 등을 살펴봄으로써 성공적인 인간의 삶을 도모할 수 있다.

출제 경향 및 수험 대책

이 단원에서는 사랑의 유형 중 낭만적 사랑과 동료적 사랑 및 이타적 사랑과 성적인 사랑, 라이스의 수레바퀴이론, 사랑의 의미와 특성 등에 대해서 묻는 문제들이 출제될 수 있는 바, 자세하고 철저한 학습이 요구된다.

9

01 사랑의 정의와 특성

1 학자들이 제시한 사랑에 대한 정의

① **에리히 프롬(Erich Fromm)** : 「사랑의 기술(The Art of loving)」에서 사랑은 피동적 감정이 아니라 활동성을 갖는 정서로 사랑은 '그것에 참가하는 것'이며 '빠지는 것'이 아니라고 하였다. 사랑의 중요 요소는 '준다'는 것이고 그 외에 배려, 책임, 존경, 지식 등 네 가지 요소들이 포함된다.

② **피어스(R.R. Pearce)** : 배우자 선택과 결혼이라는 점에 국한해서 사랑의 특성을 다음과 같이 설명한다.
  ㉠ 일정기간에 걸쳐 증가된 감정의 열렬함
  ㉡ 어떤 다른 사람과의 교제보다도 그 사람과의 교제가 더 우선시되는 선호성
  ㉢ 생애계획, 야망, 문제들을 그 사람과 공유하고 싶은 욕망
  ㉣ 신체적 매력
  ㉤ 삶의 기본적 가치나 목표들의 동질성
  ㉥ 그 사람을 당신 자녀의 부모가 되게 하고 싶은 욕망
  ㉦ 자신에 대한 관심의 감소와 함께 그 사람의 행복에 대한 관심의 증가

③ **구드(Goode)** : 사랑이란 적어도 성적 욕망과 부드러움과 같은 구성요소를 가진 이성의 청년 혹은 성인간의 강력한 감정적 매력이라고 하였다.

④ **마곤(Magoun)** : 지성적, 감정적인 풍토를 이루려고 생각하는 열정적인 소망이라고 정의한다.

⑤ **오만(Ohmann)** : 사랑을 자신의 인성을 완성시키고, 보충해 주고 보호해 줄 어떠한 사람을 필요로 하는 감정이라고 정의하였다.

⑥ **윈치(Winch)** : 사랑은 본질적으로 자기만족이라는 동기에 의해 일어난다고 주장한다.

⑦ **유영주** : 사랑이란 자신을 완성시키고 보충하고, 또 보호하기 위해 타인을 필요로 하는 감정이라고 했다.

2 사랑의 특성

① 사랑은 현실생활에 존재한다. 사랑은 객관적인 진실성을 갖고 있다.
② 사랑의 능력은 개인의 문화 환경에 의해서 학습된다.
③ 사랑은 성장한다.
④ 사랑은 여러 단계로 존재할 수 있다.
⑤ 사랑에는 여러 다른 형태가 있다.

📝 추가 설명

사랑(love)의 의미 : 인간의 근원적인 감정으로 인류에게 보편적이며, 인격적인 교제, 또는 인격 이외의 가치와의 교제를 가능하게 하는 힘이다.

- **고대 그리스 시대** : 사랑은 에로스로 불렸는데, 이것은 육체적인 사랑에서 진리에 이르고자 하는 동경·충동을 포함한다.
- **그리스도교** : 사랑, 즉 아가페는 인격적 교제(이웃에 대한 사랑)와 신에게 대한 사랑을 강조하며 이것을 최고의 가치로 삼아 자기희생에 의하여 도달하게 된다고 한다.
- **르네상스 시대** : 사랑을 인간 구가(謳歌 : 즐겨 누리는 것)의 원동력으로 보았으나 이것은 사랑의 세속화를 의미하는 것으로 보인다.

02 사랑의 유형

1 낭만적 사랑

① 낭만적 사랑은 사랑하는 상대자를 이상화시키는 것으로, 일반적으로 일컬어지는 사랑은 이것을 가리키는 경우가 많다. 낭만적 사랑을 정서적 사랑 또는 청년기적 사랑이라고도 한다.

② 낭만적 사람의 특징
 ㉠ 이성보다 감정이 우위인 사랑이다. 이성은 거의 무시된다.
 ㉡ 상대방을 이상화한다.
 ㉢ 사랑의 속도가 신속하며 그 정도가 강렬하여 생활 전체를 좌우한다.
 ㉣ 서로의 사랑이 숙명적, 운명적이라고 생각한다.
 ㉤ 배타성을 갖는다. 오직 한 사람, 단 한번만의 사랑이라고 믿는다.
 ㉥ 상대방에게 모든 요구와 기대를 한다.
 ㉦ 개인주의적이며, 불안정하다.
 ㉧ 불만, 환멸의 상태가 신속히 나타난다.

2 동료적 사랑

① 극적으로 고조된 사랑이라기보다 서로 애정을 느끼며 협동하는 친구나 동료같은 관계의 사랑이라 할 수 있다.
② 부부애는 이상적인, 고조된 사랑보다도 서로 애정을 느끼며 친구와 같은 보다 겸손하고 협조적인 사랑을 더 필요로 한다.
③ 동료적 사랑의 특징
 ㉠ 이성적이고 감정을 억제할 수 있다.
 ㉡ 독립적이며 안정적이며, 자신감을 갖는다.
 ㉢ 상대방에 대한 요구가 과도하지 않다.
 ㉣ 친구와 같은 반려적인 감정을 갖는다.
 ㉤ 현실을 있는 그대로 받아들여 서로 협조하고 보충하며 그 속에서 서로 만족하려 한다.

3 이타적 사랑

① 사랑하는 상대자의 행복에 강조를 두는 것이다. 즉, 타인에게 무엇인가를 공급해 주는 것이 자신의 안락을 위해 공급하는 것보다 더 큰 만족을 준다고 생각하고 기쁨을 느끼는 것이다.
② 이타적 사랑의 근원은 타인을 돕고자 하는 욕망이지만 인간사회는 상호작용에 의해 유지되므로 결국 타인에 대한 사랑은 자신의 생존과도 관련되어 있다.

추가 설명

철학에서의 사랑

- **에로스** : 본능적인 사랑이지만 플라톤에 따르면 성애적 사랑만을 가리키는 것은 아니다. 이상적 상태를 추구하는 사랑이기도 하다. 플라톤은 사물에는 이데아라는 이상적 상태가 있다고 말했다. 그 이상적 상태를 추구하려는 열망을, 그는 에로스라고 불렀다. 그는 남녀의 사랑은 서로의 부족한 부분을 채워 완전한 존재가 되고자 하는 열망이라고 생각한다.
- **아가페** : 무조건적인 사랑이다. 신이 인간에게 주는 아낌없는 사랑을 말한다. 이런 사랑으로는 부모가 자식에게 베푸는 사랑도 있다.
- **필리아**(우애, 동료애, 우정) : 그리스어 필로스(philos)에서 유래했는데, 필로스는 친구라는 뜻이고 필리아는 우애를 가리킨다. 필리아는 사랑의 일종이긴 하지만, 에로스처럼 한 대상을 일방적으로 추구하지도 않고, 아가페처럼 일방적으로 사랑을 베풀지도 않는다. 필리아는 자기자신과 대등하게 남을 사랑한다.

4 성적인 사랑

① 사랑의 대상이 성의 대상일 경우 서로 접촉하고 싶은 강한 욕구를 느낀다.
② 일반적으로 사랑과 성이 공존하는 생활을 가장 바람직한 것으로 본다.

03 사랑의 발달(과정)과 소멸

1 사랑의 기원

① 윈치(Winch) : 사랑은 본질적으로 자기만족이라는 동기에 의해 일어난다고 주장하였다.
② 프로이트(Freud) : 사랑이란 성적 욕망에서 시작한다고 주장하였다.
③ 라이크(Reik) : 사랑은 순수하게 심리적 욕망 혹은 보다 구체적으로 자신에 대한 불만족으로부터 발생한다고 하여 성관계와 구별되는 사랑의 심리학을 개발하여 사랑에 대한 심리분석적 사고에 공헌하였다.

2 사랑의 시작

① 사랑의 시작은 자신을 수용하고 칭찬하거나 혹은 자신을 존경하는 타인, 자신이 되기를 원하는 이미지를 보여 주는 타인에 대한 응답으로 이루어진다.
② 윈치(Winch)와 오만(Oman)에 따르면 사랑이라는 것은 특정한 종류의 인성적 욕구(크게 보면 사회적으로 발생되는 욕구)를 충족시키기 위해서 생겨난다고 할 수 있다.
③ 라이스(Reiss)의 사랑의 수레바퀴이론 : 사랑이란 두 사람의 친밀감(rapport)에서 시작되며, 그 후에는 나선형과 같은 형태로 초기 단계에서 보다 높은 단계에로의 이동을 계속한다고 보았다. 이러한 라이스의 사랑의 전 과정 동안 일어나는 상호작용 관계를 사랑의 수레바퀴이론이라고 한다.
   ㉠ 친근감(rapport) 단계 : 상호간의 매력으로부터 나오는 것이라고 할 수 있다.
   ㉡ 자아노출(자기개방 : self-revelation) 단계 : 상호관계의 감정이 증가하는 점진적인 과정이다.
   ㉢ 상호의존성 단계 : 내적인 감정을 노출함으로써 생겨나기 시작한다.
   ㉣ 친밀감 욕구충족 단계 : 서로는 공적으로 또 사적으로 서로가 '사랑하는' 상태에 있게 된다.
④ 보렌드(Borland)가 변형시킨 라이스의 수레바퀴이론 : 보렌드의 모델은 시계 스프링에 비유한 것으로 사랑의 관계가 어떻게 감기고 풀리는지, 그리고 새로운 사건이 발생되었을 때는 다시 어떻게 감기는지의 과정을 설명하는 데 매우 유익하다.

3 사랑의 과정

① 출발점 : 대부분의 사랑이 첫눈에 반해 시작되기는 힘들며 처음에는 그냥 아는 정도에서

추가 설명

존 리(John Lee)의 사랑의 구분

- **에로스(Eros) 사랑** : 고대 그리스 신화의 에로스에서 연유, 큐피트의 화살이 심장에 꽂히는 순간부터 사랑의 불꽃이 활활 타오르는 황홀하고 열정적인 낭만적 사랑이다.
- **스토르지(Storge) 사랑** : 형제자매 사이나 친구 간에 시간이 흐르면서 서서히 무르익는 사랑의 감정이다. 서로 함께 있으면 편안하고 정다우며, 서로를 신뢰하고 이해하며 보살피려는 친밀감이다.
- **루더스(Ludus) 사랑** : 놀이나 게임을 뜻하는 라틴어에서 유래. 그때 그때 만나는 사람과 즉흥적이며, 찰나적인 사랑을 추구한다.
- **매니아(Mania) 사랑** : 고대 그리스어의 신으로부터 나오는 광기라는 의미의 매니나에서 유래. 상대에게 사로잡혀 질투와 소유욕에 불타는 사랑이다. 구체적 대상과 사랑에 빠진 것이 아니라 사랑 그 자체를 사랑하고 있는 것이다.
- **프래그마(Pragma) 사랑** : 실용적 사랑을 의미. 상대에게 원하는 특성들을 목록으로 작성하여 잘 어울리는 상대를 찾는다. 신체적 매력이나 취미 등이 포함된다.
- **아가페(Agape) 사랑** : 기독교에서 나온 것으로 타인을 위한 사랑이며, 나를 희생하는 사람이다. 하나님의 완전한 의지에 복종함으로써 완전한 사랑의 대상과 결합하려 한다.

점차로 서로 흥미를 가지게 되는 것이다.
② **사랑의 발전** : 사랑은 갑자기 발전하는 것이 아니라 노력과 상호작용으로 서로의 관계를 확고히 다져 나가는 것이다.
③ **사랑의 소멸** : 대부분의 사랑이 결혼으로 발전해 가나, 가끔은 갑자기 소멸할 수도 있다. 그런 경우 흔히 공허감이 남게 된다.
　㉠ **흥미의 상실** : 상대방이 서로에게 자연스럽게 흥미를 잃어 가면 관계를 그만두는 것이 서로를 해방시키는 것이 된다.
　㉡ **절교에 대한 양면 감정** : 절교란 매우 어려운 것이어서 흔히 새로 데이트하기가 어려운 사람은 그 관계를 그대로 유지한다. 상대방의 정서가 불안한 경우 관계를 유지해야 고통을 방지할 수가 있지만, 이는 두 사람의 관계가 깊어지고, 주위에서 한 쌍으로 인정할 때는 절교하는 것이 더욱 어렵게 된다.
　㉢ **쉽게 청산하도록 도와주는 수단**
　　• 서서히 관계를 줄여 나가는 점진적 감소
　　• 사랑이 식으면 깨끗이 끊어 버리는 선명한 절교
　　• 친구나 다른 사람(예 카운슬러, 임상의(臨床醫) 등)의 도움을 구하는 원조요청

> **추가 설명**
>
> **스턴버그의 사랑의 삼각형 이론** : 사랑의 요소에는 열정, 친밀감, 헌신이 있다. 스턴버그는 세 가지 요소가 가능한 한 균형을 이루도록 해야 한다고 본다. 균형을 이루지 못하면 불안정한 사랑이라고 한다.
> • **열정** : 사랑하는 사람에 대한 뜨거운 마음이다.
> • **친밀감** : 상대방과 정서적으로 연결되어 있다는 느낌이다. 친밀감은 상대에 대한 신뢰와 연결되어 서로의 비밀과 삶을 공유하게 한다. 또한 정서적인 지지와 위로를 준다.
> • **헌신** : 사랑을 지속하도록 서로를 단단하게 묶어주는 끈과 같다. 관계를 유지하려는 결단과 책임감을 말한다.

실전예상문제

객관식

1 사랑의 정의와 관련하여 사랑은 피동적 감정이 아니라 활동성을 갖는 정서로서 사랑은 그것에 참가하는 것이며 빠지는 것이 아니라고 한 학자는?

① 피어스　　　② 마곤　　　③ 에리히 프롬　　　④ 윈치

해설 에리히 프롬(Erich Fromm) : 그의 저서 「사랑의 기술(The Art of loving)」에서 사랑이란 자신의 기쁨, 흥미, 이해, 지식, 슬픔 등 자기 자신 안에 있는 모든 것들의 표현을 주는 것은 물론 자신의 생명까지 줌으로써 상대방의 감정을 감동시키고, 상대방의 생활을 풍요롭게 만듦으로써 그 속에서 자신이 살고 있음을 느끼는 것이며, 그러한 사랑을 통하여 서로의 참된 자아를 찾고 보다 성숙한 인간이 되는 것이라고 보았다.

2 사랑의 정의와 관련하여 지성적, 감정적인 풍토를 이루려고 생각하는 열정적인 소망이라고 정의한 학자는?

① 피어스　　　② 마곤　　　③ 구드　　　④ 오만

해설 마곤은 사랑을 가리켜 지성적, 감정적인 풍토를 이루려고 생각하는 열정적인 소망이라고 했다.

3 다음 중 사랑이 본질적으로 자기만족이라는 동기에 의해 일어난다고 주장한 학자는 누구인가?

① 프롬(Fromm)　　　② 윈치(Winch)　　　③ 구드(Goode)　　　④ 피어스(Pearce)

해설 윈치(Winch)는 사랑이 본질적으로 자기만족이라는 동기에 의해 일어난다고 주장한다.

4 다음 중 피어스가 열거한 사랑의 특성이 아닌 것은?

① 감정의 열렬함
② 그 사람과의 교제가 우선시되는 선호성
③ 생의 계획, 야망 등을 공유하고 싶은 욕망
④ 목표들의 이질성

해설 피어스(R.R. Pearce) : 배우자선택과 결혼이라는 점에 국한해서 사랑의 특성을 설명한다.
- 일정기간에 걸쳐 증가된 감정의 열렬함
- 어떤 다른 사람과의 교제보다도 그 사람과의 교제가 더 우선시되는 선호성
- 생애계획, 야망, 문제들을 그 사람과 공유하고 싶은 욕망
- 신체적 매력
- 삶의 기본적 가치나 목표들의 동질성
- 그 사람을 당신 자녀의 부모가 되게 하고 싶은 욕망
- 자신에 대한 관심의 감소와 함께 그 사람의 행복에 대한 관심의 증가

5 사랑의 일반적인 특성으로 옳지 않은 것은?

① 현실생활에 존재한다.
② 사랑의 능력은 개인의 문화 환경에 의해 학습된다.
③ 사랑은 한 단계로만 존재할 수 있다.
④ 사랑은 성장한다.

해설 사랑은 여러 단계로 존재할 수 있다. 단지 좋아한다는 막연한 호의에서부터 아주 강렬한 애정에 이르기까지 여러 단계가 있다.

6 다음 중 부모의 사랑, 신의 사랑이 속하는 사랑은?

① 아가페   ② 로만틱   ③ 필로스   ④ 에로스

해설 사랑은 그리스어의 어원에 따라 아가페, 필리아, 에로스로 나눌 수 있다. 아가페적 사랑은 주는 것이며 자기희생적인 것으로, 부모의 사랑, 신의 사랑이 이 범주에 속한다. 필리아적 사랑은 동료적 사랑을, 에로스적 사랑은 본능적·성적 사랑을 말한다.

7 다음 중 극적으로 고조된 사랑이라기보다 서로 애정을 느끼며 협동하는 친구나 동료같은 관계에서 보이는 사랑과 관련있는 것은?

① 매니아(mania)   ② 에로스(eros)   ③ 필리아(philie)   ④ 아가페(agape)

해설 문제 6번 해설 참조

8 존 리(John Lee)가 제시한 사랑의 유형 중 그때 그때 만나는 사람과 즉흥적이며 찰나적인 사랑을 하는 것을 의미하는 것은?

① 매니아   ② 스토르지   ③ 루더스   ④ 프래그마

해설 사회학자 존 리(John Lee)는 사랑하는 연인들이 생각하는 사랑의 유형을 에로스(eros), 루더스(ludus), 스토르지(storge), 매니아(mania), 프래그마(pragma), 아가페(agape)로 나누었다.

9 사랑의 유형 중 사랑하는 상대자를 이상화시키는 것으로 일반적으로 일컬어지는 사랑은?

① 낭만적 사랑   ② 동료적 사랑   ③ 이타적 사랑   ④ 성적인 사랑

해설 낭만적 사랑은 사랑하는 상대자를 이상화시키는 것으로, 일반적으로 일컬어지는 사랑은 이것을 가리키는 경우가 많다. 이것 역시 어렸을 때 어머니로부터 받은 따뜻한 애정 속에서 싹트는 것이며, 성장함에 따라 주위 사람들에게서 받는 관심과 칭찬은 낭만적 사랑에 대한 가능성을 키워주게 된다.

정답 1.❸ 2.❷ 3.❷ 4.❹ 5.❸ 6.❶ 7.❸ 8.❸ 9.❶

10 다음 사랑의 유형 중 나머지 셋과 의미가 다른 것은?

① 낭만적 사랑　　② 동료적 사랑　　③ 정서적 사랑　　④ 청년기적 사랑

> **해설** 청년기에 이르면 애정에 대한 욕구가 강해져서 어머니에게서 얻은 유아적 사랑보다 추상적이며 낭만적인 사랑을 그리게 된다. 그러므로 낭만적 사랑을 정서적 사랑 또는 청년기적 사랑이라고 한다. 특히 청년기는 이성에 관심이 많아지는 시기이므로 자연 감정적으로 낭만적 사랑에 빠지게 된다.

11 다음의 ( ) 속에 들어갈 말들이 바르게 연결된 것은?

> **보기** 청년기에 이르면 애정에 대한 욕구가 강해져서 유아적 사랑보다 추상적이며 (㉠)인 사랑을 그리게 된다. 그러므로 이 사랑을 (㉡) 사랑 또는 청년기적 사랑이라고 한다.

	㉠	㉡		㉠	㉡
①	동질적	이질적	②	정서적	동질적
③	낭만적	정서적	④	동료적	낭만적

> **해설** 문제 10번 해설 참조

12 다음 중 낭만적 사랑의 특징이 아닌 것은?

① 이성보다 감정이 우위인 사랑이다.　　② 상대방을 이상화한다.
③ 개인주의적이다.　　④ 안정적이다.

> **해설** 낭만적 사랑의 특징
> • 상대방을 이상화한다.　　　• 불안정하다.
> • 개인주의적이다.　　　　　• 이성보다 감정이 우위인 사랑이다.

13 다음 중 동료적 사랑의 특성으로 알맞은 것은?

① 현실을 있는 그대로 받아들여 서로 협조·보충하는 가운데 만족을 찾는다.
② 개인주의적이고 불안정하다.
③ 숙명적·운명적이라 생각한다.
④ 상대방을 이상화한다.

> **해설** 동료적 사랑의 특성
> • 이성적이고 감정을 억제할 수 있다.
> • 현실을 있는 그대로 받아들여 서로 협조·보충하는 가운데 만족을 찾는다.

14 다음 사랑의 유형 중 사랑하는 상대자의 행복에 강조를 두는 것은?

① 낭만적 사랑   ② 동료적 사랑   ③ 성적인 사랑   ④ 이타적 사랑

> **해설** 이타적 사랑 : 타인에게 무엇인가를 공급해 주는 것이 자신의 안락을 위해 공급하는 것이다. 더 큰 만족을 준다고 생각하고 기쁨을 느끼는 것이다.

15 다음 중 부부애가 추구하는 사랑으로 가장 적합한 것은?

① 낭만적 사랑   ② 동료적 사랑   ③ 이타적 사랑   ④ 성적 사랑

> **해설** 현실적으로 함께 하면서 상호보완적 역할을 할 수 있는 성숙된 사랑이 발달하며 이렇게 성숙된 사랑이 동료적 사랑이다. 부부애는 이상적인, 고조된 사랑보다도 서로 애정을 느끼며 친구와 같은 보다 겸손하고 협조적인 사랑을 더 필요로 한다.

16 사랑의 유형 중 동료적 사랑의 특징이 아닌 것은?

① 이성적이고 감정을 억제할 수 있다.
② 독립적이며 안정적이다.
③ 상대방에 대한 요구가 과도하다.
④ 자신감을 갖는다.

> **해설** 동료적 사랑의 특징
> • 상대방에 대한 요구가 과도하지 않다. 이성적이며 감정을 억제할 수 있다.
> • 친구와 같은 반려적인 감정을 갖는다.
> • 현실을 있는 그대로 받아들여 서로 협조하고 보충하며 그 속에서 서로 만족하려 한다.
> • 자신감을 갖는다.
> • 독립적이며 안정적이다.

17 다음 중 사랑의 기원과 관련하여 '사랑은 본질적으로 자기 만족이라는 동기에 의해 일어난다'고 주장한 사람은?

① 라이스(Reiss)   ② 라이크(Reik)   ③ 프로이트(Freud)   ④ 윈치(Winch)

> **해설** 윈치는 사랑은 본질적으로 자기 만족이라는 동기에 의해 일어난다고 주장했다.

18 다음 중 프로이트가 사랑의 시작으로 본 것은 무엇인가?

① 현실적 자아와 이상적 자아와의 불일치   ② 자신에 대한 불만족

정답 10. ② 11. ③ 12. ④ 13. ① 14. ④ 15. ② 16. ③ 17. ④ 18. ③

③ 성적 욕망   ④ 자기만족

해설 프로이트는 사랑이란 성적 욕망에서 시작한다고 주장한다.

19 사랑의 유형 중 상대에게 원하는 특성들을 목록으로 작성하여 잘 어울리는 상대를 찾으려는 것은?
① 프래그마   ② 에로스   ③ 스토르지   ④ 매니아

해설 프래그마 : 실용적 사랑이다. 대상을 검토하여 자신과 잘 어울리는 상대를 찾으려 한다.

20 다음 중 사랑의 수레바퀴이론을 제시한 사람은?
① 윈치   ② 오만   ③ 라이스   ④ 보렌드

해설 라이스(Reiss)는 사랑이란 두 사람의 친근감(rapport)에서 시작되며, 그 후에는 나선형과 같은 형태로 초기 단계에서 보다 높은 단계에로의 이동을 계속한다고 보았다. 이러한 라이스의 사랑의 전 과정 동안 일어나는 상호작용 관계를 사랑의 수레바퀴이론이라고 한다.

21 사랑이란 두 사람의 친근감에서 시작되며, 그 후에는 자기 노출, 상호의존, 퍼스낼리티 욕구충족 등의 단계로 이동을 계속한다고 보았으며, 이러한 사랑의 전 과정 동안 일어나는 상호작용 관계를 사랑의 수레바퀴이론이라고 한 사람은 누구인가?
① 라이크(Reik)   ② 윈치(Winch)   ③ 라이스(Reiss)   ④ 유드리(Udry)

해설 문제 20번 해설 참조

22 라이스의 수레바퀴이론에 의하면 사랑은 무엇으로부터 시작되는가?
① 친근감   ② 상호의존성   ③ 자아노출   ④ 친밀감욕구충족

해설 친근감은 상호간의 매력으로부터 나오는 것이라 할 수 있다.

23 사랑의 수레바퀴이론에서 라이스(Reiss)가 제시하는 사랑의 발달순서로 알맞은 것은?
① 친근감 — 상호의존성 — 자기노출 — 퍼스낼리티의 욕구충족
② 퍼스낼리티의 욕구충족 — 친근감 — 자기노출 — 상호의존성

③ 친근감 — 자기노출 — 상호의존성 — 친밀감 욕구충족
④ 자기노출 — 친근감 — 상호의존성 — 친밀감 욕구충족

해설 라이스(Reiss)의 사랑의 단계 : 친근감 — 자기노출(자기개방) — 상호의존성 — 퍼스낼리티의 욕구충족(친밀감 욕구충족)

24 다음 중 사랑의 발달 과정을 설명하기 위해 라이스의 사랑의 수레바퀴이론을 변형하여 시계 스프링에 비유해 설명한 학자는?
① 마곤 ② 윈치 ③ 라이스 ④ 보렌드

해설 위의 설명은 보렌드에 대한 설명이다.

25 스턴버그의 사랑의 삼각형 이론에서 사랑의 요소가 아닌 것은?
① 흥미 ② 열정 ③ 친밀감 ④ 헌신

해설 스턴버그의 사랑의 요소 : 열정, 친밀감, 헌신

주관식

1 낭만적 사랑의 특성을 3가지 이상 쓰시오.

2 동료적 사랑의 특징을 3가지 이상 쓰시오.

3 스턴버그의 사랑의 삼각형 이론에서 사랑의 요소 3가지를 쓰시오.

정답 19.① 20.③ 21.③ 22.① 23.③ 24.④ 25.①

4 사랑의 수레바퀴이론에서 제시하는 사랑의 발달단계 4가지를 순서대로 쓰시오.

5 사랑의 유형 중 루더스(Ludus) 사랑의 의미를 간략히 쓰시오.

Answer

1
- 이성보다 감정이 우위인 사랑이다. 이성은 거의 무시된다.
- 상대방을 이상화한다.
- 사랑의 속도가 신속하며 그 정도가 강렬하여 생활 전체를 좌우한다.
- 서로의 사랑이 숙명적·운명적이라고 생각한다.
- 배타성을 갖는다. 오직 한 사람, 단 한번만의 사랑이라고 믿는다.
- 상대방에게 모든 요구와 기대를 한다.
- 개인주의적이다.
- 불안정하다.
- 불만, 환멸의 상태가 신속히 나타난다.

2
- 이성적이고 감정을 억제할 수 있다.
- 독립적이며 안정적이다.
- 상대방에 대한 요구가 과도하지 않다.
- 친구와 같은 반려적인 감정을 갖는다.
- 현실을 있는 그대로 받아들여 서로 협조하고 보충하며 그 속에서 서로 만족하려 한다.
- 자신감을 갖는다.

3 열정, 친밀감, 헌신

4 친근감 형성단계 — 자기개방단계 — 상호의존 단계 — 친밀감 욕구충족 단계

5 그때 그때 만나는 사람과 즉흥적이며 찰나적인 사랑을 추구하는 것이다.

제2부 결혼과정

10 결혼준비

 단원 개요

올바른 성의 이해, 이성교제의 인식과 교육이 이루어졌을 때 비로소 성공적인 결혼을 기대할 수 있다. 인간이 사춘기에 도달하면 자아의식의 발달에 따라 이성에 대해 새로운 흥미와 관심을 갖게 되어 그 관심의 대상을 찾아 자연스럽게 이성교제가 이루어진다. 데이트(dating)라 불리는 이성교제는 20세기의 가장 흥미있는 현상 중의 하나이다. 데이트가 청년들에게 어떤 차원에서 기능하고, 또 어떻게 전개되어 나아가는가 하는 전개과정에 대한 지식과 올바른 인식이 필요하다. 또한 데이트의 바람직한 문화형성에 대한 진지한 논의가 이루어지고 데이트 당사자뿐만 아니라 기성인에 이르기까지 생활 문화의 한 영역으로 데이트 문화를 이해하여야 한다.

 출제 경향 및 수험 대책

이 단원에서는 결혼을 위한 정신적 준비, 생리적 연령과 정신연령의 특징, 결혼적령기의 특징, 성숙한 사람의 행동 기준, 청년기의 이성교제의 기능과 데이트의 발생 배경, 데이트에 수반되는 문제점, 이성교제의 단계, 이성교제의 사회적 발달 및 중요성과 기능, 올바른 이성교제를 위한 당면 과제 등에 대해서 묻는 문제들이 출제될 수 있는 바, 자세하고 철저한 학습이 요구된다.

10

01 개요

1 결혼적령기

① 결혼에 적합한 연령대(年齡代)를 결혼적령기라 하며 현대 사회에서는 결혼적령 개념이 늦춰지는 추세이다. 그리고 남성과 여성 모두 공통적으로 3~4세 정도의 연령 차이가 있는 배우자를 많이 선호하는 것으로 나타났다.

② 우리나라의 초혼 평균 연령은 점점 늦어지고 있는데, 통계청의 통계에 의하면, 1955년에 남자가 24.5세, 여자가 20.4세였던 것이 2019년에 남자 33.4세, 여자 30.6세로 크게 늦어지고 있다.

2 성숙

① 성숙한 사람의 행동기준
   ㉠ 성숙한 사람은 그의 생활연령에 비하여 생활해 나가는 데 지혜롭다.
   ㉡ 성숙한 사람은 자신을 전체의 일부로 받아들일 줄 안다.
   ㉢ 성숙한 사람은 자기 자신을 수용할 줄 안다.
   ㉣ 성숙한 사람은 현실세계에서 살아갈 능력을 갖고 있다.
   ㉤ 성숙한 사람은 독립적이다.
   ㉥ 성숙한 사람은 남의 아첨, 칭찬, 비난 등에 동요되지 않는다.
   ㉦ 성숙한 사람은 자기의 행동을 억제, 조정할 줄 안다.
   ㉧ 성숙한 사람은 성, 사랑, 결혼에 대하여 긍정적 태도를 갖는다.

② 결혼전 요구되는 성숙
   ㉠ **청년기의 발달과업 성취**
      - 건전한 결혼생활을 영위하기 위해서 요구되는 조건은 한마디로 말해서 '어른'으로 성숙하여야 하는 것이다.
      - 어린이로부터 어른에로의 이행기가 청년기이며, 결혼에 필요한 자격을 획득하는 것이 바로 이 청년기의 발달과업인 것이다.
   ㉡ **부모로부터의 정신적 자립**
      - 결혼이라고 하는 것은 부부라고 하는 인간관계를 형성함과 동시에 새로운 가족을 탄생시킨다.
      - 운명적으로 태어난 방위가족(출생가족, 근원가족, family of orientation) 속에서 한 사람의 성인으로 양육된 어린이가 방위가족으로부터 분리, 독립하고 스스로의 의지에 따라서 생식가족(family of procreation)을 형성한다.
      - 확대된 생활영역의 장에서 의무와 책임을 다하고 자신에게 통합성과 일관성을 부여하는 자아동일성(identity)을 확립하는 것이 청년기의 발달과업의 기본이다.
      - 청년기를 맞이한 자녀를 둔 가족에서는 친자간의 대립·갈등을 극복하고, 자녀의

추가 설명

연령의 의미
- 생활연령 : 햇수가 지나면 자연히 늘어나는 연령
- 생리적 연령 : 골격의 발달이나 신체의 발달을 나타내는 연령
- 정신연령 : 지적 발달 정도를 나타내는 연령
- 사회적·감정적 연령 : 사회적으로 성숙하고 정서적으로 안정된 정도를 나타내는 연령

추가 설명

성숙의 정의
- 성숙이란 개인의 발달 정도를 나타내는 말로서 학습이나 훈련에 의하지 않고 일어나는 신체적·생리적·정서적·사회적 변화를 말하는 것으로 한 개인 내에 있어서도 여러 종류의 성숙이 각기 다른 비율로 성장한다.
- 생활연령과 생리적·신체적 성숙과는 밀접한 관계에 있으나 이것이 정서적·감정적 성숙과 일치하는 것은 아니다.

정신적 독립을 어떻게 원만히 실현하는가 하는 것이 중요한 과제이다.
ⓒ 모성원리의 우월성의 극복
- 현대가족에 있어서는 부모로부터의 정신적 자립을 곤란하게 하는 상황이 있다.
- 심리학자 융(Jung)은 모성원리는 모든 것을 '감싸는 것'이고, 부성원리는 '자르는 것'이라고 표현하고 있다.
- 현대가족의 특징은 자녀가 부모로부터 정신적으로 자립하는 것을 곤란하게 하는 것을 들 수 있다.

ⓔ 사회적 성숙
- 결혼을 위해서 필요한 성인으로서의 성숙은 단순히 심신(心身)의 충분한 발달뿐만 아니라 사회적인 성숙도 포함되어야 한다.
- 사회적 성숙이라고 하는 것은 사회의 일원으로서의 권리·의무를 다하고 사회적으로 기대되고 있는 역할을 바로 인식하며, 그것을 수행할 수 있는 행동양식을 갖추는 것이다.

ⓜ 경제적 자립
- 결혼하기 위해서는 정신적으로 부모로부터 독립할 뿐만 아니라 경제적으로도 분리, 독립하는 것이 필요하다.
- 자신에게 어울리는 일·직업을 찾아내기 위해서 청년기에는 어느 정도의 시행착오를 일으킨다. 이러한 시행착오의 기간을 유예기간이라고 한다. 이 유예기간을 유용하게 활용하여 자기의 직업적인 정체성을 확립하여야 한다.

> **추가 설명**
> 발달과업의 개념을 체계화한 버제스(Burgess)가 제시한 청년기의 발달과업
> - 동년배 남녀와의 새로운 관계 수립
> - 적절한 남녀의 사회적 역할의 수행
> - 자기의 신체적 특징, 역할의 수용
> - 부모와 기타 성인으로부터의 정서적 독립
> - 경제적 독립에 대한 자신감 획득
> - 직업의 선택과 준비
> - 결혼과 가정생활의 준비
> - 시민으로서의 필요한 지식과 태도 습득
> - 사회적으로 책임있는 행동 수행
> - 행동의 지침으로서의 가치와 논리의 체계 확립

02 이성교제의 단계 및 기능

1 이성교제의 사회적 발달

① 처음 데이트라는 이성교제의 형태가 등장한 것은 1920년대 미국 대학생 사회에서였다. 이는 여성해방과 관련이 있었다.
② 1930년대에 일반화되었고, 1930년대 말부터 데이트 행동을 돕기 위한 규범들이 발전되어 1940~1950년대에는 10대에까지 파급되었다.
③ 데이트 문화의 발생 배경에는 산업화와 도시화가 있다. 산업화는 자연스럽게 도시화를 초래했고, 익명성이라는 도시의 특성은 남녀의 교제를 더욱 자유롭게 했다.
④ 초창기의 데이트는 결혼과 관련된 사회행동으로 여겨 데이트 중의 남녀는 결혼에 대하여 신중히 고려하는 것이 보편적이었고, 특히 상류계층에서의 데이트는 부모의 승인과 관여하에 이루어져 결혼으로 이어지는 것을 당연시하였다.
⑤ 오늘날은 데이트에 대한 부모나 사회의 통제가 감소되고, 젊은이 자신에게 새로운 책임감이 부여되면서 더욱 보편화되었다.

> **추가 설명**
> 결혼과 관련된 기본적인 역할행동
> - **연대성** : 자신과 생각이 다른 타인과 협조해 가는 능력이다.
> - **책임성** : 집단 속에서 타인으로부터 기대되는 역할을 바르게 이해하고 그것을 확실하게 수행할 수 있는 능력이다.
> - **허용성** : 자신과 다른 사람과의 복잡한 인간관계를 유지하기 위해서 없어서는 안 되는 것이다. 때와 장소에 따라서 상호간의 가치와 규범의 차이를 어느 정도 허용해야 하는 일이 필요하다.

> **추가 설명**
>
> 이성교제의 중요성 : 이성교제를 통하여 사랑의 본질과 기쁨을 알며, 이성에 대한 욕구와 관심을 나타내고 서로의 개성과 인격을 존중할 줄 알며 나아가서 배우자선택이나 결혼을 원만히 할 수 있는 기초적 자질을 함양할 수 있는 기회가 된다.

> **추가 설명**
>
> 데이트 단계
> - 1단계(매력을 느끼는 단계) : 이성에게 강한 매력을 느끼는 데이트 단계이다. 자신의 매력을 충분히 어필하고 상대방에 대한 정보들을 파악한다.
> - 2단계(상대를 반신반의하는 단계) : 불안과 의문이 혼재하는 데이트 단계이다. '이 사람이 내게 맞는 사람인가'하는 의문이 들기 시작한다.
> - 3단계(서로 독점하는 단계) : 특정한 한 사람을 독점해서 데이트를 하고 싶은 단계이다.
> - 4단계(강한 친밀감을 느끼는 단계) : 상대와의 관계에서 실질적인 친밀감을 느끼는 데이트 단계이다. 서로 쌓은 울타리를 걷어내고 편한 마음을 가지며 전 보다 훨씬 많은 것들을 공유한다. 자신과 상대방의 훌륭한 인격들을 경험하는 동시에 서로 부정적인 측면들을 어떻게 해결해나갈 것이냐하는 과제에 직면한다.
> - 5단계(결혼을 약속하는 단계) : 상대와 결혼하기를 원하고 결혼을 약속하는 단계이다. 서로의 의견 차이를 좁히며 상대에 대한 부정적 견해를 극복하는 중요한 시기이다.

2 이성교제의 단계

① 학자에 따른 데이트의 단계
  ㉠ 켈리(Kelly) : 초기 데이트(initial dating), 임의로운 데이트(random dating), 고정된 데이트(steady dating), 약혼의 이해단계(preengagement understanding), 약혼단계(engagement)로 발전한다고 했다.
  ㉡ 애덤스(Adams) : 임의로운 데이트, 고정된 데이트, 약혼단계, 결혼단계로 발전한다고 했다.

② 데이트의 단계 유형
  ㉠ 그룹 데이트(group dating)
   - 그룹 데이트란 이성교제에 익숙하지 않은 사람들이 처음 시작하는 단계이다.
   - 동성간의 교제에서 이성간의 만남으로 전환하는 과도기적 기능을 한다.
  ㉡ 임의로운 데이트(casual or random dating)
   - 임의로운 데이트는 특정의 상대를 정하지 않고 자유롭게 부담감 없이 누구와도 교제하는 것으로서 데이트의 초기 단계이다.
   - 많은 이성과의 교제를 통해 남이 자기를 어떻게 보는지에 대해 알 수 있으며, 이성에 대한 나름대로의 판단능력도 생기는 단계이다.
  ㉢ 고정된 데이트(steady dating)
   - 많은 데이트 상대자 중 가장 매력을 느끼는 한 사람을 선정하여 고정적으로 계속 만나는 데이트 유형이다.
   - 아담스(Adams)는 고정된 데이트 단계로 발전하는 이유에 대하여 심리적 안정감을 얻고, 자아욕구를 충족시킬 수 있으며, 서로 원하고 애정을 느끼며, 다른 상대자와 경쟁하지 않아도 되기 때문이라고 했다.
  ㉣ 결정적 데이트(pinning)
   - 고정된 데이트가 상호 동등한 관심과 참여 속에서 만족스럽게 진행되면 구혼(求婚)을 하게 되고 장차 결혼하리라는 약속을 하게 된다.
   - 결정적 데이트는 약혼의 시험적 단계라고 볼 수 있다.

3 이성교제의 기능

① 사회화의 기능 : 젊은이들이 이성교제를 하는 것은 사회인으로서 기대되는 성인 남녀의 역할을 수행하는 준비 단계라고 볼 수 있다.
② 이성에 대한 적응의 기능 : 이성과 직접 만나서 사귀며 친해지는 가운데 이성에 대한 적응력이 생기게 되며, 일반적인 사교생활과 사회생활에 있어서도 자연스럽고 성숙한 대인관계의 기술을 습득하게 되고 사랑이나 이성에 대한 막연한 기대나 비현실적인 사고방식을 구체화시켜서 자신의 행동을 조절할 수 있게 된다.
③ 인격 도야의 기능 : 이성과의 접촉은 사회가 일반적으로 기대하는 정상적인 인격을 길러

주는데 중요한 역할을 한다.
④ **오락적 기능** : 원래 데이트는 오락의 형태로 출발하였고 젊은 남녀가 여가를 함께 즐기려 하는 경우가 많다.
⑤ **배우자선택의 기능** : 데이트의 잠재적이고 궁극적인 목적은 배우자선택이라고 할 수 있다.

4 이성교제에서의 문제
① **부모의 영향**
  ㉠ 자녀의 독립성과 자유를 존중하며, 결혼의 목적이 가족보다는 개인의 욕구충족이라는 방향으로 일관성 있게 변화가 이루어지고는 있으나 배우자 선택에 대한 가부장적 가족제도의 영향이 완전히 제거된 것은 아니다.
  ㉡ 부모의 관여나 간섭은 수용(acceptance), 거부(resentment), 갈등(conflict) 등 여러 가지 형태로 나타나는데, 이것은 배우자선택이 개방적 선택(open choice)과 제한적 선택(restricted choice)의 중간 형태임을 말해 주며, 따라서 부모의 영향을 여전히 받음을 의미한다.
  ㉢ 부모는 부모의 권위와 전통을 이유로 자녀들에게 복종을 강요해서는 안 되며 어린 시절부터 올바른 성교육을 함으로써 남녀의 차이와 바람직한 역할을 알도록 하고 이성에 대한 열등감이나 부담감 없이 생활해 나갈 수 있도록 매일의 생활에서 자연스러운 지도가 필요하다.
② **남녀의 이중 기준**(double standard)
  ㉠ 데이트의 기능이 배우자선택과 오락의 기능 두 가지를 모두 가지는 데서 불성실의 문제가 대두된다.
  ㉡ 이성교제, 배우자선택에 대한 의사결정에 있어 여성도 남성과 동등한 권리와 만족감을 추구한다고 하나 완전한 평등이 이루어진 것도 아니며, 남성은 데이트를 통해 성적인 경험을 추구하는 반면, 여성은 보다 지속적인 인간관계나 낭만적 사랑을 갈망하는 등 상호 기대와 역할이 어긋나는 데 따른 문제가 있다.
③ **사회적 행동규범의 결여** : 올바른 이성교제를 인도해 줄만한 사회적으로 규정된 예의범절이나 지침(指針)이 없다.

5 데이트 문화 – 우리나라에서 올바른 이성교제를 위해 필요한 당면 과제
① 이성교제에 관한 부모의 이해도를 증진시킨다.
② 어렸을 때부터 부모의 후원 아래 이성교제의 훈련이 필요하다.
③ 건전한 이성교제에 대한 사회 인식이 자연스럽고 개방적인 태도로 전환되어야 한다.
④ 이성교제에 관한 사회의 일반원칙과 구체적인 지침을 마련해야 한다.
⑤ 올바른 성교육을 통하여 남녀간의 성차와 바람직한 역할을 알게 하여 지나친 성에 대한 집착과 이성교제에 대한 과도한 호기심이나 거부반응을 갖지 않게 해 주어야 한다.

추가 설명

데이트에 수반되는 문제
- 결혼 전의 성행위 통제가 문제된다.
- 데이트가 배우자선택에 도움을 준다고는 하나 데이트에서는 인간관계가 피상적으로 흐르기 쉽다.
- 이상적으로 생각하는 데이트 상대자와 결혼상대자의 특성이 상이한 경우 문제가 된다.
- 데이트에는 다분히 경쟁적 요소가 강조되므로 개인에 따라서는 불안감이나 열등감(劣等感)을 느낄 수도 있다.
- 데이트를 시작하는 연령이 낮아짐에 따라 미성숙한 상태에서 데이트를 잘못하면 유희 행동이나 쾌락만을 추구하여 인생을 후회하면서 지낼 불장난으로 끝나는 경우도 많다.

실전예상문제

객관식

1 다음 중 지적 발달 정도를 나타내는 연령은?

① 생활연령　　② 생리적 연령　　③ 정신연령　　④ 사회적 연령

해설 생리적 연령은 골격의 발달이나 신체의 발달을 나타내는 연령이며, 정신연령은 지적 발달 정도를 나타내는 연령이다.

2 다음 중 연령에 관한 설명으로 틀린 것은?

① 사회적·감정적 연령은 사회적으로 성숙하고 정서적으로 안정된 정도를 나타내는 연령이다.
② 연령이란 각 개인의 발달, 성숙의 정도를 나타내는 기준이 된다.
③ 생활연령은 어리지만 모든 생각하는 면에서는 월등히 어른스러운 사람도 있다.
④ 생활연령은 사회적으로 성숙하고 정서적으로 안정된 정도를 나타내는 연령이다.

해설 생활연령은 횟수가 지나면서 자연히 늘어나는 연령이다.

3 다음 중 결혼적령기와 성숙에 대한 서술로 옳지 않은 것은?

① 우리나라 청소년들의 사춘기 진입이 빨라지고 있어 신체적 성숙이 가속현상을 보인다.
② 결혼 적령의 개념이 늦춰지는 추세이다.
③ 우리나라의 초혼 연령은 점차 빨라지고 있는데 이는 교육기간의 연장과 산업화 후 풍요로운 생활여건 때문이다.
④ 성숙이란 개인의 발달 정도를 나타내는 말이다.

해설 평균 초혼 연령은 점점 늦어지고 있다.

4 성숙에 관한 내용 중에서 틀린 것은?

① 성숙이란 개인의 발달의 정도를 나타내는 말이다.
② 성숙이란 학습이나 훈련에 의하여 일어난다.
③ 한 개인 내에 있어서도 여러 종류의 성숙이 각기 다른 비율로 성장한다.
④ 생활연령과 생리적·신체적 성숙과는 밀접한 관계에 있으나 이것이 정서적·감정적 성숙과 일치하는 것은 아니다.

해설 성숙이란 개인의 발달의 정도를 나타내는 말로서 학습이나 훈련에 의하지 않고 일어나는 신체적·생리적·정서적·사회적 변화를 말하는 것으로 한 개인 내에 있어서도 여러 종류의 성숙이 각기 다른 비율로 성장한다.

5 다음 중 성숙한 사람의 행동기준으로 거리가 먼 것은?
① 성숙한 사람은 그의 생활연령에 비하여 생활해 나가는 데 지혜롭다.
② 성숙한 사람은 자신을 전체의 일부로 받아들일 줄 안다.
③ 성숙한 사람은 자기 자신을 수용할 줄 안다.
④ 성숙한 사람은 종속적이다.

해설 성숙한 사람은 경제적 역할을 수행할 능력이 있다. 즉, 자기의 생계를 유지할 수 있는 능력과 책임, 의욕을 갖는다. 따라서 성숙한 사람은 독립적이다.

6 다음 중 옳지 않은 것은?
① 성숙한 사람은 성에 대하여 공포감이나 혐오감을 갖고 있다.
② 일반적으로 사회에서 인정되는 결혼 적령기간이 조금씩 다르다.
③ 연령이 많은 사람이라도 성숙하지 못한 사람은 감정적·정서적으로 불안하고 비현실적으로 사물을 판단하므로 상호관계에서 불만, 분열, 오해가 있을 수 있다.
④ 결혼이란 관습이나 법률에 따라 부부관계를 맺는 제도이다.

해설 성숙한 사람은 성, 사랑, 결혼에 대하여 긍정적 태도를 갖는다. 즉, 성에 대하여 공연한 공포감이나 혐오감을 갖지 않고, 성에 대한 올바른 지식과 태도를 가지며 결혼생활에 임할 준비를 갖추고 있다.

7 버제스에 의해 체계화된 청년기의 발달과업의 내용이다. 관계 없는 것은?
① 적절한 남녀의 사회적 역할의 수행
② 부모와 기타 성인으로부터의 정서적 의존
③ 경제적 독립에 대한 자신감 획득
④ 결혼과 가정생활의 준비

해설 청년기의 발달과업
- 동년배 남녀와의 새로운 관계 수립
- 자기의 신체적 특징, 역할의 수용
- 경제적 독립에 대한 자신감 획득
- 결혼과 가정생활의 준비
- 행동의 지침으로서의 가치와 논리의 체계 확립
- 적절한 남녀의 사회적 역할의 수행
- 부모와 기타 성인으로부터의 정서적 독립
- 직업의 선택과 준비
- 사회적으로 책임있는 행동 수행
- 시민으로서의 필요한 지식과 태도 습득

정답 1.❸ 2.❹ 3.❸ 4.❷ 5.❹ 6.❶ 7.❷

8 대체로 결혼전 요구되는 성숙의 내용과 거리가 먼 것은?

① 청년기의 발달과업 성취 ② 부모로부터의 정신적 자립
③ 사회적 성숙 ④ 경제적 의존

> **해설** 결혼적 요구되는 내용 : 청년기의 발달과업 성취, 부모로부터의 정신적 자립, 사회적 성숙, 모성원리의 우월성의 극복, 경제적 자립

9 다음은 결혼과 관련된 기본적인 역할행동이다. 관계 없는 것은?

① 연대성 ② 즉각성 ③ 책임성 ④ 허용성

> **해설** 결혼과 관련된 기본적인 역할행동으로서 '연대성', '책임성', '허용성'의 3가지를 들 수 있다.

10 결혼과 관련된 역할행동 중에서 집단 속에서 타인으로부터 기대되는 역할을 바르게 이해하고 그것을 확실하게 수행할 수 있는 능력은?

① 연대성 ② 독립성 ③ 책임성 ④ 허용성

> **해설** 책임성 : 집단 속에서 타인으로부터 기대되는 역할을 바르게 이해하고 그것을 확실하게 수행할 수 있는 능력이다.

11 다음 중 결혼을 위한 기본적인 역할 행동으로서의 연대성의 의미로 알맞은 것은?

① 인간관계 유지를 위해 상호간의 가치와 규범의 차이를 수용하는 능력
② 가정생활에 필요한 재화와 서비스를 획득하는 능력
③ 타인으로부터 기대되는 역할을 바르게 이해하고 그것을 확실하게 수행하는 능력
④ 자신과 생각이 다른 타인과 협조해 가는 능력

> **해설** 연대성이란 자신과 생각이 다른 타인과 협조해 가는 능력을 말한다.

12 결혼 전 요구되는 성숙 중에서 가정생활을 영위하기 위해서 생활에 필요한 재화와 서비스를 획득하는 것과 관계있는 것은?

① 모성원리의 우월성의 극복 ② 사회적 성숙
③ 경제적 자립 ④ 청년기의 발달과업 성취

> **해설** 경제적 자립이 불충분한 상태에서 결혼생활에 들어가는 경우 결혼생활의 유지·발전이 어려울 수 있다.

13 다음 중 데이트의 발생 배경에 대한 설명으로 옳지 않은 것은?

① 1930년대말부터 데이트 행동을 돕기 위한 구체적인 규범들이 발전되었다.
② 도시지역의 대학생들 사이에서 일어났다.
③ 18세기말부터 서구에서 행해졌다.
④ 여성해방과 관련이 있다.

> **해설** 구미에서도 1920년대까지는 오늘날 '데이트'라고 칭하는 현상이 존재하지 않았었다. 북구를 비롯하여 서구에서는 이성교제에 대한 자유로운 움직임이 있긴 했으나 데이트는 아니었으며 데이트라는 형태는 미국에서 1920년경 등장한 것이다.

14 다음 중 이성교제의 사회적 발전에 대한 서술로 알맞은 것은?

① 계층과 관계없이 데이트는 부모의 승인과 관여 아래 이루어지고, 결혼으로 이어지는 것을 당연시하였다.
② 오늘날의 데이트는 결혼을 전제로 하며, 데이트 중인 남녀는 결혼에 대하여 신중히 고려하는 것이 보편적이다.
③ 데이트 문화의 발생배경으로 산업화·도시화를 들 수 있으며 남녀의 교제를 더욱 자유롭게 한 것은 도시의 익명성이라고 하는 특성이다.
④ 처음 데이트라는 이성교제의 형태가 등장한 것은 1960년대 미국사회에서이다.

> **해설** 데이트 문화의 주요한 발생 배경에는 산업화와 도시화가 있다. 산업화는 자연스럽게 도시화를 초래하였고, 익명성이라고 하는 도시의 특성은 남녀의 교제를 더욱 자유롭게 하였다.
> • 처음 데이트라는 이성교제의 형태가 나타난 것은 1920년대 미국 대학생 사회에서였다.
> • 오늘날의 데이트는 결혼을 전제로 하던 20세기 초의 규범과는 다른 양상을 보인다.
> • 부모의 승인과 관여 아래 데이트가 이루어지는 것은 상류계층에서 그러하였다.

15 다음 이성교제의 기능 중 이성교제의 잠재적이고 궁극적인 목적은 무엇인가?

① 배우자선택   ② 오락   ③ 인격 도야   ④ 사회화

> **해설** 이성교제의 잠재적이고 궁극적인 목적은 배우자선택이다.

16 이성교제에 관한 내용 중에서 틀린 것은?

① 결혼은 사회적으로 가장 널리 허용된 남녀관계이다.
② 이성교제를 통하여 개성과 인격을 존중할 줄 안다.

정답 8.❹ 9.❷ 10.❸ 11.❹ 12.❸ 13.❸ 14.❸ 15.❶ 16.❸

③ 사람은 감정보다는 이성의 지배를 많이 받는다.
④ 성공적이고 행복한 결혼생활을 위해서는 서로의 개성을 잘 알아야 한다.

해설 사람은 이성보다 감정의 지배를 많이 받는 까닭에 부부간에 감정적인 적응을 잘 한다는 것은 쉬운 일은 아니다.

17 이성교제가 수행하는 중요한 기능이 아닌 것은?
① 윤리적 기능
② 사회화의 기능
③ 이성에 대한 적응의 기능
④ 오락적 기능

해설 이성교제의 중요한 기능
• 사회화의 기능
• 인격 도야의 기능
• 배우자선택의 기능
• 이성에 대한 적응의 기능
• 오락적 기능

18 이성교제의 기능 중 이성교제를 하는 것이 사회인으로서 기대되는 성인 남녀의 역할을 수행하는 준비단계라고 볼 수 있는 기능은?
① 이성에 대한 적응의 기능
② 사회화의 기능
③ 인격 도야의 기능
④ 오락적 기능

해설 젊은이들이 이성교제를 하는 것은 사회인으로서 기대되는 성인 남녀의 역할을 수행하는 준비단계라고 볼 수 있다.

19 다음 중 이성교제의 기능으로 거리가 먼 것은?
① 성인식의 기능
② 인격 도야의 기능
③ 배우자선택의 기능
④ 오락적 기능

해설 문제 17번 해설 참조

20 이성교제를 통해서 사회가 일반적으로 기대하는 정상적인 인격을 길러주는데 중요한 역할을 하는 기능은?
① 인격 도야의 기능
② 이성에 대한 적응의 기능
③ 오락적 기능
④ 배우자선택의 기능

해설 이성과의 접촉은 사회가 일반적으로 기대하는 정상적인 인격을 길러주는 데 중요한 역할을 한다.

21 켈리(Kelly)와 애덤스(Adams)가 주장한 데이트의 단계이다. 공통적으로 주장한 부분이 아닌 것은?

① 초기 데이트 ② 임의로운 데이트 ③ 고정된 데이트 ④ 약혼단계

> **해설** 학자에 따른 데이트의 단계
> - 켈리(Kelly) : 초기 데이트 → 임의로운 데이트 → 고정된 데이트 → 약혼의 이해단계 → 약혼단계
> - 애덤스(Adams) : 임의로운 데이트 → 고정된 데이트 → 약혼단계 → 결혼단계

22 이성교제에 익숙하지 않은 사람들이 처음 시작하는 단계의 데이트는?

① 그룹 데이트 ② 임의로운 데이트 ③ 고정된 데이트 ④ 결정적 데이트

> **해설** 이성교제에 경험이 없는 사람들이 혼자서 데이트하기에는 자신이 없으므로 여러 사람이 함께 참여하는 데이트로서 우리나라에서 흔히 대학교 신입생 시절에 많이 하는 미팅(meeting)이 이에 해당된다.

23 다음 중 특정의 상대를 정하지 않고 자유롭게 부담감 없이 누구와도 교제하는 것으로서 데이트의 초기 단계는?

① 결정된 데이트 ② 임의로운 데이트 ③ 초기 데이트 ④ 결정적 데이트

> **해설** 임의로운 데이트는 많은 이성과의 교제를 통해 남이 자기를 어떻게 보는지에 대해 알 수 있으며, 이성에 대한 나름대로의 판단능력도 생기는 단계이다. 그다지 심각한 교제단계가 아니므로 부모가 다소 관여하는 것이 유익할 수도 있다.

24 다음 중 많은 데이트 상대 중에서 가장 매력을 느끼는 한 사람을 선정하여 계속 만나는 데이트 유형으로 장래에 대하여 고려하고 책임감을 느끼며 협조적이 되는 데이트 단계는?

① 집단 데이트 ② 임의 데이트 ③ 고정된 데이트 ④ 결정적 데이트

> **해설** **고정된 데이트** : 많은 데이트 상대자 중 가장 매력을 느끼는 한 사람을 선정하여 고정적으로 계속 만나는 데이트 유형이다. 책임감을 느끼며 협조적·긍정적 태도로 변화하게 되고 이상보다는 현실적으로 서로를 평가하게 되며 상대방의 장래성과 가능성에 대한 객관적 평가도 하게 된다.

25 다음 중 약혼의 시험적 단계라고 할 수 있는 데이트 단계는?

① 초기 데이트 ② 그룹 데이트 ③ 고정된 데이트 ④ 결정적 데이트

> **해설** 결정적 데이트는 약혼의 시험적 단계이다.

정답 17.❶ 18.❷ 19.❶ 20.❶ 21.❶ 22.❶ 23.❷ 24.❸ 25.❹

26 다음 중 데이트에 수반되는 문제점이다. 관계 없는 것은?

① 데이트시작 연령이 낮아지면서 데이트를 하게 되는 경우 유희 행동이나 쾌락만을 추구하여 후회할 일이 생길 수도 있다.
② 데이트에서는 인간관계가 피상적으로 흐르기 쉽다.
③ 데이트상대자와 결혼상대자의 특성이 같은 경우 문제된다.
④ 개인에 따라서는 불안감이나 열등감을 느낄 수도 있다.

해설 이상적으로 생각하는 데이트상대자와 결혼상대자의 특성이 상이한 경우 문제가 된다. 일반적으로 데이트상대자인 경우에는 외모를 중시하는 경향이며, 결혼상대자인 경우에는 상호보완성, 직업에 대한 안정성 등을 중시하는 경향이다.

27 우리나라에서 올바른 이성교제를 위하여 필요한 당면 과제가 아닌 것은?

① 이성교제에 관한 부모의 이해도를 증진시킨다.
② 성인이 된 후에 이성교제의 훈련이 필요하다.
③ 성교육을 통해 이성교제에 대한 지나친 호기심이나 거부반응을 갖지 않게 해 주어야 한다.
④ 이성교제에 관한 사회의 일반원칙과 구체적인 지침을 마련해야 한다.

해설 어렸을 때부터 부모의 후원 아래 이성교제의 훈련이 필요하다.

주관식

1 이성교제의 기능을 3가지 이상 쓰시오.

2 결혼과 관련된 기본적인 역할행동 3가지를 쓰시오.

정답 26. ❸   27. ❷

3 올바른 이성교제를 위해 필요한 당면 과제를 3가지 이상 쓰시오.

4 임의로운 데이트(casual or random dating)에 대해 간략히 설명하시오.

5 고정된 데이트(steady dating)에 대해 간략히 설명하시오.

6 결정적 데이트(pinning)에 대해 간략히 설명하시오.

Answer

1
- 사회화의 기능
- 인격 도야의 기능
- 배우자선택의 기능
- 이성에 대한 적응의 기능
- 오락적 기능

2 연대성, 책임성, 허용성

3
- 이성교제에 관한 부모의 이해도를 증진시킨다.
- 어렸을 때부터 이성교제의 훈련이 필요하다.
- 건전한 이성교제에 대한 사회 인식이 자연스럽고 개방적인 태도로 전환되어야 한다.
- 이성교제에 관한 사회의 일반원칙과 구체적인 지침을 마련해야 한다.
- 올바른 성교육을 통하여 남녀간의 성차와 바람직한 역할을 알게 하여 지나친 성에 대한 집착과 이성교제에 대한 지나친 호기심이나 거부반응을 갖지 않게 해 주어야 한다.

4 임의로운 데이트는 특정의 상대를 정하지 않고 자유롭게 부담감 없이 누구와도 교제하는 것으로서 데이트의 초기 단계이다.

5 많은 데이트 상대자 중 가장 매력을 느끼는 한 사람을 선정하여 고정적으로 계속 만나는 데이트 유형이다.

6 장래 문제에 대하여 상호 진지하게 의견을 나누며 육체적인 친밀도도 증가하고 상대방의 가족이나 친구와도 친숙해지려는 데이트 유형이다.

MEMO

제2부 결혼과정

11 배우자 선택

 단원 개요

대부분의 사람들은 성장하여 일정한 연령에 도달하면 배우자를 맞아 결혼을 해서 자신이 출생한 가족(根源家族, 方位家族)을 떠나 자신의 가족(生殖家族)을 이룬다. 그러나 성공적인 결혼을 위해서는 이성적이고 책임감 있는 배우자 선택이 이루어져야 한다. 그런데 오늘날 대부분의 남녀들은 낭만적인 사랑에 빠져서 상대방의 이미지를 이상화하며, 여러 가지 드러나는 문제점들을 사랑으로 충분히 극복할 수 있다고 보고서 배우자를 선택하는 낭만적 오류를 범하고 있다. 이 단원에서는 결혼을 위한 전제 과정으로서의 배우자 선택의 의의, 기준, 선택 과정과 유형 그리고 전반적인 배우자 선택 이론들에 대하여 알아본다.

 출제 경향 및 수험 대책

이 단원에서는 배우자 선택의 의의, 배우자 선택을 위해서 고려해야 할 사항, 배우자 선택에 관한 이론, 배우자 선택이론, 배우자 선택 과정이론, 배우자 선택의 기준, 내혼제(內婚制)와 외혼제(外婚制), 동질혼과 이질혼, 배우자 선택의 방법, 배우자 선택의 조건, 배우자 선택 유형 등에 대해서 묻는 문제들이 출제될 수 있는 바, 자세하고 철저한 학습이 요구된다.

11

01 배우자 선택의 의의

1 개요
① 자신에게 가장 적합한 배우자를 선택하기 위해서는 자신이 원하는 배우자의 기준에 대해 생각해 보고, 교제하는 동안 상대방이 정말 자신과 잘 맞는지 따져 보아야 한다.
② **전통사회의 배우자 선택** : 개인인 결혼당사자는 배제되고 양가의 대표자인 조부나 부가 주혼자(主婚者)로서 배우자를 결정하고, 결혼당사자는 객체로서 자신의 의견을 피력할 수 없었다.
③ **현대의 배우자 선택** : 개인주의를 수용하고 있는 현대가족은 배우자 선택을 할 때 개인의 특성, 주관적 가치를 중요하게 여기면서도 뿌리깊은 유교문화의 영향으로 배우자 선택에 대한 관념과 행동이 복잡 다양하다.

2 배우자 선택을 위해서 고려해야 할 사항
① **충분한 교제기간** : 충분한 이성교제의 기회와 교제기간을 가져서 상대방의 외적·내적 상황을 이해하고 상호협력하는 관계로 발전할 수 있도록 해야 한다.
② **현실성** : 결혼은 현실이라는 점을 이해해야 한다.
③ **결혼생활의 지속성** : 상대방의 외적 조건만을 비교하기보다 그의 인생관, 결혼 및 가족관, 인품 등의 내면적 요인들이 본인과 조화를 이룰 수 있는지 보아야 한다. 그리고 결혼생활을 지속하는데 필요한 성숙한 사랑과 매력이 있는지 생각해 본다.
④ **결혼의 동기** : 연애에 실패한 후 상처를 치유받기 위해서, 외로움을 이길 수 없어서 등 부정적인 동기에 의해 결혼을 선택하는 것은 아닌지 생각해 본다.
⑤ **부모와 친구의 지지** : 친구 및 부모의 지지가 결코 무시되어서는 안 된다.
⑥ **있는 모습 그대로의 상대방 모습** : 한 사람을 배우자로 선택한다는 것은 좋은 점만 보고 결정하는 것이 아니라 상대방의 약점, 부족한 면을 수용한다는 것을 의미한다. 진정한 만남을 위해서는 자신의 장단점을 적절하게 표현함으로써 서로 이해하고 적응할 수 있도록 해야 한다.

02 배우자 선택에 관한 이론

1 배우자 선택이론
① **보상이론(보완욕구이론)**
  ㉠ 배우자 선택은 자기 성격의 약점을 보완하는 기능으로 이야기되어 왔다.
  ㉡ **윈치(Robert Winch)** : 윈치는 배우자 선택에 있어 개인들은 보완해 줄 수 있는 요인

추가 설명

배우자 선택에 영향을 미치는 요인 : 대체로 이성 교제 초기에는 신체적 매력, 성격, 나이 등을 중요시하게 된다. 그 밖에 정서적인 측면이 강조되면서 사랑의 성숙도, 성에 대한 책임감 등이 중요 요인이 되기도 한다.

추가 설명

보상이론(보완욕구이론) : 사람들은 자기의 욕구와 반대되는 보완적인 사람을 배우자로 선택하는 경향을 가진다고 본다.

이 있을 때 매력을 느끼며 여기에서 최대한의 만족을 줄 수 있는 사람을 선택한다는 보상 이론을 주장하였다. 이 이론은 서로의 유사성보다는 욕구를 보완해 줄 수 있을 때, 성격과 욕구가 상호 보충적일 때 더욱 매력 요인이 된다고 보고 있다.
- ⓒ 일반적으로 배우자를 선택하는 데 있어 사회 문화적 환경이나 경제적으로 제한적인 조건에서 접촉을 하기 때문에 심리적인 면에서 보완적 욕구에 기초하여 배우자 선택을 하는 경향이 있다. **예** 지배 성향이 높은 남성이 지배 성향이 낮은 여성을 택하거나, 모성적인 여성이 도움을 필요로 하는 남성에게 호감을 가지는 것 등

② **교환이론**(exchange theory, resources theory)
- ㉠ 투자한 비용보다 더 많은 이득을 얻고자 하는 경제학의 행동원리를 배우자 선택에 적용하는 것이다.
- ㉡ 배우자 선택은 결혼시장에서 행해지며, 다른 시장과 마찬가지로 '남성', '여성'이라는 상품을 중심으로 교환이 이루어진다.

③ **동질성 이론** : 일반적으로 사람들은 자신과 유사한 조건을 가진 사람, 즉 나이, 교육수준, 지능, 사회적 지위, 종교, 인종 등에서 비롯한 사람끼리 결혼하려는 경향이 있고, 흥미나 태도, 가치관의 유사성도 배우자 선택의 조건으로 작용한다는 것이다.

2 배우자 선택 과정이론

① 여과이론
- ㉠ 케르코프와 데이비스(Kerkchoff & Davis) : 배우자 선택의 여러 요인을 발달적 모형으로 최초로 전개한 학자이다.
- ㉡ 우드리(Udry)의 여과이론의 단계
  - 근접성의 여과망 단계 : 모든 가능한 대상자 가운데 현실적·지리적으로 쉽게 만날 수 있는 사람들로 그 대상이 제한된다.
  - 개인적 매력의 여과망 단계 : 상호 매력을 느끼며 호감을 갖는 사람들로 그 대상은 다시 좁혀진다.
  - 사회적 배경의 여과망 단계(유사성) : 인종·연령·종교·사회계층·직업·교육수준 등이 비슷한 커플들로 더욱 범위가 축소되며, 여기에서 동질혼의 원칙이 적용된다.
  - 상호 의견일치의 여과망 단계 : 인생관, 결혼관 등 중요 문제에 대해 같은 가치관, 견해, 태도를 지니는 커플만 남게 된다.
  - 상호보완성의 여과망 단계 : 상호간의 욕구와 필요를 서로 충족시켜 줄 수 있고, 어느 한 편의 단점을 다른 편에서 보완해 줄 수 있을 때 결혼할 가능성은 증가된다.
  - 결혼 준비상태의 여과망 단계 : 결혼을 위한 정서적·경제적 준비가 되었는지 고려한다.

② 자극(stimulus)-가치(value)-역할(role)이론(S.V.R theory) : 머스테인(Mustein)은 다음

> **추가 설명**
> 배우자 선택과 관련한 교환이론 : 배우자가 될 후보 중에서 자기에게 최대한의 보상을 가지게 할 사람을 선택한다.

> **추가 설명**
> 여과이론의 단계 : 근접성의 여과망 → 매력의 여과망 → 사회적 배경의 여과망 → 상호 의견일치의 여과망 → 상호보완성의 여과망 → 결혼 준비상태의 여과망

의 배우자 선택 과정을 거친다고 본다.
- ㉠ 자극단계 : 배우자 선택의 첫 번째 단계로 상대방의 인격이나 신체적·정신적·사회적 능력에 대하여 자극, 매력을 느끼는 단계
- ㉡ 가치관 탐색단계 : 대화를 통해 서로의 가치가 조화될 수 있는지를 평가하는 단계
- ㉢ 역할 조화 검토단계 : 결혼과 관련된 모든 생활 영역에서 자신들의 역할이 조화될 수 있을지를 검토하는 단계

③ **결혼 전 2인관계형성모델(PDF 모델)** : 루이스는 결혼이 성립되기까지 6단계를 거치면서 발전하여 두 사람의 관계가 고정된다고 보았다.
- ㉠ 유사성 단계 : 상대방의 사회적 배경, 가치관, 인성 등의 유사함을 지각한다.
- ㉡ 라포(rapport) 단계 : 상호 긍정적 평가·호감을 지니며, 친밀감을 느낀다.
- ㉢ 자기표현 단계 : 솔직하고 개방적인 자기표현을 하여 상호 적나라한 관계가 수립된다.
- ㉣ 역할취득 단계 : 역할수행에 대한 상호 정확한 개념과 능력을 파악한다.
- ㉤ 역할적합성 단계 : 상호 역할기대, 필요 역할수행에서의 상호보완능력, 유사점을 파악한다.
- ㉥ 상호결정 단계 : 상호간의 역할 영역이 결정되고 한 커플로서의 정체감을 수립하여 당사자는 물론 타인들로부터 한 커플임을 인정받는다.

④ **환상-검증-평가모델(F.T.A. 모델)** : F.T.A.(Fantasy-Testing-assessment)는 나프즈(Nofz)가 제기한 것으로, 모든 개인은 결혼생활과 배우자에 대해 상이한 기대를 갖는다는 전제하에 모든 커플은 그들의 요구, 기대, 결혼관계에 대한 예측 등에 따라 각기 특정한 배우자 선택 과정을 밟는다고 보았다.

⑤ **순환임의모델(C-C 모델)** : C-C 모델(Circular-Causal 모델)은 라이스(Reiss), 나프즈(Nofz), 스테판(Stephen) 등이 제기한 모형을 통합한 것으로, 개인의 신념, 태도, 가치와 같은 인지적 요인을 의사소통에 의해 변형되는 역동적 요인이라고 강조하면서 의사소통을 현실을 구축하는 매체로 보았다.

03 배우자 선택의 기준

1 내혼제(內婚制)와 외혼제(外婚制)
① 내혼제 : 일정 집단의 성원이 다른 집단의 성원과 결혼하는 것을 금지하는 것(내혼원리)이다.
② 외혼제 : 특정 집단의 성원이 그 집단 내의 성원과 결혼하는 것을 금지하는 것(외혼원리)이다.

2 동질혼과 이질혼
① 동질혼 : 사람들이 자신과 비슷한 사람과 결혼하는 경향을 말한다. 배우자 선택 시 사회계급, 지역적 인접, 연령, 인종, 종교 등에서 자신과 유사한 배우자를 선택한다. 이는 사

추가 설명

내혼제
- 동질성을 유지하고 질서 확보를 목적으로 자기 부족이나 집단 출신하고만 결혼하는 관습으로서 결혼에 관한 가장 오래된 규칙이기도 하다.
- 외부 집단과 교류가 제한되어 있는 경우 이런 식의 결혼은 자연스러운 결과라고 할 수 있다. 자기가 속한 사회·경제·인종 집단 안에서만 결혼하도록 문화적 압력을 넣는 것이다.

추가 설명

외혼제 : 외부 집단 출신과 결혼하는 관습으로서 이런 사회에서는 같은 조상의 후손들로 이루어진 친족집단 안에서 결혼하는 것을 금지한다. 예 이혼한 배우자가 상대방 형제와 결혼하는 것을 금지

회적·문화적 배경이 유사함에 따라 결혼 후 생활의 적응을 쉽게 하기 위함이라 할 수 있다.
② **이질혼** : 자신과 유사하지 않은 사람과 결혼하는 경향을 말한다. 이질혼의 한 관점은 보완적 욕구의 문제이다. 보완적 요인으로는 지배-순종욕구, 양육-의존욕구, 성취-대리성취욕구 그리고 득의-비하욕구 등이 있다.

04 배우자 선택의 방법

1 배우자 선택의 조건
① 배우자 선택의 우선순위로 남녀 모두 성격을 중요시하고 있으며, 현대로 올수록 개인적 특성을 중요하게 여기고 있음을 알 수 있으며, 특히 건강을 중요시하는 점은 건강한 결혼이 곧 행복한 가정의 형성으로 이어지리라 생각하기 때문이다.
② 배우자의 성격, 건강과 더불어 서로의 주관적 영역인 사랑, 가치관 등이 배우자 선택에 영향을 준다고 할 수 있으며 경제적인 안정과 부모, 가족의 연대도 배우자 선택 및 결정에 영향을 미친다고 본다.

2 배우자 선택 유형
① **자유형**
  ㉠ 결혼 상대자를 당사자가 자유롭게 선택하고 결정하며 부모의 간섭이나 승인을 요하지 않는 혼인 형식으로 극히 소수의 사회에서 허용하고 있다.
  ㉡ 결혼의 동기는 개인의 만족이나 행복에 있고, 결합의 기본적 조건으로 사랑이 강조되기 때문에 배우자 선택의 선행과정으로 이성교제가 꼭 필요하게 된다.
  ㉢ 배우자 선택은 참다운 사랑을 기반으로 하되 이것이 서로의 인성과 품격을 높이도록 서로를 바로 알고 진실로 상호보완하는 태도를 취해야 할 것이다.

② **중매형**
  ㉠ 중매형이란 배우자 선택의 권리가 당사자에게 있지 않고 부모에게 있으며, 당사자의 의견이나 요구는 무시되고 가문이나 사회경제적 지위를 중요시하며, 정혼과정에서 중매인이 중요한 역할을 하는 혼인 형식이다.
  ㉡ 우리나라의 배우자 선택은 전통적으로 중매형이었으며, 자녀들의 정혼을 위한 책임과 권리가 부모에게 있었다.
  ㉢ 조혼 중에서도 유아기의 약혼은 타인에 의한 배우자 선택의 극단적인 예에 속한다.
  ㉣ 인류학자들의 조사에 의하면 친족제도가 약화된 구미사회를 제외하고는 중매혼이 인류사회에서 가장 널리 실시, 지속되고 있으며, 특히 친족집단이 강하고 중요한 기능을 행사하는 사회에서 이러한 경향이 뚜렷하다고 한다.

바람직한 배우자가 되는 방법
- 배우자를 한 사람의 인격체로서 존중
- 상대방의 입장을 이해하려는 태도
- 스스로 성숙한 사람이 되도록 노력
- 서로의 차이점을 인정하고 수용
- 부부 관계에 충실하면서 개인의 자율성과 독립성을 인정
- 부부가 함께하는 시간을 가짐

> **추가 설명**
>
> **우리나라 배우자 선택**
> - 배우자의 결정방법은 과거 부모가 일방적으로 정했던 것에서부터 점차 결혼 당사자의 의견을 우선으로 하는 형태로 변하고 있다.
> - 우리나라 배우자 선택이 중매에서 연애(교제)에 의한 유형으로 전환되어 가고 있으며, 결혼 배우자의 선택에 있어서 본인 당사자의 의사가 존중됨을 알 수 있다.

③ **절충형** : 절충형의 배우자 선택은 자유형과 중매형의 중간 형태로서, 전통적인 사회가 서구문화의 영향을 받아 근대화되어 가는 과정에서 생겨난 것이다.

④ **우리나라 배우자 선택 유형** : 점차 결혼 당사자의 의견을 우선으로 하는 형태로 변하고 있다.

실전예상문제

객관식

1 다음 중 바람직한 배우자 선택을 위해서 고려해야 할 점이 아닌 것은?
① 자신의 장단점을 표현함으로써 서로 이해하고 적응할 수 있도록 해야 한다.
② 성숙한 사랑과 지속적인 매력을 유지시킬 수 있는 가능성을 찾아야 한다.
③ 친구 및 부모의 지지는 무시해도 된다.
④ 감정에만 치중한 선택이 되지 않도록 해야 한다.

> **해설** 친구 및 부모의 지지가 결코 무시되어서는 안된다. 만일 주위 사람이 반대를 한다면 시간을 두고 반대 이유를 면밀히 검토해 볼 필요가 있다.

2 배우자 선택을 위해서 고려할 사항이다. 관계 없는 것은?
① 한 사람을 배우자로 선택한다는 것은 좋은 점만 보고 결정하는 것이 아니라 상대방의 약점, 부족한 면을 수용한다는 것을 의미한다.
② 진정한 만남을 위해서는 자신의 장단점을 적절하게 표현함으로써 서로 이해하고 적응할 수 있도록 해야 한다.
③ 상대방의 외적 조건만을 비교하기보다 내면적 요인들이 본인과 조화를 이룰 수 있는지 보아야 한다.
④ 친구 및 부모의 지지와는 관계없이 전적으로 자기의 의사에 의해 배우자를 선택한다.

> **해설** 친구 및 부모의 지지가 결코 무시되어서는 안 된다. 가끔 부모의 반대가 비합리적일 수 있는데 그 때에는 부모가 납득할 수 있도록 서로 노력하고 설득해야 할 것이다.

3 다음 〈보기〉와 같은 배우자 선택이론을 제시한 학자는 누구인가?

> **보기** 어떤 사람이 배우자를 선택할 때에 개개인은 그에게 최대의 만족을 줄 수 있는 사람을 찾으며, 성격과 욕구가 상호보충적일 때 더욱 매력이 된다고 본다.

① 랜디스(J.T. Landis)
② 매큐빈(H. McCubbin)
③ 애덤스(B.N. Adams)
④ 윈치(R. Winch)

> **해설** 윈치(R. Winch)는 서로 성격을 보완할 수 있는 배우자가 바람직하다고 보는 보상이론을 주장하였다.

정답 1.③ 2.④ 3.④

4 다음 〈보기〉와 같은 배우자 선택 이론은 무엇인가?

> **보기** 지배성향이 높은 사람이 지배성향이 낮은 여성을 택하거나, 모성적인 여성이 도움을 필요로 하는 남성에게 호감을 가지는 것

① 자극 – 가치 – 역할이론　　② 여과이론
③ 교환이론　　④ 보완욕구이론(보상이론)

해설 문제 3번 해설 참조

5 다음 중 배우자 선택 이론 중 투자한 비용보다 더 많은 이득을 얻고자 하는 경제학의 행동원리를 배우자 선택에 적용한 이론은?

① 교환이론　　② 여과이론
③ 자극 – 가치 – 역할이론　　④ C – C모델

해설 교환이론은 배우자가 될 후보 중 자기에게 최대한의 보상을 가지게 할 사람을 선택한다.

6 다음 〈보기〉와 같은 내용의 배우자 선택 이론은 무엇인가?

> **보기** 배우자가 될 후보 중에서 자기에게 최대한의 보상을 가지게 할 사람을 선택한다.

① 여과이론　　② 자극 – 가치 – 역할이론
③ 교환이론　　④ 보상이론

해설 문제 5번 해설 참조

7 배우자 선택이론 중 교환이론에 대한 설명으로 옳은 것은?

① 배우자가 될 후보 중에서 자기에게 최대한의 보상을 가지게 할 사람을 선택한다.
② 욕구를 보완해 줄 수 있을 때, 성격과 욕구가 상호보충적일 때 더욱 매력요인이 된다.
③ 현실적·지리적으로 쉽게 만날 수 있는 사람들로 대상을 제한한다.
④ 결혼을 위한 정서적·경제적 준비가 되었는지 고려한다.

해설 문제 5번 해설 참조

8 다음 중 유드리의 배우자 선택 여과이론에서 첫 번째 여과망에 해당하는 것은 무엇인가?

① 상호 의견일치　　② 사회적 배경　　③ 근접성　　④ 개인적 매력

> **해설** 여과이론에 따르면 배우자 선택은 여섯 개의 여과망(근접성 → 매력 → 사회적 배경 → 상호의견일치 → 상호보완성 → 결혼 준비상태)을 거치면서 한 사람을 선택하게 된다.

9 다음 중 유드리의 배우자 선택 여과이론에서의 마지막 단계는?

① 근접성의 여과망　　② 결혼 준비상태의 여과망
③ 상호 의견일치의 여과망　　④ 매력의 여과망

> **해설** 여과이론에서의 마지막 단계는 결혼 준비상태가 어느 정도 되어 있는가를 보는 것이다. 즉, 결혼은 연애와는 달리 결혼에 대한 준비가 적절히 이루어진 상태에서만 가능한 것임을 나타내고 있다.

10 배우자 선택 여과이론에서 현실적·지리적으로 쉽게 만날 수 있는 사람들로 그 대상이 제한되는 여과망은?

① 근접성의 여과망　　② 매력의 여과망
③ 사회적 배경의 여과망　　④ 상호 의견일치의 여과망

> **해설** 근접성의 여과망을 통하여 모든 가능한 대상자 가운데 현실적·지리적으로 쉽게 만날 수 있는 사람들로 그 대상이 제한된다.

11 배우자 선택 여과이론에서 중요문제에 대해 같은 가치관, 견해, 태도를 지니는 커플만 남게 되는 여과망은?

① 사회적 배경의 여과망　　② 매력의 여과망
③ 상호 의견일치의 여과망　　④ 근접성의 여과망

> **해설** 상호 의견일치의 여과망을 통하여 인생관, 결혼관 등 중요 문제에 대해 같은 가치관, 견해, 태도를 지니는 커플만 남게 된다.

12 여과이론에서 인종·종교·사회계층·직업·교육 수준이 비슷한 커플들로 범위가 좁혀지는 여과망은?

정답 4.④　5.①　6.③　7.①　8.③　9.②　10.①　11.③　12.①

① 사회적 배경의 여과망　　　　② 상호 보완성의 여과망
③ 결혼 준비상태의 여과망　　　④ 매력의 여과망

해설 사회적 배경의 여과망을 통하여 인종·연령·종교·사회계층·직업·교육 수준 등이 비슷한 커플들로 더욱 범위가 축소되며, 여기에서 동질혼의 원칙이 적용되게 된다.

13 다음 중 배우자 선택 관련 이론과 주장한 학자가 바르게 연결된 것은 무엇인가?

① 자극–가치–역할이론 – 머스테인(Mustein)
② 여과이론 – 나프즈(Nofz)
③ 교환이론 – 케르코프와 데이비스(Kerkchoff & Davis)
④ 보상이론 – 유드리(Udry)

해설 배우자 선택이론과 학자
- 보상이론 : 윈치
- 자극–가치–역할이론 : 머스테인
- 여과이론 : 유드리
- 결혼 전 2인관계형성모델 : 루이스

14 심리학자 머스테인(Murstein)이 주장한 배우자 선택의 과정과 관계 없는 것은?

① 자극　　② 가치 탐색　　③ 역할 조화　　④ 보호 관찰

해설 머스테인(Murstein) : 남녀가 각기 상이한 자원을 교환하는 과정에서 제공된 자원의 질과 양이 상호평형을 유지할 때 동등한 결합으로 간주한다는 교환이론의 관점에서 배우자 선택 과정을 사회적 교환과정으로 파악하고 3단계 이론을 제시하였다. 즉, 배우자 선택을 자극–가치 탐색–역할 조화의 3단계가 연속되는 것으로 보았다.

15 다음 머스테인의 자극–가치–역할이론 중 신체적·정신적·사회적 능력에 대하여 자극·매력을 느끼는 단계는?

① 자극단계　　② 가치관 탐색단계　　③ 역할조화 검토단계　　④ 유사성의 단계

해설 자극단계는 배우자 선택의 첫 번째 단계로 상대방의 인격이나 신체적·정신적·사회적 능력에 대하여 자극·매력을 느끼는 단계이다.

16 결혼 전 2인관계형성모델에서 배우자 선택의 과정 중 첫 번째 단계는?

① 유사성 단계　　② 라포 단계　　③ 자기표현 단계　　④ 역할취득 단계

해설 유사성 단계는 상대방의 사회적 배경, 가치관, 인성 등의 유사함을 지각한다.

17 다음 중 배우자 선택 이론 중 결혼 전 2인관계형성모델에서 ( )에 해당되는 것은 무엇인가?

> **보기** 유사성 → ( ) → 자기표현 → … → 상호결정화 단계

① 상호 결정 ② 유사성 ③ 라포 ④ 역할취득

해설 사회학자인 루이스는 결혼이 성립되기 전 6단계를 거치면서 두 사람의 관계가 고정된다고 보았다. 즉, 유사성 단계 → 라포 단계 → 자기표현 단계 → 역할취득 단계 → 역할적합성 단계 → 상호결정 단계를 거친다고 보았다.

18 다음 배우자 선택 이론 중 결혼 전 2인관계형성에서 타인들로부터 한 커플임을 인정받기 위한 단계는?

① 자기표현 단계 ② 역할취득 단계 ③ 역할적합성 단계 ④ 상호결정 단계

해설 상호결정 단계 : 상호간의 역할 영역이 결정되고 한 커플로서의 정체감을 수립하여 당사자는 물론 타인들로부터 한 커플임을 인정받는다.

19 다음의 배우자 선택 이론 중 커플은 그들의 요구, 기대, 결혼관계에 대한 예측 등에 따라 각기 특정한 배우자 선택 과정을 밟는다고 본 이론은?

① 배우자 선택 과정모델 ② F.T.A. 모델
③ C-C 모델 ④ 결혼 전 2인관계형성모델

해설 F.T.A. 모델은 나프즈가 제기한 것으로, 모든 개인은 결혼생활과 배우자에 대해 상이한 기대를 갖는다는 전제하에 모든 커플은 그들의 욕구, 기대, 결혼관계에 대한 예측 등에 따라 각기 특정한 배우자 선택 과정을 밟는다고 보았다.

20 의사소통을 현실을 구축하는 매체로 본 배우자 선택모델은?

① C-C 모델 ② F.T.A. 모델 ③ 교환이론 ④ 여과이론

해설 C-C 모델(Circular-Causal 모델) : 순환 임의모델은 라이스(Reiss), 나프즈(Nofz), 스테판(Stephen) 등이 제기한 모형을 통합한 것으로, 개인의 신념, 태도, 가치와 같은 인지적 요인을 의사소통에 의해 변형되는 역동적 요인이라고 강조하며 의사소통을 현실을 구축하는 매체로 보았다.

정답 13.① 14.④ 15.① 16.① 17.③ 18.④ 19.② 20.①

21 다음 배우자 선택기준 중 집단의 동질성을 유지하고 질서를 확보하는 것을 목적으로 하며, 자(自)민족 우선주의가 그 전형인 것은?

① 복혼제 ② 단혼제 ③ 외혼제 ④ 내혼제

> **해설** 내혼제 : 일정 집단의 성원이 다른 집단의 성혼과 결혼하는 것을 금하는 것이 '내혼원리'이다. 집단의 동질성을 유지하고 질서와 통일을 확보하는 것을 목적으로 하는데, 내혼원리의 예는 '자민족 우선주의'를 들 수 있다.

22 다음 중 당사자들이 의식하든 하지 않든지 간에 배우자 선택에 작용하고 있는 사회적 압력 중 외혼원리에 해당하는 것은 무엇인가?

① 중매혼 ② 동질혼 ③ 근친금혼 ④ 자민족 우선주의

> **해설** 특정 집단의 성원이 그 집단 내의 성원과 결혼하는 것을 금하는 외혼제(외혼원리)가 적용되는 것이다.

23 내혼제와 외혼제에 관한 내용 중에서 틀린 것은?

① 일정 집단의 성원이 다른 집단의 성원과 결혼하는 것을 금하는 것은 외혼원리이다.
② 내혼원리가 적용되는 것은 인종, 민족, 신분과 계급, 일정의 지리적 범위 등으로 '자민족우선주의'가 그 전형이다.
③ 외혼원리는 타집단과의 결합관계를 강화하고 사회적 연계를 확대하는 것을 목적으로 한 것이다.
④ 내혼원리는 상당한 구속력을 갖고 있지만 현대에는 명확한 규범으로 존재하지는 않는다.

> **해설** 일정 집단의 성원이 다른 집단의 성원과 결혼하는 것을 금하는 것은 내혼제(내혼원리)이다.

24 다음 중 동성동본 불혼으로 대표되는 혼인규정은 무엇인가?

① 서류부가혼(婿留婦家昏) ② 솔서혼제(率婿婚制)
③ 내혼제(內婚制) ④ 외혼제(外婚制)

> **해설** 문제 22번 해설 참조

25 배우자를 선택할 때 동질적인 경향을 나타내는 것이라 볼 수 없는 것은?

① 사회계급 ② 연령 ③ 종교와 인종 ④ 보완적 욕구

> **해설** 배우자 선택 시 사회계급, 지역적 인접, 연령, 인종, 종교 등의 사회적 지표들은 동질적인 경향을 나타낸다.

26 다음 중 보완적 욕구의 문제와 관계있는 것은?

① 내혼제　　　② 외혼제　　　③ 동질혼　　　④ 이질혼

> **해설** 이질혼의 한 관점은 보완적 욕구의 문제이다. 이 영역에서의 주요한 가정은 배우자 선택이 상대방의 반대되는 욕구에 만족하는 각자의 재능을 기초로 하여 이루어지기 쉽다는 것이다.

27 다음 중 배우자 선택 시 고려사항으로 거리가 먼 것은?

① 선조의 지위　　　② 경제력　　　③ 공통의 관심　　　④ 건강

> **해설** 배우자 선택의 기준 : 외모, 건강, 공통의 관심, 성격, 경제력 등

28 다음 중 중매혼의 특성으로 알맞은 것은?

① 가계의 존속·유지　② 본인 당사자의 의지　③ 개인중심의 결합　④ 사랑이 기본

> **해설** 중매혼의 특성 : 중매혼에서는 배우자 선택의 권리가 부모에게 있고 가문이나 사회경제적 지위가 중요시되므로 두 개인의 결합이라기보다 가족과 가족, 가문과 가문의 결합이라는 의미가 강하다.

29 다음 중 중매형에 관한 내용으로 틀린 것은?

① 배우자 선택의 권리가 당사자에게 있다.
② 가문이나 사회경제적 지위를 중요시한다.
③ 전통적인 우리나라의 배우자 선택은 중매혼이었다.
④ 당사자의 의사를 무시하고 정혼하는 중매혼에서는 과거 부모나 친척들이 서둘러 조혼을 시키는 경향도 있었다.

> **해설** 중매혼이란 배우자 선택의 권리가 당사자에게 있지 않고 부모에게 있으며, 당사자의 의견이나 요구는 무시되고 가문이나 사회경제적 지위를 중요시하며, 정혼과정에서 중매인이 주요한 역할을 하는 혼인 형식이다.

정답 21.④　22.③　23.①　24.④　25.④　26.④　27.①　28.①　29.①

주관식

1 어떤 사람이 배우자를 선택할 때에 개인들은 최대한의 만족을 줄 수 있는 사람들을 선택하는데, 이는 서로의 욕구를 보완해 줄 수 있을 때 더욱 매력요인이 된다고 보고 있는 배우자 선택이론을 쓰시오.

2 배우자 선택이 단순히 사회적 배경과 욕구에 의해 결정되는 것이 아니라 일련의 여과망을 거치면서 이루어지며, 이 여과망마다 사회적 배경이나 집단구성원의 의식, 가치관과 흥미, 보완적 욕구 등이 관계 진전에 영향을 미친다고 본 배우자 선택이론을 쓰시오.

3 배우자가 될 후보 중에서 자기에게 최대한의 보상을 가지게 할 사람을 선택한다는 배우자 선택이론을 쓰시오.

4 다음 보기의 배우자 선택기준은 어떤 것을 말하는 것인지 쓰시오.

> **보기** ㉠ 일정집단의 성원이 다른 집단의 성원과 결혼하는 것을 금한다.
> ㉡ 특정집단의 성원이 그 집단 내의 성원과 결혼하는 것을 금한다.

5 배우자 선택의 권리가 당사자에게 있지 않고 부모에게 있으며, 당사자의 의견이나 요구는 무시되고 가문이나 사회경제적 지위를 중요시하며, 정혼과정에서 중매인이 중요한 역할을 하는 혼인형식을 쓰시오.

6 배우자 선택이론 중 우드리의 여과이론의 단계를 쓰시오.

7 결혼 전 2인관계형성모델(PDF 모델)의 단계를 쓰시오.

Answer

1 보상이론 또는 보완적 욕구이론

2 여과이론

3 교환이론

4 ㉠ 내혼제, ㉡ 외혼제

5 중매형

6 근접성의 여과망 → 개인적 매력의 여과망 → 사회적 배경의 여과망 → 상호 의견일치의 여과망 → 상호 보완성의 여과망 → 결혼 준비상태의 여과망

7 유사성 단계 → 라포 단계 → 자기표현 단계 → 역할취득 단계 → 역할적합성 단계 → 상호결정 단계

제2부 결혼과정

12 약혼과 결혼

 단원 개요

원만한 이성교제 과정을 거쳐 두 사람이 사랑을 바탕으로 결혼의사를 갖게 되면 약혼을 거쳐 결혼하게 된다. 과거 전통사회에서의 결혼은 절대적이고, 신성한 것이었으며 가족집단의 일이고 지역사회의 일이었다. 따라서 이혼이나 재혼이 불가능하였다. 그러나 현대사회에 와서는 결혼은 개인적인 일이며 개인의 의사에 따라 선택이 가능하게 되었다. 약혼, 결혼, 원만한 가정생활을 위해서는 개인적으로 신체적·정서적·사회적 성숙이 요구된다. 이 단원에서는 약혼과 결혼의 의의·기능·적응문제, 결혼의 동기, 결혼 준비와 파혼, 결혼의 대안적 유형 및 그 다양화에 대해 알아보기로 한다.

 출제 경향 및 수험 대책

이 단원에서는 약혼의 의의 및 기능, 약혼 기간과 적응, 파혼-관계해소, 파혼의 사유와 결혼의 동기, 결혼의 준비 및 동기, 결혼의 개인적·사회적 동기, 미래 결혼의 전망, 결혼제도의 다양화, 결혼의 법적 요건, 결혼 연령과 준비과제 등에 대해서 묻는 문제들이 출제될 수 있는 바, 자세하고 철저한 학습이 요구된다.

12

01 약혼

1 약혼의 의의

① 약혼이란, 한 쌍의 남녀가 교제를 통해 구애, 사적 이해의 단계를 거쳐 결혼 의사가 확인되면 결혼식 이전에 혼인을 약속하는 것이다. 즉, 약혼은 결혼을 하려는 두 남녀가 결혼할 것을 목적으로 하는 당사자 간의 계약, 약속이라고 할 수 있다.
② 민법에 따르면 성년에 달한 자는 자유로이 약혼할 수 있으며, 18세가 된 사람은 부모나 미성년 후견인의 동의를 받아 약혼할 수 있다.
③ 약혼 기간 동안에 상대방의 과거, 서로간의 성격의 부조화 등으로 파혼하게 되는 수도 있다.

2 약혼의 기능

① 약혼의 방식은 특별히 정해진 것은 아니다. 예물의 교환이나 그밖에 지방적인 의식이 행하여지는 경우가 많지만 예물교환이 없었더라도 상관없다. 약혼은 당사자의 자유로운 의사에 따라 성립하므로 강제 이행을 청구하지는 못한다. 그리고 정당한 사유가 있는 한 언제든지 해제할 수 있다.
② 일반적인 약혼의 기능
  ㉠ 약혼은 친척이나 친지에게 두 사람의 관계를 알리는 공표의 기능을 갖는다.
  ㉡ 약혼은 커플 결정화 기능을 갖는다.
  ㉢ 약혼은 결혼에 대한 준비 및 미래 계획의 기능을 갖는다.
  ㉣ 약혼 기간 동안 두 사람의 관계를 재정립하고 검토하는 기능을 갖는다.

3 약혼 기간과 적응

① **약혼 기간의 의의** : 약혼을 해서부터 결혼할 때까지의 기간을 말하는데 대체로 많은 연구에서 약혼 기간이 길수록 결혼생활에 성공적 적응을 한다고 보고하고 있다.
② **버제스(Burgess)와 코트렐(Cottrell)** : 약혼 기간이 3개월 미만인 경우 대체로 결혼 후 적응이 어려웠으며, 약혼 기간이 9개월 또는 1년 이상인 경우는 결혼 후 적응이 보다 쉬웠다고 보고하고 있다.
③ **터먼(Terman)** : 5년 이상 약혼 기간을 지낸 사람들이 가장 행복한 결혼생활을 하고 있다고 하였다.
④ 약혼에 대한 적응을 위해서 고려할 요인(옥선화·정민자)
  ㉠ **배우자 가족과의 관계** : 부모가 승락한 관계이면 양가에 자연적으로 받아들여지고 친밀한 관계를 가질 수 있다.
  ㉡ **문제 해결능력을 갖는 것** : 인간생활의 여러 상황을 함께 해결할 수 있는 능력을 습득한다.

📝 **추가 설명**

약혼 : 장차 혼인을 할 것을 목적으로 하는 당사자 사이의 계약을 말한다. 약혼을 혼약 또는 혼인예약이라고도 한다. 약혼은 혼인을 하려는 양 당사자의 합의가 있으면 성립하고 일정한 형식을 갖추어야 하는 것은 아니다.

📝 **추가 설명**

성년 : 사람은 19세로 성년에 이르게 된다(민법 제4조).

ⓒ 성과 애정의 표현 : 약혼을 하면 자연스럽게 애정 표현을 하게 된다.
ⓒ 과거 문제에 대한 고백 : 오늘날 이성교제를 해 보지 않은 사람은 거의 없다는 것을 인식한다.
ⓒ 파혼 가능성에 대한 인식 : 약혼은 곧 결혼이 아니라는 사실을 명심한다.

4 파혼 - 관계해소
① 파혼의 사유 : 애정의 감소, 성격의 부조화, 격리된 생활, 가족 및 친구의 반대, 사회 및 사회적 배경의 차이
② 약혼 해제의 법적 사유(민법 804조)
  ㉠ 약혼 후 자격정지 이상의 형의 선고를 받은 경우
  ㉡ 약혼 후 성년후견개시나 한정후견개시의 심판을 받은 경우
  ㉢ 성병, 불치의 정신병 기타 불치의 병질이 있는 경우
  ㉣ 약혼 후 다른 사람과 약혼이나 혼인을 한 경우
  ㉤ 약혼 후 다른 사람과 간음한 경우
  ㉥ 약혼 후 1년 이상 그 생사가 불명한 경우
  ㉦ 정당한 이유 없이 혼인을 거절하거나 그 시기를 늦추는 경우
  ㉧ 그 밖에 중대한 사유가 있는 경우

> **추가 설명**
> 버제스(Burgess)와 월린(Wallin)이 제시한 약혼이 깨지는 5가지 원인
> - 최소한의 감정적 몰입
> - 지역적·지리적으로 떨어져 있는 것
> - 부모의 반대
> - 문화적 차이
> - 한 사람 혹은 두 사람 모두의 특별한 인성적 문제

> **추가 설명**
> 약혼의 해제
> - 상대방에 대한 의사표시로 한다. 그러나 상대방에 대하여 의사표시를 할 수 없는 때에는 그 해제사유가 있는 것을 안 때에 해제된 것으로 본다.
> - 약혼을 해제한 때에는 당사자의 일방은 과실있는 상대방에 대하여 약혼해제로 인한 손해배상을 청구할 수 있다.
> - 손해배상의 범위로는 재산상의 손해 이외에 정신상의 고통도 포함된다.

02 결혼

1 결혼의 의미
① 인간은 결혼을 통해 새로운 가정을 창조하며, 이 창조된 가정 속에서 성숙한 인간으로 성장하고 다음 세대를 재생산한다.
② 일반적으로 결혼이란 남녀 두 사람이 사회적으로 인정된 성적 결합 및 경제적인 결합을 말한다. 결혼의식을 통하여 가족 및 친지, 이웃에게 부부가 된다는 선서와 공고를 한다.
③ 결혼의식이 갖는 사회적 기능(김명자)
  ㉠ 성적 통제의 기능이다.
  ㉡ 종족계승을 목적으로 하는 증식의 기능이다.
  ㉢ 사회 결합의 확장을 하는 사회적 공인의 기능을 갖는다.

2 결혼의 동기
① 개인적 동기
  ㉠ 결혼에 있어서 개인적 동기는 성적 만족과 정서적·심리적 안정이다.
  ㉡ 결혼의 개인적 동기는 중매혼이 지배적이었던 전통사회에서 다분히 무시되는 경향이

> **추가 설명**
> 혼인의 성립 : 혼인은 가족관계의 등록 등에 관한 법률에 정한 바에 의하여 신고함으로써 그 효력이 생긴다.

있었으나, 현대사회에서는 개인주의, 남녀평등의 민주주의 사상의 영향으로 결혼에 있어서 개인적 동기는 가장 중요한 가치로 인식되고 있다.

② 사회적 동기
- ㉠ 결혼제도는 개인적 욕구충족 특히 성적 욕구충족을 가족 내에서만 가능하도록 통제하고 사회적 유대를 확대시키고 종족계승을 가능하게 한다.
- ㉡ 인간은 결혼을 통하여 그들의 욕망과 목표 성취의 만족을 얻고 사회적으로 인정받게 된다.

3 결혼의 준비

① 결혼 연령
- ㉠ 결혼할 남녀는 결혼적령기에 있어야 하며 정서적으로 성숙되어야 한다.
- ㉡ 미성년은 부모의 동의를 받아야 하며, 부모의 동의를 받지 않고 결혼하기 위해서는 성년에 달해야 한다.

② 정서적인 성숙
- ㉠ 자신의 연령에 알맞은 지능을 가지고 있어야 한다.
- ㉡ 자기 자신의 장점과 단점을 똑바로 알고, 자신의 행동에 대해 책임을 질줄 알아야 한다.
- ㉢ 현실을 도피하거나 지나치게 과장되게 생각지 않아야 한다.
- ㉣ 부모로부터 경제적·정서적으로 독립을 해야 한다.
- ㉤ 남의 아첨이나 칭찬, 비난 등에 동요되지 않는다.

4 미래 결혼의 전망

① 이효재에 의한 미래 결혼의 기본 전제
- ㉠ 남자는 사회적 역할을 책임지며, 여자는 가정적 역할을 책임져야 한다는 관념에서 탈피해야 한다.
- ㉡ 자녀 양육에 있어서 가정과 전문적 양육기관이 공동으로 책임지는 제도이어야 한다.
- ㉢ 결혼은 여성에게 있어 부모나 사회적으로 기대하는 압력이나 강요에 의한 것이기보다 선택적이어야 한다.
- ㉣ 모성역할을 위한 자녀 출산도 여성에게 있어서 선택적이어야 한다.

② 데이비스 올신(Davis Olsin)에 의한 보상적인 결혼을 위한 조건
- ㉠ 너무 어린 나이에 결혼하지 않는다.
- ㉡ 결혼에 대한 압력을 받지 말아야 한다.
- ㉢ 개인이나 결혼할 두 남녀는 그들이 접근 가능한 더 나은 선택을 위해 실험적으로 다양한 생활방식을 시도해 본다.
- ㉣ 결혼할 남녀는 개방적이고 정직한 관계를 갖도록 한다.

📝 추가 설명

고쿠부 야스다가 제시한 바람직하지 않은 결혼의 동기

- **책임을 져서 하는 결혼** : 임신으로 인한 결혼이 이 경우에 해당된다.
- **인정으로 하는 결혼** : 상대방을 환자라고 인식해서 항상 보살펴야 한다.
- **여봐란듯이 하는 결혼** : 어떤 남성에게 버림받아서 그에 대한 복수심으로 서둘러서 하는 결혼이다.
- **우유부단한 결혼** : 상대방(남성이나 여성)이 종용해서 하는 결혼이며 결혼에 대한 강한 욕구가 없고, 불안감으로 인한 충동적인 행동이다.

📝 추가 설명

로포르트(Ropport)가 제시한 결혼 준비 과제

- 남편 또는 아내의 역할을 수행할 준비가 되어 있어야 한다.
- 새로운 결혼관계의 몰입에 방해가 되는 특별한 과거의 관계를 해소한다.
- 결혼 전 생활방식, 만족 유형을 새로운 결혼관계에 적용한다.

ⓜ 결혼할 남녀는 그들 사이에 의미 있는 관계가 설정되고, 둘 사이에 심각한 문제가 해결되었을 때 결혼을 해야 한다.
　　ⓗ 부모됨은 결혼상대자와 함께 결정해야 한다.
　　ⓢ 결혼으로 두 사람의 관계가 확고해져 외부의 도움 없이 관계가 지속될 정도가 되었을 때 자녀를 갖는다.

5 결혼제도의 다양화

① 자발적 무자녀 결혼
　㉠ 결혼하기 전에 부모의 역할을 하지 않겠다고 약속하는 경우가 있다.
　㉡ 자녀를 가지는 것을 연기하다가 무자녀가족으로 남게 되는 경우가 있다.

② 동거부부
　㉠ 동거부부는 공식적으로 결혼식이나 혼인신고를 하지 않고 사는 부부이다.
　㉡ 동거의 이유는 공동기거 및 공동취사, 성욕충족 및 경제적 협력의 기능을 수행하기 때문인데, 때로는 구혼과정 중의 한 부분으로 실험 결혼의 성격을 갖는다.
　㉢ 동거부부로 지내다가 서로가 맞지 않으면 헤어지고, 계속 잘 맞으면 자녀를 낳고 가족을 형성한다.

③ 실험결혼 또는 계약결혼
　㉠ 동거부부는 대체로 실험결혼의 형태를 띠어 동거생활을 하다가 남녀가 합의하면 법적인 부부가 되는 것이다.
　㉡ 실험결혼 또는 계약결혼의 형태는 현시대의 산물이라기보다 문화에 따라 있어온 형태라고 볼 수 있다.

④ 독신자
　㉠ 독신생활을 선택하는 요인은 대체로 직업과 일의 추구, 자아실현적이고 자유로운 생활, 흥미있는 생활, 친밀한 친구관계 지속, 결혼에 대한 혐오 및 기대감 상실, 여권운동 등의 영향을 받는다.
　㉡ 독신은 단지 자신의 과거 가족(방위가족)에 속해 있으면서 결혼과 가족의 대안으로 선택한 삶의 유형이다.

6 결혼의 법적 요건

① 혼인 적령(민법 807조) : 만 18세가 된 사람은 혼인할 수 있다.
② 동의가 필요한 혼인(민법 808조)
　㉠ 미성년자가 혼인을 하는 경우에는 부모의 동의를 받아야 하며, 부모 중 한쪽이 동의권을 행사할 수 없을 때에는 다른 한쪽의 동의를 받아야 하고, 부모가 모두 동의권을 행사할 수 없을 때에는 미성년후견인의 동의를 받아야 한다.
　㉡ 피성년후견인은 부모나 성년후견인의 동의를 받아 혼인할 수 있다.

공동체 거주

- 혁명적 사회 또는 유토피아적 사회에 있어서는 가족이 지니는 기능들이 다른 기관에 위탁되거나, 소속된 성원들의 공동 책임분담과 분업적 역할도 나타난다는 전제하에 이루어진 것이다. 예 이스라엘의 키부츠(Kibbutz), 중국의 인민사회(Commune), 러시아의 콜호즈(Kolkhoz) 등
- 우리나라에서는 의정부에 있는 풀무원이 1975년부터 노동과 신앙을 중심으로 그리고 부천에 있는 복음자리 마을은 1977년부터 신앙과 인간화 운동을 중심으로 공동체 거주를 이루고 있다.

> **추가 설명**
>
> 혼인의 무효(민법 제815조)
> - 당사자간에 혼인의 합의가 없는 때
> - 8촌이내 혈족 사이에 혼인하지 못하는데, 이 규정을 위반한 때
> - 당사자간에 직계인척관계가 있거나 있었던 때
> - 당사자간에 양부모계의 직계 혈족관계가 있었던 때

③ 근친혼 등의 금지(민법 809조)
  ㉠ 8촌 이내의 혈족(친양자의 입양 전의 혈족을 포함한다) 사이에서는 혼인하지 못한다.
  ㉡ 6촌 이내의 혈족의 배우자, 배우자의 6촌 이내의 혈족, 배우자의 4촌 이내의 혈족의 배우자인 인척이거나 이러한 인척이었던 자 사이에서는 혼인하지 못한다.
  ㉢ 6촌 이내의 양부모계(養父母系)의 혈족이었던 자와 4촌 이내의 양부모계의 인척이었던 자 사이에서는 혼인하지 못한다.
④ 중혼 금지(민법 810조) : 배우자 있는 사람은 다시 혼인하지 못한다.
⑤ 당사자간에 혼인의 합의가 있을 것(민법 815조) : 당사자 사이에 혼인에 관한 합의가 없어서는 안 된다.

실전예상문제

객관식

1 민법에서 약혼이 성립하는 남자와 여자의 나이는?

① 남자 : 18세, 여자 : 16세   ② 남자 : 16세, 여자 : 18세
③ 남자 : 18세, 여자 : 18세   ④ 남자 : 16세, 여자 : 16세

해설 우리나라 민법에서는 18세가 된 사람은 부모나 미성년후견인의 동의를 받아 약혼할 수 있다.

2 부모의 동의없이 자유로이 약혼할 수 있는 나이는?

① 17세   ② 18세   ③ 19세   ④ 21세

해설 성년(19세)에 달한 자는 자유로이 약혼할 수 있다.

3 다음은 일반적인 약혼의 기능이다. 관계 없는 것은?

① 약혼은 친척이나 친지에게 두 사람의 관계를 알리는 공표의 기능을 갖는다.
② 약혼은 커플 결정화 기능을 갖는다.
③ 약혼은 사회적으로 인정된 성적, 경제적 결합을 말한다.
④ 약혼 기간 동안 두 사람의 관계를 재정립하고 검토하는 기능을 갖는다.

해설 약혼은 결혼에 대한 준비 및 미래 계획의 기능을 갖는다. 가족계획, 경제협력 관계, 부인의 취업 시 성역할의 조정, 주거마련 계획, 결혼식 및 결혼과정에 대한 구체적 방안 등을 준비하고 실행해야 한다.

4 다음 중 터먼이 주장한 가장 행복한 결혼생활을 할 수 있는 약혼 기간은?

① 3년 이상   ② 5년 이상   ③ 6년 이상   ④ 7년 이상

해설 터먼(Terman)은 5년 이상 약혼 기간을 지낸 사람들이 가장 행복한 결혼생활을 하고 있다고 하였다.

5 약혼에 대한 적응을 위해서 고려할 사항이다. 관계 없는 것은?

① 배우자 가족과의 관계   ② 문제 해결능력을 갖는 것
③ 성과 애정의 표현   ④ 파혼 절대불가에 대한 인식

정답 1.③ 2.③ 3.③ 4.② 5.④

해설 약혼에 대한 적응을 위해서 고려할 사항은 ①, ②, ③ 이외에 파혼 가능성에 대한 인식, 과거 문제에 대한 고백 등이다.

6. 버제스와 월린이 주장한 약혼이 깨지는 원인이다. 관계 없는 것은?

① 지역적 · 지리적으로 떨어져 있는 것
② 부모의 반대
③ 문화적 차이
④ 최대한의 감정적 몰입

해설 버제스(Burgess)와 월린(Wallin)이 주장한 약혼이 깨지는 5가지 원인
- 최소한의 감정적 몰입
- 지역적 · 지리적으로 떨어져 있는 것
- 부모의 반대
- 문화적 차이
- 한 사람 혹은 두 사람 모두의 특별한 인성적 문제

7. 다음 중 약혼의 해제에 대한 설명으로 틀린 것은?

① 의사표시를 할 수 없을 때는 그 해제사유가 있는 것을 안 때에 해제된 것으로 본다.
② 정신상 고통도 손해배상 범위에 포함된다.
③ 약혼해제는 꼭 서면으로만 해야 한다.
④ 약혼해제의 과실이 있는 상대방에게 해제로 인한 손해배상을 청구할 수 있다.

해설 약혼의 해제는 상대방에 대한 의사표시로 한다.

8. 다음 중 일반적인 파혼의 사유가 아닌 것은?

① 애정의 감소
② 격리된 생활
③ 가족의 적극지원
④ 성격의 부조화

해설 파혼의 사유 : 애정의 감소, 격리된 생활, 가족 및 친구의 반대, 성격의 부조화, 사회 및 문화적 배경의 차이

9. 다음은 약혼해제에 대한 법적인 사유이다. 틀린 것은?

① 약혼 후 자격정지 이상의 형의 선고를 받은 경우
② 약혼 후 다른 사람과 간음한 경우
③ 성병, 불치의 정신병 기타 불치의 병질이 있는 경우
④ 약혼 후 6개월 동안 그 생사가 불명한 경우

해설 약혼 후 1년 이상 그 생사가 불명한 경우, 약혼을 해제할 수 있다.

10 다음 중 우리나라 민법이 인정하는 법률혼주의의 요건은 무엇인가?

① 결혼 당사자간의 합의 ② 동거 ③ 결혼식 ④ 혼인신고

해설 혼인은 신고를 함으로써 효력이 생긴다.

11 결혼의식의 사회적 기능이 아닌 것은?

① 성적 통제의 기능 ② 남녀평등의 기능 ③ 증식의 기능 ④ 사회적 공인의 기능

해설 결혼의식의 기능은 성적 통제의 기능, 증식의 기능, 사회적 공인의 기능 등이다.

12 다음 중 결혼의 개인적 동기로 알맞은 것은?

① 정서적·심리적 안정 ② 사회적 관계의 확대 ③ 사회적 인정 ④ 종족계승

해설 결혼의 동기 : 인적 욕구를 충족시키려는 개인적 동기와 전체 사회의 요구를 충족시키는 사회적 동기로 구분할 수 있다.
• 개인적 동기 : 성적 만족, 정서적·심리적 안정 등을 들 수 있다.
• 사회적 동기 : 가족내에서 가능한 성적 욕구 충족 통제, 종족계승, 사회적 유대의 확대, 사회적 인정 등을 들 수 있다.

13 다음 중 결혼이 갖는 사회적 기능으로 거리가 먼 것은?

① 사회적 유대의 확대 기능 ② 종족계승의 기능
③ 성적 만족과 정서적 안정의 기능 ④ 성적 통제의 기능

해설 문제 12번 해설 참조

14 고쿠부 야스다가가 제시한 바람직하지 않은 결혼의 동기로 거리가 먼 것은?

① 우유부단한 결혼 ② 책임을 져서 하는 결혼
③ 검소한 결혼 ④ 인정으로 하는 결혼

해설 바람직하지 않은 결혼의 동기 : 우유부단한 결혼, 책임을 져서 하는 결혼, 인정으로 하는 결혼, 여봐란듯이 하는 결혼

15 로포르트(Ropport)의 결혼 준비의 과제이다. 관계 없는 것은?

정답 6.④ 7.③ 8.③ 9.④ 10.④ 11.② 12.① 13.③ 14.③ 15.④

① 남편 또는 아내의 역할을 수행할 준비가 되어 있어야 한다.
② 새로운 결혼관계의 몰입에 방해가 되는 특별한 과거의 관계를 해소해야 한다.
③ 결혼 전 생활방식, 만족 유형을 새로운 결혼관계에 적용하여야 한다.
④ 결혼에 대한 강한 욕구와 함께 충동적으로 준비한다.

해설 로포르트의 결혼 준비의 과제는 ①, ②, ③ 등이다.

16 데이비스 올신(Davis Olsin)에 의한 보상적인 결혼을 위한 조건은?
① 자녀 양육에 있어서 가정과 전문적 양육기관이 공동으로 책임지는 제도이어야 한다.
② 결혼은 여성에게 있어 부모나 사회적으로 기대하는 압력이나 강요에 의한 것이기보다 선택적이어야 한다.
③ 너무 어린 나이에 결혼하지 않는다.
④ 모성역할을 위한 자녀 출산도 여성에게 있어서 선택적이어야 한다.

해설 ①, ②, ④ 등은 이효재에 의한 미래 결혼의 기본 전제이다.

17 다음 중 우리나라 민법 제807호에서 허용하는 혼인 적령은?
① 만 16세   ② 만 17세   ③ 만 18세   ④ 만 21세

해설 만 18세가 된 사람은 혼인할 수 있다.

18 다음 중 약혼, 결혼, 이혼 등의 구체적 규정을 정하는 법령은 무엇인가?
① 상법   ② 형법   ③ 민법   ④ 헌법

해설 민법은 약혼, 결혼, 이혼 등의 구체적 규정을 정하는 법이다.

19 결혼의 대안적 유형의 하나인 공동체 거주에 대한 설명이다. 바르지 못한 것은?
① 일정 기간 동안 동거를 하고 합의하면 법적 부부가 되는 것이다.
② 이 유형에 속하는 대표적인 예로서 키부츠, 인민사회, 콜호스 등이 있다.
③ 혁명적 사회 또는 유토피아적 사회에 있어서는 가족이 지니는 기능들이 다른 기관에 위탁되거나, 소속된 성원들의 공동 책임분담과 분업적 역할도 나타난다는 전제하에 이루어진 것이다.

④ 가족의 기능이 개개의 가족 내에서 실행되는 것이 아니고 분산되어 공동으로 수행되거나 전문기관에 이양된 형태이다.

해설 ①은 계약결혼에 대한 설명이다.

20 다음 중 결혼의 법적 요건에 속하지 않는 것은?
① 중혼일 것
② 혈족 혹은 근친자가 아닐 것
③ 미성년인 경우 부모 등의 동의를 얻을 것
④ 혼인적령기에 이르렀을 것

해설 민법은 일부일처의 이상을 혼인의 기본이념으로 하고 있기 때문에 배우자가 있는 사람은 다시 혼인하지 못한다.

주관식

1 민법에서 자유로이 약혼을 할 수 있는 나이를 쓰시오.

2 약혼 해제의 법적 사유를 3가지 이상 쓰시오.

Answer

1 성년(19세)에 달한자는 자유로이 약혼할 수 있다.

2
- 약혼 후 자격정지 이상의 형의 선고를 받은 경우
- 약혼 후 성년후견개시나 한정후견개시의 심판을 받은 경우
- 성병, 불치의 정신병 기타 불치의 병질이 있는 경우
- 약혼 후 다른 사람과 약혼이나 혼인을 한 경우
- 약혼 후 다른 사람과 간음한 경우
- 약혼 후 1년 이상 그 생사가 불명한 경우
- 정당한 이유 없이 혼인을 거절하거나 그 시기를 늦추는 경우
- 그 밖에 중대한 사유가 있는 경우

정답 16.❸ 17.❸ 18.❸ 19.❶ 20.❶

3 우리나라에서 혼인할 수 있는 법적 연령을 쓰시오.

4 일반적인 약혼의 기능에 대하여 3가지 이상 쓰시오.

5 결혼의 개인적 동기를 2가지 쓰시오.

6 동거부부에 대하여 간략히 설명하시오.

Answer

3 만 18세가 된 사람은 혼인할 수 있다.

4
- 친척이나 친지에게 두 사람의 관계를 알리는 공표의 기능을 갖는다.
- 커플 결정화 기능을 갖는다.
- 결혼에 대한 준비 및 미래 계획의 기능을 갖는다.
- 약혼 기간 동안 두 사람의 관계를 재정립하고 검토하는 기능을 갖는다.

5
- 성적 만족
- 정서적 · 심리적 안정

6 동거부부는 공식적으로 결혼식이나 혼인신고를 하지 않고 사는 부부이다. 동거의 이유는 공동기거 및 공동취사, 성욕충족 및 경제적 협력의 기능을 수행하기 때문인데, 때로는 구혼과정 중의 한 부분으로 실험 결혼의 성격을 갖는다.

제3부 가족 내의 인간관계

13 가족관계의 중요성과 가족관계 연구

 단원 개요

현대사회에서 인간관계가 개인의 삶에 미치는 영향은 매우 크다. 인간관계 중에서도 특히 가족 내 인간관계는 개인생활의 질에 많은 영향을 준다. 즉 개인, 가족 그리고 사회 유지에 필요한 구체적인 기능을 수행하는 데 사람들은 가족관계의 영향을 받게 된다. 이 단원에서는 가족관계의 중요성에 대하여 검토하고, 가족관계 연구의 목적을 제시한 후 가족관계 연구에서 자주 활용되고 있는 이론적 접근방법을 살펴본다. 이로써 현대가족에서 가족관계의 의미를 이해하고 가족관계학의 학문적 위치를 파악하는 데 도움을 주고자 한다.

 출제 경향 및 수험 대책

이 단원에서는 가족관계의 중요성, 규범과 가치의 전달, 합법적 자녀의 지위 부여, 합법적 상속, 인간발달에 대한 공헌, 가족관계 연구의 목적, 맥커빈과 달의 가족관계, 우리나라 가족의 변화, 듀발(Duvall)의 가족관계 연구 목적, 가족관계 연구방법 중 과학적 연구 방법과 이론적 접근 등에 대해서 묻는 문제들이 출제될 수 있는 바, 자세하고 철저한 학습이 요구된다.

13

01 가족관계의 중요성

1 규범과 가치의 전달
① 한 개인이 사회의 기능적인 구성원으로 들어가는 준비과정을 사회화라고 한다. 가족은 사회화의 가장 중요한 기관이다.
② 개방적인 의사소통을 장려하고 정서적인 지지를 제공하는 가족 내에서 성장한 자녀는 부모와 유사한 가치를 가지는 경우가 많다.

2 합법적 자녀의 지위 부여
① 대부분의 사회에서는 가족 내에서 자녀가 태어나는 것만을 합법적인 출생으로 인정하고 있다.
② 혼외 성관계에 대해 관대한 사회일지라도 혼외 관계에서 태어난 아이들은 바람직하지 않은 것으로 간주된다.

3 합법적 상속
① 일반적으로 사람들은 재산상속자로서 가까운 가족구성원을 선정하는 것이 보편적이다.
② 우리나라의 경우에도 가족 상속분이 법적으로 규정되어 있다.

4 인간발달에 대한 공헌
① 아동의 초기 사회화 및 정서적 지지에 관한 가족의 책임은 여전히 가족이 담당하는 중요한 기능이다.
② 아동기의 정체감, 자아감(自我感), 자존감(自尊感) 형성에 있어서 가족이 주요 역할을 한다는 것은 널리 인정되고 있다.

02 가족관계 연구의 목적

1 맥커빈과 달의 가족관계
① 맥커빈(MaCubbin)과 달(Dahl)은 현대 가족관계에서 우리가 생각해야 하는 핵심적인 주제로 다양한 가족형태, 편부모가족과 재혼가족의 증가 등을 들고 있다.
② 현대인은 혼전 성관계, 혼외 성관계 그리고 이혼에 대해서 보다 자유로운 태도를 갖기 때문에 가족은 점차 붕괴되고 있다고 주장하는 입장과 가족이 단지 심한 사회적·경제적 변화에 적응하고 있을 뿐이라며 낙관적인 견해를 보이는 입장으로 구분된다.

2 듀발(Duvall)의 가족관계 연구 목적
① 자기가 자라난 가정에서 얻은 경험으로 알게 된 지식보다 더욱 광범위한 가족생활 전반

추가 설명

일반적인 가족관계의 특성
- 가족관계는 혈연을 매개로 하여 맺어진 인간관계 영역이다. 이해관계를 초월한 애정적인 혈연집단이다.
- 가족은 운명공동체이다. 함께 먹고 자고 생활하는 생활공동체이며, 모든 소유를 공유하는 소유공동체이며, 가족의 행불행을 함께 경험하는 운명공동체이다.
- 가족관계는 부여된 인간관계이다. 가족은 다른 인간관계와 달리, 출생과 더불어 주어지는 인간관계이다.
- 가족관계는 지속적이다. 가족관계는 이혼이나 의절과 같은 극히 예외적인 경우를 제외하고는 평생 유지되는 인간관계이다.
- 가족은 전체로서 하나의 역동적 체계를 이룬다. 가족은 여러 구성원으로 구성된 하나의 역동적 체계이다. 가족구성원은 모두가 서로 밀접한 영향을 주고받는다. 가족구성원 한 사람의 변화는 다른 구성원에게 영향을 미친다.

을 알기 위함이다.
② 개인과 가족에 관련된 문제 중에서 보편적으로 사회에서 적용되는 왜곡되고 잘못된 생각을 시정하기 위함이다.
③ 개인에게 발생될 수 있는 가족과 관련된 비정상적이거나 또는 병적 편견을 정상적인 생각으로 전환시키기 위함이다.
④ 개인이 사회의 중추적이고 핵심적인 역할을 담당하고 있음을 확실히 인식시키기 위함이다.
⑤ 가정생활을 통해 이루어지는 인간발달 과정을 알기 위함이다.
⑥ 사회 모든 조건의 변화가 가족에게 미치는 영향을 직시하고 자기 가족을 올바르게 발전시킬 수 있는 능력을 키우기 위함이다.
⑦ 사회의 급속한 변화로 나타날 수 있는 가족과 관련되는 여러 가지 문제점과 가능성을 예견하고 이에 대한 대비책을 강구하기 위함이다.
⑧ 인간의 전 생애를 통하여, 즉 가족생활주기에 따라 발생되는 개인적이고 가족적인 문제를 해결할 수 있는 기본적인 능력을 키우기 위함이다.
⑨ 주어진 환경과 여건에 적응하며, 자기 가족의 문제 해결에 대한 의사결정을 내릴 수 있는 태도와 능력을 키우기 위함이다.

03 가족관계 연구 방법

1 과학적 연구 방법
① 가족학자들의 가족관계 연구에는 과학적인 방법이 사용된다(McCubbin & Dahl).
② 과학적 방법은 둘 또는 그 이상의 변수들 간의 관계에 관심을 둔다. 연구자들은 변수들 간의 관계의 강도와 방향성을 알아보기 위해서 통계적 방법을 사용한다.
③ 과학적 방법을 적용함에 있어서 연구자들은 연구 중인(가족관계와 같은) 현상과 관련되는 이론의 영향을 받으며, 이론을 통하여 가족이 왜 그렇게 행동하고 상호작용하는지에 대한 학문적인 이해를 증진시키게 된다. 따라서 이론은 가족관계의 형성, 발전, 변화를 포함하는 복잡한 과정을 설명하는 데 도움을 준다.

2 이론적 접근
① 가족생태학적 접근
  ㉠ 브론펜브레너는 가족을 '생태학적 환경' 특히 보다 큰 사회제도 관계망의 일부분으로서 검토할 것을 제안해 왔다.
  ㉡ 브론펜브레너는 개인과 가족은 미시체계, 외부체계, 거시체계에 의해서 영향을 받는다고 강조한다.

> **추가 설명**
> 우리나라 가족의 변화
> • 가족규모의 감소, 이혼과 재혼이 증가하고 있으며, 가구 구성에서 단독 가구의 비율이 높아지고 있다.
> • 초혼 연령이 높아지고, 맞벌이 가족이 증가하였다.
> • 가족 밖 양육의 증가, 만혼화, 출생률 감소 등이 나타나고 있다.

> **추가 설명**
> 브론펜브레너의 체계
> • 미시체계 : 발달 중인 개인과 가족이 사실상 참여하는 환경들, 즉 일터, 학교, 이웃 등을 포함한다.
> • 외부체계 : 개인과 가족의 근접 환경 내에서 일어나는 일에 영향을 미치는 사회적 환경들로 구성된다.
> • 거시체계 : 지역사회의 이데올로기와 사회제도 조직체를 포함하는 사회환경이다.

> **추가 설명**
> 구조 기능론적 관점 : 사회의 유지와 안정, 통합을 위해서 모든 사회제도가 기능을 수행한다고 가정하고 사회를 이루는 각 부분을 합의된 가치와 규범에 의해 움직인다는 것을 전제한다.

> **추가 설명**
> 상호작용론적 접근 : 이 관점은 가족현상의 내적 과정에 초점을 두고 가족원들 간의 언어적ㆍ비언어적 행동과 상호작용인 의사소통을 연결하여 설명함으로써 가족 내 과정으로 상호작용에 대한 심층적 연구를 촉진시킨다.

> **추가 설명**
> 발달론적 접근
> - 가족발달은 제도적 순서규범이 존재하기 때문에 단계적으로 이루어진다.
> - 가족 내 역할관계는 가족의 발달단계에 따라 변화한다.
> - 가족발달은 제도적인 타이밍과 관련한 규범이 존재하기 때문에 기간별로 이루어진다.
> - 가족 내의 역할관계는 부분적으로 가족단계의 기능에 따라 시간이 흐르면서 발전한다.
> - 어떤 제도든 그 제도의 규범적 요구는 가족의 단계와 보조를 갖추어야 하며, 그렇지 못하면 가족은 긴장상태에 빠진다.
> - 어느 시기에서든 모든 제도의 규범적 욕구의 총합이 개인이나 집단의 능력에 비하여 과중하면 사회적 일탈을 야기한다.

② 역사적 접근
  ㉠ 사회학자 엘더 주니어(Glen Elder, Jr.)는 '생애 과정' 내에 매몰된 인간관계를 이해해야 할 필요성을 강조했다.
     - 개인시간 : 출생에서 사망까지 개인 자신의 생애
     - 사회적 시간 : 결혼과 은퇴 등 중요한 사회적 사건과 전이에 의해 특징지어질 수 있는 개인의 시간표
     - 역사적 시간 : 개인이 태어나고 살아가는 사회적 시기
  ㉡ 동시집단 연구를 통해서 학자들은 다른 시기에 태어난 개인 및 가족들 간의 생애과정을 비교할 수 있다.

③ 구조-기능론적 접근
  ㉠ 사회를 살아있는 유기체와 같이 상호 관련된 여러 하위체계로 조직된 안정된 체계로 보면서 가족이 사회와 어떻게 관련되어 있는지에 대해 설명하고자 하는 거시적 관점이다.
  ㉡ 한 가족의 성공 여부는 가족이 사회의 중요한 요구를 얼마나 잘 충족시키는가에 의해 평가된다.

④ 상호작용론적 접근
  ㉠ 심리학과 사회학을 기초로 하여 가족관계에서 나타나는 가족현상을 내면적인 과정으로 고찰한다.
  ㉡ 내면적인 과정이란 가족 내의 의사소통, 갈등, 문제해결 과정, 가족 역할 등을 가족의 문화적 및 제도적인 측면보다는 가족구성원에 맞추어 접근하는 방법이다.

⑤ 교환론적 접근
  ㉠ 교환론적 접근법은 가족 간 상호작용에서 '보상'과 '비용'의 중요성을 강조한다.
  ㉡ 남녀가 독립성과 자아성장에 중요한 가치를 둘 때, 전통적인 결혼관계는 종종 더 큰 스트레스를 유발한다. 긴장과 갈등이 증가하면, 이 부부는 결혼관계를 유지하는 것이 정서적 욕구불만과 비용을 능가할 만큼의 이익을 제공하지 못한다고 느낄 수 있으며, 이때 이혼을 고려할 수도 있다.

⑥ 환경적 및 상황적 접근 : 가족을 상호작용하는 인격의 통일체로 보고 가족 개인보다는 가족환경이나 가족상황 등에 초점을 두고 접근한다.

⑦ 발달론적 접근
  ㉠ 시간의 흐름에 따른 가족의 변화과정에 관심을 갖고, 가족이 단계별로 내적으로는 구성원들의 여러 요구와 외적으로는 사회적 기대 및 주변 환경의 요구를 효과적으로 충족할 수 있도록 가족원들도 다양한 과업을 성공적으로 달성하고 발달할 것이라 가정한다. 즉, 가족을 상호작용하는 인격체로 고찰하여 생활주기에 따라 가족구성원이 경험하는 발달단계에 초점을 두어 접근한다.
  ㉡ 발달론적 접근을 주장하는 이론가들은 지위, 역할연속, 역할집합체란 용어를 사용하

고 있다.
- **지위** : 특별한 권리와 의무를 수반하는 사회집단 내에서의 어떤 위치를 말한다.
- **역할연속** : 시간의 흐름에 따라 일어나는 역할행동상의 변화이다.
- **역할집합체** : 어떤 지위(예 남편-아버지)가 어떤 상황에서 가질 수 있는 역할의 전체 배열(예 애정 공급자, 훈육자)을 말한다.

⑧ **가족체계론** : 전체성에 입각하여 개인의 문제를 고립적이고 개별적인 현상이 아니라 가족구성원의 상호관계와 전체 분석을 통해 이해하고자 한다. 가족체계론에 의하면 가족체계는 자기 성찰적인 특성을 지닌다.

⑨ **갈등론**
  ㉠ 가족을 구성원 간에 대립과 이익이 상충되어 갈등이 존재하는 집단으로 간주한다. 가족에 대한 갈등론은 가족 갈등이 가족생활의 기본적인 요소라는 것에서부터 시작된다.
  ㉡ 가족 내에서 갈등이 반복된다고 해서 반드시 가족해체가 일어나는 것은 아니며 오히려 가족체계가 더욱 구조화될 수도 있다는 것을 강조한다.

> **추가 설명**
>
> **갈등론적 관점** : 가족의 안정과 질서를 강조하는 구조기능론에 의문을 제기하고 조화와 갈등이 공존하는 가족의 양면성과 가족 갈등 문제를 공론화 하는데 기여했다는 평가를 받는다.

실전예상문제

객관식

1 다음 중 가족관계의 중요성으로 거리가 먼 것은?

① 규범과 가치의 전달
② 합법적 자녀 지위 부여
③ 합법적 상속
④ 사회환경 이해

해설 가족관계의 중요성 : 규범과 가치의 전달, 합법적 자녀 지위 부여, 합법적 상속, 인간발달에 대한 공헌

2 다음 중 가족과 관련된 설명으로 틀린 것은?

① 가족은 자녀 출산과 양육의 기능을 담당한다.
② 가족의 교육기능은 증가하고 있다.
③ 아동의 초기 사회화 및 정서적 지지에 관한 가족의 책임은 여전히 가족이 담당하는 중요한 기능이다.
④ 가족은 가족구성원의 안식처가 된다.

해설 최근에 가족의 교육기능은 가족과 사회의 분업현상, 즉 복잡한 도시 사회를 특징짓는 제도적 기능의 전문화로 인해 감소되었다.

3 다음 중 일반적인 가족관계의 특성으로 옳지 않은 것은?

① 전체로서 하나의 역동적 체계를 이룬다.
② 혈연을 매개로 맺어진 인간관계 영역이다.
③ 단속적인 관계이다.
④ 운명공동체이다.

해설 가족관계는 지속적이다. 이혼이나 의절 등 예외적인 경우를 제외하고 평생 유지되는 인간관계이다.

4 듀발(Duvall)의 가족관계 연구 목적이 아닌 것은?

① 집단이 사회의 중추적이고 핵심적인 역할을 담당하고 있음을 확실히 인식시키기 위함이다.
② 자기가 자라난 가정에서 얻은 경험으로 알게 된 지식보다 더욱 광범위한 가족생활 전반을 알기 위함이다.
③ 개인과 가족에 관련된 문제 중에서 보편적으로 사회에서 적용되는 왜곡되고 잘못된 생각을 시정하기 위함이다.
④ 개인에게 발생될 수 있는 가족과 관련된 비정상적이거나 또는 병적 편견을 정상적인 생각으로 전환시키기 위함이다.

해설 듀발의 가족관계 연구 목적
- 자기가 자라난 가정에서 얻은 경험으로 알게 된 지식보다 더욱 광범위한 가족생활 전반을 알기 위함이다.
- 개인과 가족에 관련된 문제 중에서 보편적으로 사회에서 적용되는 왜곡되고 잘못된 생각을 시정하기 위함이다.
- 개인에게 발생될 수 있는 가족과 관련된 비정상적이거나 또는 병적 편견을 정상적인 생각으로 전환시키기 위함이다.
- 개인이 사회의 중추적이고 핵심적인 역할을 담당하고 있음을 확실히 인식시키기 위함이다.
- 가정생활을 통해 이루어지는 인간발달 과정을 알기 위함이다.
- 사회 모든 조건의 변화가 가족에게 미치는 영향을 직시하고 자기 가족을 올바르게 발전시킬 수 있는 능력을 키우기 위함이다.
- 사회의 급속한 변화로 나타날 수 있는 가족과 관련되는 여러 가지 문제점과 가능성을 예견하고 이에 대한 대비책을 강구하기 위함이다.
- 인간의 전 생애를 통하여, 즉 가족생활주기에 따라 발생되는 개인적이고 가족적인 문제를 해결할 수 있는 기본적인 능력을 키우기 위함이다.
- 주어진 환경과 여건에 적응하며, 자기 가족의 문제 해결에 대한 의사결정을 내릴 수 있는 태도와 능력을 키우기 위함이다.

5 다음 〈보기〉와 같이 가족관계의 연구 목적을 제시한 학자는 누구인가?

> 보기
> - 가정생활을 통해 이루어지는 인간발달과정을 알기 위함이다.
> - 자기 가정에서 얻은 경험으로 터득한 지식보다 더욱 광범위한 가족생활 전반을 알기 위함이다.
> - 개인과 가족에 관련된 문제 중에서 보편적으로 사회에서 적용되는 왜곡되고 잘못된 생각을 시정하기 위함이다.

① 터먼 ② 코트렐 ③ 듀발 ④ 스티넷

해설 문제 4번 해설 참조

6 개인과 가족은 미시체계, 외부체계, 거시체계에 의해 영향을 받는다고 강조한 사람은?

① 브론펜브레너 ② 엘더 주니어 ③ 조지 미드 ④ 듀발

해설 브론펜브레너는 가족을 '생태학적 환경' 특히 보다 큰 사회제도 관계망의 일부분으로서 검토할 것을 제안해 왔다. 이 이론에 따르면 가족은 환경구조 내에 그려질 수 있다.

7 다음 〈보기〉와 같은 가족관계 연구의 이론적 접근 방법은 무엇인가?

 정답 1.④ 2.② 3.③ 4.① 5.③ 6.① 7.①

> **보기**
> - 가족관계에서 나타나는 가족현상을 내면적인 과정으로 고찰한다.
> - 가족내의 의사소통, 갈등, 문제해결과정 등을 가족구성원에 맞추어 접근한다.

① 상호작용론적 접근　② 구조-기능론적 접근　③ 역사적 접근　④ 가족생태학적 접근

해설 상호작용론적 관점 : 심리학과 사회학을 기초로 하여 가족관계에서 나타나는 가족현상을 내면적인 과정으로 고찰한다. 내면적 과정이란 가족 내 의사소통, 갈등, 문제해결과정, 가족 역할 등을 가족의 문화적 및 제도적 측면보다는 가족구성원에 맞추어 접근하는 방법이다.

8 가족관계의 역사적 접근과 관련된 이론 중 엘더 주니어가 주장한 시간의 종류가 아닌 것은?

① 여가시간　② 개인시간　③ 사회적 시간　④ 역사적 시간

해설 엘더 주니어가 주장한 세 가지 시간의 차원
- 개인시간 : 출생에서 사망까지 개인 자신의 생애
- 사회적 시간 : 결혼과 은퇴 등 중요한 사회적 사건과 전이에 의해 특징지어질 수 있는 개인의 시간표
- 역사적 시간 : 개인이 태어나고 살아가는 사회적 시기

9 다음의 〈보기〉와 같은 가족관계 연구의 접근 방법은?

> **보기** 사회를 살아있는 유기체와 같이 상호 관련된 여러 하위 체계로 조직된 안정된 체계로 보면서 가족이 사회와 어떻게 관련되어 있는지에 대해 설명하고자 하는 거시적 관점이다.

① 역사적 접근　② 구조-기능론적 접근　③ 상호작용론적 접근　④ 교환론적 접근

해설 구조-기능론적 접근 : 가족이 사회 체계로 간주되고, 가족이 보다 큰 사회를 위해 핵심적인 기능을 수용하는 것으로 여겨진다. 가족의 기능에는 노동력 재생산, 자녀 양육, 사회의 기본적인 규범과 가치를 습득하는 사회화가 포함된다.

10 가족 간 상호작용에서 보상과 비용의 중요성을 강조한 가족관계 연구 방법은?

① 교환론적 접근　② 상호작용론적 접근　③ 학제적 접근　④ 역사적 접근

해설 가족구성원 간에 일어나는 일을 교환관계로 검토함으로써 인간관계를 잘 이해할 수 있다고 교환론자들은 주장한다.

11 다음 〈보기〉와 같은 특징을 갖는 가족분석의 이론은 무엇인가?

> **보기** 가족 간 상호작용에서 보상과 비용의 중요성을 강조하며, 이혼은 비용과 보상의 불균형으로 인한 결과라고 본다.

① 교환론적 접근　　② 상호작용론적 접근　　③ 구조-기능론적 접근　　④ 가족생태학적 접근

해설 가족관계연구에 대한 교환론적 접근법은 가족 간 상호작용에서 '보상'과 '비용'의 중요성을 강조한다.

12 다음 중 가족을 상호작용하는 인격체로 보고 생활주기에 따라 가족원이 경험하는 발달단계에 중점을 두어 접근하는 가족관계 접근방법은?

① 학제적 접근　　② 발달론적 접근　　③ 환경적 접근　　④ 상호작용론적 접근

해설 발달론적 접근 : 가족을 시간에 따라 변화하는 것으로 간주한다. 가족은 서로 영향을 주고, 또한 더 큰 문화와 영향을 주고받는 상호작용하는 개인들의 집합체로 간주된다.

13 다음 중 전체성에 입각하여 개인의 문제를 고립적이고 개별적인 현상이 아니라 가족구성원의 상호관계와 전체 분석을 통해 이해하고자 하는 가족관계 접근법은?

① 교환론적 접근　　② 가족체계론　　③ 갈등론　　④ 상호작용론적 접근

해설 가족체계론 : 전체성에 입각하여 개인의 문제를 고립적이고 개별적인 현상이 아니라 가족구성원의 상호관계와 전체 분석을 통해 이해하고자 한다.

주관식

1 다음 〈보기〉의 가족관계 연구방법에 대한 내용을 보고 ㉠, ㉡, ㉢에 해당되는 접근법을 쓰시오.

> **보기**
> ㉠ 사회를 살아있는 유기체와 같이 상호 관련된 여러 하위체계로 조직된 안정된 체계로 보면서 가족이 사회와 어떻게 관련되어 있는지에 대해 설명하고자 하는 거시적 관점이다.
> ㉡ 가족 내 의사소통, 갈등, 문제해결 과정 등을 문화적 및 제도적 측면보다 가족구성원에 맞추어 접근하는 방법이다.
> ㉢ 조화와 갈등이 공존하는 가족의 양면성과 가족갈등 문제를 공론화하는데 기여했다는 평가를 받는다.

정답 8.❶ 9.❷ 10.❶ 11.❶ 12.❷ 13.❷

2 가족관계의 일반적 특징을 3가지 이상 쓰시오.

3 엘더 주니어가 주장한 시간의 종류를 3가지 쓰시오.

4 가족관계의 중요성을 3가지 이상 쓰시오.

Answer

1
  ㉠ 구조-기능론적 접근
  ㉡ 상호작용론적 접근
  ㉢ 갈등론

2
  • 혈연을 매개로 하여 맺어진 인간관계영역이다.
  • 운명공동체이다.
  • 부여된 인간관계이다.
  • 지속적이다.
  • 전체로서 하나의 역동적 체계를 이룬다.

3 개인시간, 사회적 시간, 역사적 시간

4
  • 규범과 가치의 전달
  • 합법적 상속
  • 합법적 자녀의 지위 부여
  • 인간발달에 대한 공헌

제3부 가족 내의 인간관계

14 부부관계

 단원 개요

부부관계는 가족관계의 가장 핵심적이고 중추적인 관계이다. 부부관계의 형성과정에서 나타나는 특성을 고려하여 이 단원에서는 부부간의 역할을 파악하고, 부부간의 적응문제를 다루게 된다. 특히 오늘날에는 대화부재의 현상이 여러 인간관계에서 나타나고 있으며 부부간에도 의사소통의 중요함이 인식되고 있다. 이러한 측면에서 부부간의 의사소통에 관하여 다루었다. 또한 현대의 부부관계가 평등을 지향하나 남녀간의 관계에 대한 고정관념에 따른 갈등이 있게 되므로 이에 대한 처리 방법도 살펴본다.

 출제 경향 및 수험 대책

이 단원에서는 부부간의 역할, 역할의 정의, 부부의 역할변화, 부부간의 역할관계 특성, 부부간의 적응, 부부간의 친밀감 발달, 부부간의 성적 적응, 부부간의 갈등, 갈등의 원인 및 가치, 갈등의 처리방법, 부부간의 의사소통, 언어적 및 비언어적 의사소통, 의사소통의 장애 및 기술 등에 대해서 묻는 문제들이 출제될 수 있는 바, 자세하고 철저한 학습이 요구된다.

14

01 부부간의 역할

1 역할의 정의

① **역할의 의미** : 어떠한 지위에 있는 각 개인에게 맡겨진 행동규준(行動規準)이며, 개인이 어떤 지위를 차지할 때에 그 지위에 주어지는 행동유형이나 권리·의무관계를 말한다.

② **파슨스(Parsons)** : 전통적 부부역할에 대해 파슨스는 핵가족에 있어서 부부의 역할을 수단적 역할과 표현적 역할로 구분했다.
  ㉠ **수단적 역할** : 가족의 균형 유지와 대외 목적을 위해 바람직한 관계를 수립하는 역할이다.
  ㉡ **표현적 역할** : 가족구성원내의 통합관계 유지와 긴장 완화 등의 정서적인 관계를 담당하는 역할이다.

③ **역할의 차원** : 역할수행과 역할기대, 그리고 역할인지의 세 차원이 있다.
  ㉠ **역할수행** : 역할 담당자가 실제로 행하는 행동이다.
  ㉡ **역할기대** : 다른 사람이 역할 담당자가 수행하는 역할을 평가하는 기준이다.
  ㉢ **역할인지** : 역할 담당자가 어떤 역할을 자기가 수행해야 할 일이라고 지각하고 있는 상태이다.

④ **역할의 영향** : 개인에게 부여된 역할을 책임있게 완수하는 것은 개인뿐만 아니라 한 가족, 나아가서는 사회 전체에 중요한 영향을 미친다.

2 부부의 역할 변화

① **부부간 전통적 역할** : 전통적인 부부역할은 남편은 주로 대외적 활동을 하면서 생계를 책임지고 가족을 부양, 아내는 가정 내에서 가사와 육아를 담당한다.
  ㉠ 남성의 우월성과 여성의 종속성
  ㉡ 여성의 일과 남성의 일 사이에 뚜렷한 노동분화가 있는 고도로 분리된 성역할
  ㉢ 남편은 가계소득의 담당자이고, 부인은 가사종사자·어머니 간혹 가계소득의 보조자로서 남편과 아내의 실질적 역할 강조
  ㉣ 감정적 욕구에 대한 상호만족의 결여
  ㉤ 가정 외부와 연합된 사회적 참여의 결여

② **현대 부부의 역할**
  ㉠ **자녀양육과 사회화의 역할** : 자녀를 낳아 양육함으로써 사회에 적응할 수 있도록 처해 있는 문화와 사회에서 경쟁력 있고, 사회적이며 도덕적인 인간으로 키워야 한다.
  ㉡ **공급자, 가정관리자의 역할** : 공급자의 역할은 가족에게 필요한 재화를 생산하고 공급하는 것이다. 가정관리자의 역할은 가족구성원의 안락함과 즐거움을 위해 보다 효율적으로 재화를 선택하고 사용하는 것이다.

> **추가 설명**
>
> **부부관계** : 성숙한 남녀가 자신들의 결정에 따라 '결혼'이라는 제도를 통해 결합되는 관계로서, 정신적·육체적 결합은 물론 경제적인 면에서 협력하는 생활공동체의 기초를 이룬다.

> **추가 설명**
>
> **앤더슨의 부부역할 요소**
> - **표현적 역할** : 인간의 기본 욕구 중 하나는 타인의 사랑을 받고, 심리적·정서적 만족을 얻는 것이다. 이러한 만족을 위해 두 사람의 관계에서 가장 중요한 것은 표현적인 상호작용이며, 여기에는 의사소통, 성적인 관계 등이 포함된다. 표현적 역할에서 중요한 것은 갈등해결이다.
> - **도구적 역할** : 부부싸움의 원인 중 가장 많은 비중을 차지하는 것이 경제 문제이다. 기본적으로 경제적인 여건이 마련되어야 하며, 부부간에 가사분담과 가정을 가꾸는 등의 도구적 역할이 요구된다.
> - **부부와 주위사람의 관계 형성** : 사회관계망은 부부관계와 개인에게 중요한 요소이다. 이는 사회적 힘을 의미하는데, 거시적인 다양한 사회적 과정이 관계망과 이를 구성하는 관계에 영향을 미치기 때문이다.

ⓒ **성적인 역할** : 부부간의 결합, 만족, 자녀의 출산을 통한 종족보존과도 관계가 있다.
ⓔ **치료적 역할** : 부부가 서로의 고민과 어려움을 털어놓고 상담하며 해결책을 모색하는 것뿐만 아니라 부모-자녀 간의 문제발생 시에도 대화를 통해 문제를 해결함으로써 부부는 원만한 관계를 유지하기 위한 치료적 기능을 수행한다.
ⓜ **오락 및 휴식의 역할** : 부부는 각자 스트레스를 풀고 여유를 누리기 위해 휴식과 오락의 기능을 수행한다.

02 부부간의 적응

1 역할 변화의 적응

① 부부는 결혼해서부터 노년기가 되어 사회활동에서 물러나는 시기가 될 때까지 수없는 역할의 변화에 적응하면서 살아간다.
② 각 과정마다 '역할 전환'에 잘 적응하고 부부간에도 재결속을 위한 준비를 계속해야 한다.

2 부부간의 친밀감 발달 적응

① 진정한 부부관계는 두 사람 모두 성장할 수 있도록 서로 배려하는 가운데 친밀감을 획득하는 것으로, 친밀감은 부부간 적응에 기본적인 요소가 된다.
② 에릭슨(Erikson)의 발달이론에 따르면 성인 남녀의 진정한 친밀감은 각자의 자아 정체감이 확립된 위에 이루어진다고 하였다.

3 부부간의 성적 적응

① 부부간의 성적 기능
  ㉠ 부부간의 성관계는 육체적 행위에서 오는 즐거움을 넘어서 그것 자체의 고유한 기능과 뜻을 내포하고 있다.
  ㉡ 부부간의 성은 성적 즐거움 이외에도 심오한 기능을 갖는데, 그것은 사랑의 표현이며, 수여의 기능이라는 것이다.
  ㉢ 부부간의 성관계는 신체적 표현과 반응 이상의 것일 때에 보다 만족스러운 것이 된다.
  ㉣ 현대가족에서 자녀 출산은 새로운 가족관계를 형성하며 부모에게 성취감을 제공하며, 후손을 남기는 가족의 고유한 기능이다.
② **부부간의 성관계 특성** : 부부간의 성적 조화는 단순한 육체적 결합이 아니고, 여러 요인들이 복합되어 얽혀진 것이다.
  ㉠ 부부간의 육체적 접촉은 단순히 신체적인 것뿐만 아니라 감정적·인격적 요인을 포함한다.
  ㉡ 부부간의 성관계는 두 인성(人性)을 결합시키는 창조적인 것이다.

부부의 역할 변화
- 남편과 부인의 깊은 상호이해와 협력으로 역할조정
- 점차 수평적인 관계로 변화
- 융통성 있는 성역할 관계로의 변화

부부간의 적응
- 결혼한 남자와 여자 두 사람이 서로의 심리적, 생리적, 사회적인 욕구를 충족시키기 위해 상호 적응하는 관계를 의미한다.
- 부부간의 적응뿐만 아니라 사회, 경제적 또는 환경과 같은 외적 조건의 적응을 포함한다.
- 부부간의 적응이 성공적으로 이루어질수록 만족감과 행복감이 부여되며, 결혼에서의 성공 가능성이 높아진다.

ⓒ 부부간의 성관계는 계속적인 성장과 발전의 과정이다. 즉, 그것은 풍부하고 깊은 만족을 향한 과정이다.
ⓔ 부부간의 성관계는 새로운 예술이며, 새로운 기술이다.
ⓜ 부부간의 성관계는 노년기까지 지속될 수 있는 신체적 · 정신적 관계이다.

> **참고** 피임 방법
>
> ① **경구피임약**
> - 대체로 약 91~99%의 피임을 보장하며 매일 복용하는 호르몬 성분 피임약이다. 배란과 착상을 방지하고, 점액을 끈끈히 해서 정자 통과를 막는 원리이다.
> - 매일 일정한 시간에 복용해야 하며, 21일간 약을 복용하고 7일간은 약을 먹지 않는 21+7 방식으로 먹는 약이 가장 많다.
> - 성욕이 감소할 수 있으며, 35세 이상 흡연자에게는 드물지만 피가 응고되어 혈전이 형성되는 부작용이 나타날 수 있다.
>
> ② **콘돔** : 콘돔은 남성의 의지에 따라 사용하느냐 마느냐가 달라지기 때문에 파트너에 따라 이용 여부가 확연히 달라질 수 있다. 콘돔의 피임 성공률은 82~98%이다.
>
> ③ **루프**
> - T자 모양의 플라스틱 장치이다. 자궁내장치라고도 한다. 자궁내에만 작용하고, 몸의 다른 곳에는 영향을 미치지 않는다. 약 98%의 피임성공률을 보인다.
> - 장치를 제거한 후에는 바로 임신이 가능하나 간혹 여성 자신이 느끼지 못하는 사이 빠져나올 수 있고 불규칙한 하혈이나 하복부 통증 등의 부작용이 있을 수 있다.
>
> ④ **수술**
> - **나팔관 수술** : 여성의 난소에서 배란된 난자가 나오는 길인 나팔관을 차단하는 방법이다. 제왕절개 시 단산을 원하는 경우에 같이 하는 경우가 일반적이다. 전신마취가 필요하며 99% 이상 피임성공률을 보인다.
> - **정관 수술** : 남성의 경우 정관이 피부에 가까이 있기 때문에 부분적인 마취만으로 정관수술이 가능하다. 정관 · 난관수술을 했다고 해도 묶은 부위가 풀리는 경우, 임신이나 자궁외임신의 가능성이 매우 드물게 나타난다.

4 부부의 인격적 적응

① 부부의 인격적 적응은 심리적으로 자신들만이 갖는 분위기에 대한 적응이다.
② 잘 이루어진 인격적 적응은 어떤 문제라도 극복할 수 있는 힘의 기초가 된다.
③ 각 개인의 성숙과 정서적 안정감, 원만한 성격, 감정의 교류, 시간적 요소에 따라 달라질 수 있다.

5 부부의 경제적 적응

① 경제적인 문제는 부부갈등의 원인이 될 수 있으므로 수입에 대한 건전한 사용 방법과 적

추가 설명

부부간의 성적 적응
- 성욕은 신체적, 심리적인 영향을 받는 것으로 부부간의 성생활 및 성에 대한 정확한 지식을 갖고 그릇된 성에 대한 관념, 가치관을 버린다.
- 성에 있어 부부간에 동등해야 한다.
- 부부 간의 성에 대한 적응은 시간과 노력이 필요하다.
- 성은 사랑과 인격체로서의 교류가 필요하다.

추가 설명

인격적 적응을 위해 노력해야 할 일
- 상대방의 자존심을 최대한 존중해 준다.
- 부부 각자 서로가 원만한 성품을 갖도록 노력한다.
- 상대방의 행동과 성격을 이해하려는 노력을 한다.
- 부부간의 갈등을 당연하고 정상적인 것으로 인식한다.
- 서로의 인격이 끊임없이 발전되도록 한다.

절한 태도를 획득하여 현명하게 실천해야 한다.

② **부부의 경제적 적응을 위한 제안**

    ㉠ 무절제한 지출을 없애고 예산 범위 내에서 경제활동을 한다.

    ㉡ 지출과 소비에 대한 재정 관리는 부부가 함께 의논하여 관리한다.

    ㉢ 부부가 공동의 가계 부양자가 되는 것이 현대 가정에서는 바람직하다.

03 부부간의 갈등

1 갈등의 원인

① **내부 심리적 원인** : 내적 욕구, 본능 및 가치가 서로 상반되는 경우에 내부에서 발생하는 것이다. 갈등의 근원이 자기 자신에게 있고 그로 인해 내적 긴장이 야기된다.

② **내부 신체적 원인** : 신체적 근거를 가진 내부 긴장을 의미한다.

③ **상호 심리적 원인** : 사람들 간의 관계에서 발생하는 것을 뜻한다.

④ **상황적 원인** : 가족 내의 생활 조건, 가족구성원에 대한 사회적 압력 또는 가족기능을 방해하는 예기치 않은 사건 등을 포함한다. 예 실업, 사망, 별거, 이사 등

2 갈등의 가치

모든 부부는 자신들이 수용할 수 있는 방식으로 갈등을 다루게 된다.

① **긍정적 가치**

    ㉠ 갈등해결을 위한 상호의존성, 밀접한 상호작용을 갖게 된다.

    ㉡ 갈등은 부부 유대를 시험하거나 견고하게 하는 것이 되기도 한다.

    ㉢ 부부관계에서의 갈등이 자연적이고 지속적인 면이 있다고 볼 때 갈등의 수용을 통해서 가족의 안정성·만족도를 높일 수 있다.

② **부정적 가치**

    ㉠ 갈등이란 소망과 욕구의 좌절(挫折)에서 일어나며, 박탈 또는 방해로 인해 연유하는 부정적 감정이라는 심리학적 견해에서 보면 갈등이 분노나 적대감 형태로 존속하는 한 관계가 조화를 유지할 수 없다.

    ㉡ 갈등상태가 있을 때 언어적 또는 신체적 공격이 있을 수 있다.

3 갈등의 처리 방법

① **회피**

    ㉠ 어떤 부부는 회피를 통하여 갈등을 처리한다. 즉, 사람이나 상황 및 갈등을 자극하는 문제들을 회피함으로써 갈등을 막는다.

    ㉡ 갈등을 회피하고자 할 때는 긍정적이고 생산적인 경우도 있으나 때로는 비생산적일

추가 설명

부부관계에 영향을 미치는 요인
- 부모의 성공적인 결혼생활
- 교제기간
- 연령과 성숙도
- 개인에 대한 충분한 이해와 관심
- 자유의지에 따른 선택
- 부모의 동의
- 부부의 상호존중적 태도
- 부부의 유사한 관심과 흥미
- 안정적이고 우호적인 가족관계
- 경제적인 안정
- 종교생활

추가 설명

회피의 예 : 일이나 여가활동을 통한 신체적 행동 또는 영화 감상이나 이웃을 방문함으로써 주의를 돌리거나 상담자와의 토론에서 부부가 합리적으로 심정을 토론하면서 부정적 감정을 이완시키는 것이다.

수도 있다.
② **건설적인 논쟁** : 부부간의 건설적인 논쟁이란 문제의 핵심을 정확히 파악하고 그것에 대처하여 보다 완전한 이해와 동의, 타협 또는 다른 수용 가능한 해결책을 찾아내는 것을 뜻한다.
③ **파괴적 논쟁** : 이것은 문제 자체보다는 상대방의 자아에 대해서 공격하는 것이다. 즉, 상대방의 감정을 상하도록 결점을 들추거나 경멸하여 수치를 느끼게 하고 제재를 가하는 것이다.
④ **위협과 복종** : 권위주의적 수단으로 복종을 강요하기 위해 강제와 협박을 하는 경우이다.
⑤ **역할 수정과 역할 전환**
　㉠ **역할 수정** : 역할기대를 변화시키든가 자신의 역할을 정정하려는 의지를 갖고 절충, 승인 또는 동의를 구하는 것을 뜻한다.
　㉡ **역할 전환** : 상대방의 입장을 이해하려는 시도에서 상대방의 역할을 가정해 보는 것이다.
⑥ **협상과 계약**
　㉠ 협상과 계약이란 부부간에 교환 형태를 통하여 갈등을 해결하려는 과정이다.
　㉡ 협상과 계약은 부부가 함께 행동변화를 꾀하는 작업이다.
　㉢ 갈등이 신체적 공격이나 습관적 싸움으로 흐르지 않고 해결될 수 있는 가능성은 부부가 문제 해결이 용이한 시기 또는 상황을 적절히 포착하여 논점을 정확히 토론하는 것이다.

04 부부간의 의사소통

1 의사소통의 중요성
① 원만한 의사소통은 가족의 상호작용에 근본이 되고, 부부관계에 활력을 불어 넣는다.
② 부부간의 대화 시간이 많을수록 결혼생활에서 만족감이 높다.
③ 부부간의 의사소통이 원활할수록 서로의 목표와 역할을 정확하게 인지하고 서로 이해할 수 있게 된다.
④ 의사소통을 명확히 함으로써 부부가 항상 일치하는 것은 아니지만, 일치하지 않은 면을 이해하고 수용하는 데 도움을 주며, 이것은 결혼생활에 있어서 올바른 적응을 가능하게 한다.
⑤ 의사소통의 부정적 측면으로서, 서로 의견이 맞지 않을 때 그 차이를 모욕이나 애정의 부족으로 생각하고 부부가 충돌한다면, 그것은 부부관계를 붕괴시키는 시초가 될 수 있다.

추가 설명

파괴적 논쟁 : 상대방에게 수치를 느끼게 하고 제재를 가하는 파괴적 논쟁의 경우에는 미움과 적대감을 증가시키고 신뢰감과 애정을 감소시키며 소외를 더욱 증가시킨다.

추가 설명

역기능적 의사소통(고트만, Gottman)
- 비난 : 배우자의 구체적인 행동보다 성격을 공격하는 것이다.
- 경멸 : 잘난 체하면서 의도적으로 멸시와 모욕, 창피를 주는 것으로 관계를 가장 많이 손상시키는 것이다.
- 방어 : 배우자의 말을 인정하지 않고 변명하거나 반박하는 것이다.
- 냉담 : 싸움에 압도되어 굳은 표정으로 침묵하거나 자리를 피하는 방식으로 아예 상대하지 않는 것이다.

2 언어적 및 비언어적 의사소통

① 보통 언어적 의사소통이 비언어적 의사소통보다 결혼 적응에 크게 관련된다.
② **언어적 의사소통** : 흥미나 자기노출, 행위의 조작을 쉽게 하고 관계 형성에 중요한 기능을 한다.
③ **비언어적 의사소통** : 자세나 얼굴 표정, 근육의 긴장, 눈물 등 신체적 표현이나 옷 입는 태도, 화장 등으로 나타나는 상징적 표현이다.

3 의사소통의 장애

① **신체적·환경적 장애** : 대체로 부부가 오래 가까이 있도록 환경이 마련되면 친밀감이 발달할 가능성이 커진다.
② **상황적 장애** : 부부가 함께 있더라도 많은 사람들 속에서 생활한다면 프라이버시의 부족으로 친밀한 의사소통이 더 어렵게 된다.
③ **문화적 장애** : 교육, 연령, 성장환경 등의 차이가 부부간의 의사소통 능력에 영향을 준다.
④ **심리적 장애** : 의사소통의 가장 중요한 장애로, 거절·조소·경멸·소외와 두려움 등이 있을 수 있다.

4 의사소통 기술

① 서로에 대한 관심과 감정이입(感情移入)이다.
② 자신의 태도·감정·생각을 노출하려는 자발성의 문제이다.
③ 부부는 상호간에 신중한 청취자가 되어야 하며, 표현과 피드백이 양자 사이에 자유롭게 이루어지는 것이다.
④ **진실한 의사전달을 위해서 필요한 태도**
  ㉠ 말의 이중적 의미를 피하고 한 가지로 분명히 나타낸다.
  ㉡ 명확하고 적절하게 이야기한다.
  ㉢ 과장하거나 아니면 삼가면서 말하는 것을 피해야 한다.
  ㉣ 개인의 실제 감정과 의견을 속이는 일을 하지 않는다.
  ㉤ 정확히 전달되지 않으면 말을 반복하도록 한다.
  ㉥ 상대방이 자신의 이야기에 집중할 때 중요한 문제에 대해 이야기한다.

추가 설명

부부간 의사소통 장애 요인

- **문화적 차이** : 다른 문화적 환경에서 성장한 두 사람은 의사소통 유형의 차이로 의사소통 장애를 가져오게 된다.
- **성역할 학습의 차이** : 남녀에 대한 사회문화적 기대가 달라 성역할 학습에 차이가 있다.
- **간접적인 의사소통** : 의도하는 바를 확실하게 직접 표현하지 않고 암시만을 하여 상대방이 메시지의 참뜻을 파악하기 어렵게 한다.
- **단어 사용의 차이** : 같은 단어라도 의미가 다르게 사용되거나, 억양에 따라 의미가 달라질 수 있다.
- **지나친 일반화나 불확실한 가정** : '모든 사람이 다 똑같을 것이다'라던가 '나는 나의 배우자에 대해 모든 것을 알고 있어야 한다'는 등의 생각은 의사소통을 곤란하게 만들 수 있다.
- **선택적 인지** : 이전에 습득한 주관적 생각만을 고집하고 변화를 거부하며, 자신의 견해와 반대되는 사실을 인정하지 않으려는 태도이다.
- **모순적인 의사소통** : 내용이 다른 두 가지 메시지를 동시에 보내거나 언어적 메시지와 비언어적 메시지가 서로 다를 때, 상대방은 어떤 반응을 보여야 할지 곤란하게 된다.
- **혼자 말하기** : 자신만이 상대방에게 말하고 상대방에게는 기회를 주지 않기 때문에 좋은 방법이 아니다.
- **방어적 의사소통** : 상대방을 이해하기보다 자신을 보호하려 하기 때문에, 상대방의 감정, 요구, 의도를 덜 정확히 인지하게 되어 장애요인이 된다.

실전예상문제

객관식

1 역할과 관련된 설명이 잘못된 것은?
① 역할은 어떠한 지위에 있는 각 개인에게 맡겨진 행동규준이다.
② 역할수행은 역할 담당자가 실제로 행하는 행동이다.
③ 개인의 행동양식을 말한다.
④ 역할수행과 역할기대, 역할인지의 세 차원이 있다.

> **해설** 역할은 어떤 지위에 있는 각 개인에게 맡겨진 행동규준이며, 개인이 어떤 지위를 차지할 때에 그 지위에 주어지는 행동유형이나 권리, 의무관계를 말한다.

2 가족 내에 있어서 부부의 역할을 수단적인 역할과 표현적인 역할로 구분한 사람은?
① 파슨스   ② 에릭슨   ③ 로저스   ④ 프로이트

> **해설** 파슨스의 핵가족에 있어서 부부의 역할 : 수단적 역할과 표현적 역할로 구분했는데, 전자는 가족의 균형 유지와 대외 목적을 위해 바람직한 관계를 수립하는 역할이며, 후자는 가족구성원내의 통합관계 유지와 긴장 완화 등의 정서적인 관계를 담당하는 역할이다.

3 역할의 차원 중 역할담당자가 어떤 역할을 자기가 수행해야 할 일이라고 지각하고 있는 상태를 무엇이라 하는가?
① 역할갈등   ② 역할수행   ③ 역할기대   ④ 역할인지

> **해설** 역할인지 : 어떤 역할을 자기가 수행해야 할 일이라고 지각하고 있는 상태이다.

4 역할담당자에 대한 다른 사람으로부터의 역할 수행상의 평가적 기준은 무엇인가?
① 역할관계   ② 역할기대   ③ 역할수행   ④ 역할인지

> **해설** 역할기대 : 역할담당자에 대한 다른 사람으로부터의 역할 수행상의 평가적 기준을 말한다.

5 다음 중 전통사회에서 수직의 관계였던 것이 수평적인 관계로 변화되고 있는 관계는 무엇인가?
① 형제관계   ② 친족관계   ③ 부부관계   ④ 친자관계

해설 전통사회에서 수직의 관계였던 부부관계는 점차 수평적인 관계로 변화되고 있다.

6 다음 중 전통적인 부부간의 역할 특성에 대한 내용으로 알맞은 것은?
① 남성과 여성 모두의 인간적 존엄성이 존중된다.
② 가정 외부와 연합된 사회적 참여가 활발하다.
③ 부부간의 뚜렷한 노동분화를 특징으로 한다.
④ 상호 감정적 욕구가 만족된다.

해설 역할은 어떠한 지위에 있는 각 개인에게 맡겨진 행동기준으로, 전통적인 부부간 역할분담은 남편은 부양자로서, 부인은 가사 및 육아를 담당하는 자로 엄격하게 구분하였다.

7 전통사회에서의 부부간의 역할 관계 특징으로 알맞지 않은 것은?
① 남성의 우월성과 여성의 종속성
② 부부간의 사랑과 동료감의 추구
③ 가정 외부와 연합된 사회 참여 결여
④ 고도로 분리된 성역할

해설 문제 6번 해설 참조

8 전통적 부부관계에서 역할 관계의 특징으로 거리가 먼 것은?
① 성역할 분리   ② 여성의 종속성   ③ 협조적 융통성   ④ 상호만족 결여

해설 전통적 부부관계에서는 감정적, 사회적 고립감과 상실감을 초래한다.

9 현대 부부의 역할로 거리가 먼 것은?
① 자녀양육의 사회화 역할
② 공급자, 가정관리자의 역할
③ 치료적 역할
④ 통제의 역할

해설 현대 부부의 역할 : 자녀양육의 사회화 역할, 공급자, 가정관리자의 역할, 치료적 역할, 성적인 역할, 오락 및 휴식의 역할

정답 1.❸ 2.❶ 3.❹ 4.❷ 5.❸ 6.❸ 7.❷ 8.❸ 9.❹

10 부부간의 적응 중 부부가 시기별로 각 과정마다 역할 전환에 잘 적응하고 부부간에도 재결속을 위한 준비를 계속해야 하는 것과 관련있는 것은?

① 친밀감 발달 적응   ② 성적 적응   ③ 역할 변화의 적응   ④ 인격적 적응

해설 역할 변화의 적응 : 부부는 결혼해서 노년기가 되어 사회활동에서 물러나는 시기가 될 때까지 수없는 역할의 변화에 적응하면서 살아간다. 각 과정마다 역할 전환에 잘 적응하고 부부간에도 재결속을 위한 준비를 계속해야 한다.

11 다음 중 부부간의 성적 적응에 대한 내용으로 거리가 먼 것은?

① 성에 대한 정확한 지식을 갖고 그릇된 성에 대한 관념, 가치관을 버린다.
② 성은 사랑과 인격체로서의 교류가 필요하다.
③ 성적 적응에 시간과 노력이 요구된다.
④ 남자 우위 성적 적응이어야 한다.

해설 성에 있어서 부부간에 동등해야 한다.

12 부부의 인격적 적응을 위해 노력해야 할 일로 거리가 먼 것은?

① 상대방의 자존심을 최대한 존중해 준다.
② 부부 각자 서로가 원만한 성품을 갖도록 노력한다.
③ 부부간 갈등을 당연시 해서는 절대 안된다.
④ 상대방의 행동과 성격을 이해하려는 노력을 한다.

해설 부부의 인격적 적응을 위해 노력할 일
• 상대방의 자존심을 최대한 존중해 준다.
• 부부 각자 서로가 원만한 성품을 갖도록 노력한다.
• 상대방의 행동과 성격을 이해하려는 노력을 한다.
• 서로의 인격이 끊임없이 발전되도록 한다.
• 부부간의 갈등을 당연하고 정상적인 것으로 인식한다.

13 현대 부부의 경제적 적응을 위한 노력으로 거리가 먼 것은?

① 부부가 공동의 가계 부양자가 되도록 한다.
② 지출과 소비에 대한 재정관리는 부부가 함께 의논하여 관리한다.
③ 예산 범위를 초과하여 경제활동을 한다.
④ 수입에 대한 건전한 사용 방법과 적절한 태도를 획득하여 현명하게 실천한다.

해설 무절제한 지출을 없애고 예산 범위 내에서 경제활동을 한다.

14 다음에서 설명하는 피임 방법은?

> 보기
> - 자궁에서 이탈하지 않는 한 98%의 피임을 보장한다.
> - 여성 자신이 느끼지 못하는 사이에 빠져나올 수도 있고 불규칙한 하혈이나 하복부 통증 등의 부작용이 있을 수 있다.

① 루프   ② 나팔관 수술   ③ 콘돔   ④ 경구 피임약

해설 루프에 대한 설명이다.

15 다음 〈보기〉와 같은 부부간 갈등의 원인은 무엇인가?

> 보기
> 사람들 간의 관계에서 발생하는 것으로 예를 들어 어머니에게 깊은 분노를 가진 남편이 어머니를 연상시키는 부인에게 적대감을 표시하는 것

① 상황적 원인   ② 상호 심리적 원인   ③ 내부 신체적 원인   ④ 내부 심리적 원인

해설 부부간 갈등
- 내부 심리적 원인 : 내적 욕구, 본능 및 가치가 서로 상반되는 경우에 내부에서 발생하는 것이다.
- 내부 신체적 원인 : 신체적 피로, 신체적 질병, 정서적 질병에 의한 내부 긴장을 의미한다.
- 상호 심리적 원인 : 사람들 간의 관계에서 발생하는 것을 뜻한다.
- 상황적 원인 : 가족 내의 생활 조건, 가족구성원에 대한 사회적 압력, 가족기능을 방해하는 예기치 않은 사건 등을 포함한다.

16 다음 중 가족 기능을 방해하는 예기치 않은 사건과 관계있는 부부간 갈등의 원인은?

① 내부 신체적 원인   ② 상호 심리적 원인   ③ 내부 심리적 원인   ④ 상황적 원인

해설 상황적 원인은 가족 내의 생활 조건, 가족구성원에 대한 사회적 압력 또는 가족 기능을 방해하는 예기치 않은 사건 등을 포함한다. 실업이나 원하지 않은 임신, 사망 또는 강요된 별거나 이사 등의 예기치 못한 사건들은 부부간에 싸움을 일으키기에 충분하며, 특히 정서적으로 미성숙하거나 불안정한 부부의 경우에 적용된다.

정답 10.❸ 11.❹ 12.❸ 13.❸ 14.❶ 15.❷ 16.❹

17 다음의 〈보기〉에 해당하는 부부간의 갈등 원인은 무엇인가?

- 실업
- 사망
- 가족 내의 생활조건
- 가족 기능을 방해하는 예기치 않은 사건
- 가족구성원에 대한 사회적 압력
- 원치 않은 임신
- 강요된 별거

① 상황적 원인　② 상호 심리적 원인　③ 내부 신체적 원인　④ 내부 심리적 원인

해설 문제 16번 해설 참조

18 다음의 〈보기〉에 해당하는 부부간의 갈등의 원인은 무엇인가?

남편을 잃을까 공포에 떠는 아내는 다른 여성에 대해 지나치게 질투를 하게 되며, 남편이 이성과 이야기만 해도 남편과 언쟁을 벌인다.

① 상황적 원인　② 상호 심리적 원인　③ 내부 신체적 원인　④ 내부 심리적 원인

해설 **내부 심리적 원인** : 내적 욕구, 본능 및 가치가 서로 상반되는 경우에 내부에서 발생하는 것이다. 기본적인 갈등의 근원이 상대방과의 사이에 있는 것이 아니라 자기 자신에게 있고, 그로 인해 내적 긴장이 야기된다. 그 결과 긴장을 자극하는 상황에서 배우자와 싸움을 하게 된다. 개인이 심한 불안, 공포 또는 신경질적 욕구를 가질 때 부부간 마찰이 생긴다. 남편을 잃을까봐 공포에 떠는 아내는 다른 여성에 대해 지나치게 질투를 하게 되며, 남편이 이성과 이야기만 해도 남편과 언쟁을 벌인다. 이 경우에 갈등은 개인의 심리 내부에 깊이 존재한다고 볼 수 있다.

19 다음 중 본능 및 가치가 서로 상반되는 경우에 나타날 수 있는 부부간 갈등은?

① 내부 심리적 원인　② 내부 신체적 원인　③ 상호 심리적 원인　④ 상황적 원인

해설 문제 18번 해설 참조

20 갈등의 가치에 관한 내용 중에서 틀린 것은?

① 갈등은 긍정적인 가치를 가질 수 있다.
② 갈등은 부부 유대를 시험하거나 견고하게 하는 것이 되기도 한다.
③ 부부간의 갈등은 어떠한 경우에도 수용될 수 없다.
④ 갈등은 소망과 욕구의 좌절에서 일어나기도 한다.

해설 부부관계에서의 갈등이 자연적이고 지속적인 면이 있다고 볼 때, 갈등 자체를 수용하는 자세가 필요하다.

21 다음 중 부부간의 갈등이 갖는 긍정적 가치로 거리가 먼 것은?

① 갈등의 해소를 위한 효과적인 방법으로 회피·위협과 복종, 파괴적 논쟁 등을 활용할 수 있다.
② 갈등의 수용을 통하여 가족의 안정성 및 만족도를 높일 수 있다.
③ 갈등상태를 겪음으로써 상호의존성을 가지며 밀접한 상호작용을 할 수 있다.
④ 그들의 갈등을 해결할 수 있는 유대관계인지, 아닌지를 시험할 수 있다.

해설 갈등의 처리방법 중 회피·위협과 복종, 파괴적 논쟁 등은 고독의 증가, 친밀감의 상실 등 장기적인 안목으로 보면 갈등을 더욱 증가시킬 뿐이다.

22 다음 중 갈등이 갖는 부정적 가치에 해당되는 것은?

① 갈등해결을 위한 상호의존성, 밀접한 상호작용을 갖게 된다.
② 갈등의 수용을 통해서 가족의 안정성·만족도를 높일 수 있다.
③ 언어적·신체적 공격을 수반할 수 있다.
④ 부부 유대를 시험하거나 견고하게 한다.

해설 부부간 갈등은 서로를 묶는 유대의 과정을 통하여 부부간 유대를 견고하게 하는 긍정적인 가치를 갖는 반면, 분노나 적대감이 언어적 또는 신체적 공격으로 표현될 수 있는 부정적인 가치를 갖는다.

23 다음 중 갈등의 부정적 가치에 해당되는 것은?

① 갈등을 통해 서로의 위치, 역할 등에서 상호의존성, 밀접한 상호작용을 하게 된다.
② 분노, 적대감을 수반하므로 부부관계의 조화를 유지할 수 없다.
③ 갈등을 수용함으로써 가족의 안정성 및 만족도를 높일 수 있다.
④ 부부 유대를 시험하거나 견고하게 한다.

해설 갈등이란 소망과 욕구의 좌절에서 일어나며, 박탈 또는 방해로 인해 연유되는 부정적 감정이라는 심리학적 견해에서 보면, 갈등이 분노나 적대감 형태로 존속하는 한 관계가 조화를 유지할 수 없다.

24 다음 〈보기〉의 내용에 해당되는 부부간 갈등 처리 방법은?

정답 17.① 18.④ 19.① 20.③ 21.① 22.③ 23.② 24.④

> **보기** 일이나 여가활동을 통한 신체적 행동, 또는 영화 감상이나 이웃을 방문함으로써 주의를 돌리거나 상담자와의 토론에서 부부가 합리적으로 심정을 토론하면서 부정적 감정을 이완시킨다.

① 역할수정과 역할전환   ② 협상과 계약   ③ 건설적인 논쟁   ④ 회피

해설 갈등의 처리 방법 중 어떤 부부는 회피를 통하여 갈등을 처리한다. 즉, 사람이나 상황 및 갈등을 자극하는 문제들을 회피함으로써 갈등을 막는다. 예를 들면, 일이나 여가 활동을 통한 신체적 행동, 또는 영화 감상이나 이웃을 방문함으로써 주의를 돌리거나 상담자와의 토론에서 부부가 합리적으로 심정을 토론하면서 부정적 감정을 이완시키는 것이다.

25 다음 중 문제의 핵심을 정확히 파악하고 대처하여 수용가능한 해결책을 찾으려는 부부간 갈등 처리 방법은?

① 회피   ② 건설적인 논쟁   ③ 협상과 계약   ④ 위협과 복종

해설 부부간의 건설적 논쟁이란 문제의 핵심을 정확히 파악하고 그것에 대처하여 보다 완전한 이해와 동의, 타협 또는 다른 수용 가능한 해결책을 찾아내는 것을 뜻한다.

26 다음 중 상대방의 자아에 대해 공격하는 것으로, 상대방의 감정을 상하도록 결점을 지적하고 경멸하여 수치를 느끼게 하고 제재를 가하는 갈등 처리 방법은?

① 협상과 계약   ② 역할 수정과 역할 전환
③ 위협과 복종   ④ 파괴적 논쟁

해설 갈등의 처리방법에는 회피, 건설적인 논쟁, 파괴적 논쟁, 위협과 복종, 역할 수정과 역할 전환, 협상과 계약이 있다. 상대방에게 수치를 느끼게 하고 제재를 가하는 파괴적 논쟁의 경우에는 미움과 적대감을 증가시키고 신뢰감과 애정을 감소시키며 소외를 더욱 증가시킨다.

27 다음의 〈보기〉와 같은 부부 갈등의 처리 방법은?

> **보기**
> ㉠ 애정, 신뢰감에 상처를 내고 적대감이 생기게 된다.
> ㉡ 상대방의 결점을 지적하고 경멸하여 수치를 느끼게 한다.
> ㉢ 상대방의 자아에 대해 공격한다.

① 역할 전환   ② 파괴적 논쟁   ③ 위협과 복종   ④ 회피

해설 부부간의 파괴적 논쟁 : 문제 자체보다는 상대방의 자아에 대해서 공격하는 것이다.

28 상대방의 입장을 이해하려는 시도에서 상대방의 역할을 가정해 보는 갈등 처리 방법은?

① 파괴적 논쟁　　② 회피　　③ 역할 수정　　④ 역할 전환

해설 역할 전환 : 상대방의 입장을 이해하려는 시도에서 상대방의 역할을 가정해 보는 것이다.

29 부부가 함께 행동 변화를 꾀하는 작업과 관계있는 갈등 처리 방법은?

① 협상과 계약　　② 건설적 논쟁　　③ 파괴적 논쟁　　④ 위협과 복종

해설 부부간에 협상이 이루어지면 형식적이든 비형식적이든 계약을 성립시키고 좋은 관계가 될 수 있는 계기를 마련할 수 있다.

30 다음 중 부부간 의사소통의 중요성으로 거리가 먼 것은?

① 대화시간이 많을수록 결혼생활에 만족감이 높다.
② 보편적인 언어를 선택, 사용하며 비언어적 의사소통은 사용하지 않는다.
③ 의사소통이 원활할수록 서로의 목표와 역할을 정확히 인지하게 된다.
④ 원만한 의사소통은 가족의 상호작용에 근본이 되며, 부부관계에 활력을 준다.

해설 원만한 의사소통은 가족의 상호작용에 근본이 되고, 부부관계에 활력을 불어 넣는다. 행복한 부부일수록 더 넓은 범위의 화제를 가지며 쌍방적이고 비언어적인 대화를 한다. 부부간의 의사소통이 원활할수록 서로의 목표와 역할을 정확하게 인지하고 서로 이해할 수 있게 된다.

31 다음의 〈보기〉와 같은 의사소통장애는 어떤 것인가?

> **보기**
> • 부부가 함께 있다 하더라도 많은 사람들 속에서 생활하는 경우 프라이버시의 부족으로 친밀한 의사소통이 어렵게 된다.
> • 취업으로 인해 오랫동안 부부가 떨어져 있는 경우 의사소통이 약화되어 친밀감이 상실될 수 있다.

① 심리적 장애　　② 문화적 장애　　③ 상황적 장애　　④ 신체적 장애

해설 상황적 장애는 예를 들어, 취업으로 인해 오랫동안 부부가 떨어져 있으면 의사소통이 약화되어 친밀감이 상실될 수 있다.

정답 25.❷　26.❹　27.❷　28.❹　29.❶　30.❷　31.❸

32 부부간 의사소통 장애요인에 대한 설명으로 옳지 않은 것은?

① 문화적 차이는 의사소통 장애를 가져올 수 있다.
② 간접적인 의사소통만을 하는 것이 부부간 대화에 좋다.
③ 지나친 일반화나 불확실한 가정은 의사소통을 곤란하게 할 수 있다.
④ 혼자말하기는 상대방에게는 기회를 주지 않기 때문에 좋은 방법이 아니다.

해설 간접적인 의사소통은 의도하는 바를 확실하게 직접 표현하지 않고 암시만을 하여 상대방이 메시지의 참뜻을 파악하기 어렵게 한다.

33 다음 중 진실한 의사전달을 위해 필요한 태도로 알맞은 것은?

① 의사가 정확히 전달되지 않는 경우라도 되풀이하는 것을 피한다.
② 개인의 실제 감정을 삼가고 숨기는 것이 필요하다.
③ 포괄적이고 은유적인 표현을 쓴다.
④ 말의 이중적 의미를 피하고 한 가지로 분명히 나타낸다.

해설 진실한 의사전달을 위해 필요한 태도
- 말의 이중적 의미를 피하고 한 가지로 분명히 나타낸다.
- 명확하고 적절하게 이야기한다.
- 과장하거나 삼가면서 말하는 것을 피한다.
- 개인의 실제 감정과 의견을 속이는 일을 하지 않는다.
- 정확히 전달되지 않으면 말을 반복하도록 한다.
- 상대방이 자신의 이야기에 집중할 때 중요한 문제에 대해 이야기한다.

정답 32. ❷ 33. ❹

주관식

1 다음 〈보기〉의 ㉠과 ㉡은 파슨스가 전통적 부부역할을 구분한 내용이다. 각각 어떤 역할에 대한 설명인지 쓰시오.

> **보기**
> ㉠ 가족 구성원 내의 통합관계 유지와 긴장 완화 등의 정서적인 관계를 담당하는 역할이다.
> ㉡ 가족의 균형 유지와 대외 목적을 위해 바람직한 관계를 수립하는 역할이다.

2 부부간 전통적 역할의 특징을 3가지 이상 쓰시오.

3 갈등의 긍정적 가치를 2가지 이상 쓰시오.

Answer

1 ㉠ 표현적 역할, ㉡ 수단적 역할

2 부부간 전통적 역할 : 전통적인 부부역할은 남편은 주로 대외적 활동을 하면서 생계를 책임지고 가족을 부양, 아내는 가정 내에서 가사와 육아를 담당한다.
- 남성의 우월성과 여성의 종속성
- 여성의 일과 남성의 일 사이에 뚜렷한 노동분화가 있는 고도로 분리된 성역할
- 남편은 가계소득의 담당자이고, 부인은 가사종사자 · 어머니 간혹 가계소득의 보조자로서 남편과 아내의 실질적 역할 강조
- 감정적 욕구에 대한 상호만족의 결여
- 가정 외부와 연합된 사회적 참여의 결여

3
- 상호의존성, 밀접한 상호작용을 갖게 된다.
- 부부 유대를 시험하거나 견고하게 하는 것이 되기도 한다.
- 갈등의 수용을 통해서 가족의 안정성 · 만족도를 높일 수 있다.

4 진실한 의사전달을 위해 필요한 태도를 3가지 이상 쓰시오.

5 부부간 갈등 원인에 대하여 쓰시오.

6 부부간 의사소통의 중요성을 3가지 이상 쓰시오.

Answer

4
- 말의 이중적 의미를 피하고 한 가지로 분명히 나타낸다.
- 명확하고 적절하게 이야기한다.
- 과장하거나 삼가면서 말하는 것을 피한다.
- 개인의 실제 감정과 의견을 속이는 일을 하지 않는다.
- 정확히 전달되지 않으면 말을 반복하도록 한다.
- 상대방이 자신의 이야기에 집중할 때 중요한 문제에 대해 이야기한다.

5
- **내부 심리적 원인** : 내적 욕구, 본능 및 가치가 서로 상반되는 경우에 내부에서 발생하는 것이다.
- **내부 신체적 원인** : 신체적 피로, 신체적 질병, 정서적 질병에 의한 내부 긴장을 의미한다.
- **상호 심리적 원인** : 사람들 간의 관계에서 발생하는 것을 뜻한다.
- **상황적 원인** : 가족 내의 생활 조건, 가족구성원에 대한 사회적 압력, 가족기능을 방해하는 예기치 않은 사건 등을 포함한다.

6
- 원만한 의사소통은 가족의 상호작용에 근본이 되고, 부부관계에 활력을 불어 넣는다.
- 부부간의 대화 시간이 많을수록 결혼생활에서 만족감이 높다.
- 부부간의 의사소통이 원활할수록 서로의 목표와 역할을 정확하게 인지하고 서로 이해할 수 있게 된다.
- 의사소통을 명확히 함으로써 부부가 항상 일치하는 것은 아니지만, 일치하지 않은 면을 이해하고 수용하는 데 도움을 주며, 이것은 결혼생활에 있어서 올바른 적응을 가능하게 한다.

제3부 가족 내의 인간관계

15 부모자녀관계

 단원 개요

부모와 자녀와의 관계는 가족의 인간관계 중에서 가장 본질적이고 애정적인 관계가 된다. 이 단원에서는 이러한 부모자녀관계의 특성에 입각하여 부모의 역할에 대하여 개관하고, 자녀의 양육과 사회화에서 부모의 양육태도가 자녀의 인성발달에 어떤 영향을 주는가와 그에 따른 훈육문제를 다루어 본다. 또한 부모-자녀간의 상호관계를 통해 부모와 자녀가 서로 어떠한 영향을 주는지 알아보고 가족구조가 자녀에게 주는 영향을 고찰하게 된다. 부모가 자녀에 대한 사랑의 표현을 어떻게 하며, 또 바람직한 인간상을 어디에 설정하느냐에 따라서 부모자녀관계가 큰 영향을 받으므로 부모는 부모자녀관계에 대한 올바른 가치 및 지식을 갖도록 해야 한다.

 출제 경향 및 수험 대책

이 단원에서는 부모의 역할, 어머니 및 아버지의 역할, 부모의 양육태도가 자녀에게 미치는 영향, 바람직한 훈육방법, 부모-자녀 간의 상호작용, 자녀와 애착(愛着) 및 의존 시기, 자녀의 활동 확장과 부모자녀관계, 자녀가 부모에게 미치는 영향, 가족구조가 자녀에게 미치는 영향, 가족구성원의 연령과 성별 비율, 출생순위에 따른 인성발달 등에 대해서 묻는 문제들이 출제될 수 있는 바, 자세하고 철저한 학습이 요구된다.

15

01 부모의 역할

1 부모됨의 동기

① **부모됨의 지위 획득** : 부모가 됨으로써 여러 가지 어려운 경제적·교육적 책임과 의무가 있음에도 불구하고 누구나 부모가 되기를 원하는 것은 부모가 됨으로써 사회적으로 자랑스러운 새로운 지위를 얻기 때문이다.

② **사랑·애정의 필요** : 매슬로(Maslow)가 제시한 인간의 욕구 중에는 애정에 대한 욕구가 있다.

③ **자기확장(自己擴張)**
   ㉠ 부모는 자녀를 둠으로써 후손을 남긴다는 의미에서 자기연장이나 자기불멸성을 느낀다.
   ㉡ 부모 자신의 행동 특성이나 태도가 좋든 나쁘든 간에 자신을 그대로 자녀에게 투사하고 반영한다.
   ㉢ 부모됨의 가장 중요한 동기는 자기를 이어준다는 지속감(持續感)이라고 할 수 있다.

④ **창의, 성취감**
   ㉠ 자녀를 둠으로써 부모의 창의, 성취감을 획득하려는 동기는 어머니보다는 아버지가 갖는 심리적 동기라고 한다.
   ㉡ 부모는 자식을 통해서 자기의 계획을 실현시키고, 자기보다 나은 후손을 남기려는 욕망을 갖고 있다.

⑤ **지도 및 권위**
   ㉠ 인간에게 있어서 보편적인 사회적 욕구의 하나는 권위에 대한 것이다.
   ㉡ 부모의 자녀에 대한 태도는 각 가정마다 다르겠지만 그러한 태도 문제 이전에 부모라는 위치 자체가 자녀들에게는 권위적 위치이고, 부모는 권위적 존재이기 마련이다.

⑥ **희열과 행복감**
   ㉠ 부모됨의 만족이란 단순한 만족이 아니라, 창의·긍지·권위·자기연장·애정 등이 종합되어 연결된 만족이다.
   ㉡ 부모의 만족이란 하나의 미적 추구이고, 미적 감정이다.

2 어머니의 역할

① 종교적 차원에 이르는 도덕적 교육 담당자이다.
② 교량적 역할을 한다.
③ 자녀의 건강과 위생 담당자의 역할을 한다.
④ 자녀에 대하여 표현적·정서적인 역할을 담당한다.
⑤ 자녀의 사회화 과정에 있어서 최초의 그리고 가장 장기간의 대행자 역할을 담당한다.

추가 설명

부모 자녀관계의 특징

- 인간관계 중에서 가장 혈연적인 관계이다. 즉, 가장 일차적인 인간관계이며, 가장 본능적인 애착이 강한 관계이다.
- 가장 수직적이고 종속적인 관계이다. 서로 불평등한 자격과 위치에서 일방적인 상호작용이 일어나는 수직적인 관계이다.
- 한 인간의 인격형성에 있어서 가장 중요한 관계이다. 자녀의 입장에서는 태어나서 최초로 맺는 인간관계이다. 부모 자녀관계는 가장 기본적이며 근원적인 인간관계라고 할 수 있다.
- 주요한 교육의 장이다. 즉, 가장 기본적인 사회화 과정이 부모 자녀관계 속에서 일어난다.
- 세월이 흐르면서 관계의 속성이 현격하게 변화한다. 자녀가 어릴 때는 일방적인 의존적 관계이지만, 자녀가 점차 성장해 가면서 독립적 관계로 변화해 간다. 그후 자녀는 노쇠해진 부모를 봉양해야 하는 보호자의 위치에 서게 된다.

⑥ 자녀의 인성 형성에 중요한 영향을 미치며, 인성의 형태를 결정한다.

3 아버지의 역할

① 자녀의 성역할 발달의 모델이 되고, 원만한 대인관계 유지에 영향을 준다.
② 이성적이고 공정한 판단자의 역할을 한다.
③ 자녀에게 훌륭한 동료적 역할을 할 수 있다.
④ 자녀들의 사회적 지위의 표본이 된다.
⑤ 도구적 · 수단적 역할을 담당한다.

02 자녀의 사회화

1 양육태도가 자녀에게 미치는 영향

① **자녀에 대한 허용적 태도** : 어린이에게 무엇이든 허용해 줌으로써 자녀가 멋대로 하도록 내버려두는 태도이다. 이런 경우 권위를 무시하고 지나친 자신감을 가지며 책임감도 없게 된다.
② **자녀에 대한 지배적 태도** : 지나친 통제력을 행사하고, 엄격하고, 권위적인 태도는 일반적으로 익애적인 부모가 지배적인 태도를 갖는 경우가 많다.
③ **자녀에 대한 거부적 태도** : 어린이를 다루는데 있어서 무관심하거나 둔하며, 자녀들의 성장발달과는 관계없는 분위기를 조성하거나 또는 어린이에게 적대감을 표시하는 것이다.
④ **자녀에 대한 익애적 태도** : 부모와 자녀 간의 지나친 접촉을 의미한다. 자녀를 지나치게 귀여워하고 그들의 문제를 대신 해결해 준다. 이러한 태도가 어린이에게 미치는 영향은 흥분, 수줍음, 불안감, 초조감, 집중력의 결핍 등을 갖게 하는 것이다. 또한 신경질적일 뿐만 아니라 성숙하고 표정관리를 하지 못하며, 다른 아이들과 항상 경쟁적인 관계를 갖게 한다.
⑤ **자녀에 대한 수용적 태도** : 부모가 자녀에게 깊은 관심을 가지며 사랑스럽게 대하고 독립된 인간으로 존중하는 태도이다. 이 경우 자녀는 사회적이고 협동적이다.

2 자녀의 사회화와 교육

① 사회화는 개인이 사회나 사회집단의 정해진 방식이나 규율을 배움으로써 그 안에 적응하고 기능할 수 있게 되는 과정이다.
② 사회화는 훈육을 통해서 이루어지는데, 훈육의 목적은 적절한 행동을 하도록 지도하는 것이며, 궁극적으로는 도덕성을 인지하고 내적인 자기 통제를 개발하여 집단의 규범과 행동표준에 따라 생활할 수 있도록 하는 것이다. 이러한 훈육을 잘 수행하려면 서로를 존중하면서 사랑과 신뢰를 바탕으로 일관성 있게 자녀를 지도해야 한다.

추가 설명

부모에게 자녀의 가치
- 자녀는 부모의 성인 지위를 확고하게 하고, 사회 정체감을 인식하도록 한다.
- 자녀는 자아의 지속과 일종의 불멸성을 위한 수단을 제공한다.
- 자녀는 부모가 학교, 지역사회, 이웃 등으로 활동 범위를 넓히게 한다.
- 한 가족집단을 유지하려는 노력과 자기 이전에 다른 사람의 복지를 고려하는 위치에 부모를 서게 함으로써 자녀의 존재는 부모에게 보다 더 넓은 도덕적 발달의 기회를 제공한다.
- 자녀는 부모가 비인간적인 사회에서 갖게 되는 소외감을 덜어 준다.
- 자녀는 새로운 구성원으로서 가족을 단란하게 하는 즐거운 존재이다.
- 자녀는 사회화의 과정을 필요로 하므로 부모에게 그러한 능력을 발달시키며, 그 과정에서 성취감을 맛보게 한다.

> **추가 설명**
>
> **바움린드(Baumrind)의 부모양육 행동의 구분**
>
> - **권위 있는 양육 행동** : 요구와 반응이 모두 높다. 부모가 아동의 발달능력에 맞게 일관된 자세로 행동방식에 대한 명확하고 이치에 맞는 기준을 세워 양육하는 유형이다. 부모들은 아동의 요구에 친절하고 따뜻하게 반응하며, 자녀에 대한 기대도 발달단계와 상황에 따라 융통성 있는 기준을 설정한다.(아동의 건강한 적응에 가장 효율적, 자율성·자율감이 높음)
> - **권위적 양육 행동** : 요구는 있으나 반응은 없다. 이 유형의 부모는 규칙에 대한 자녀의 복종에 높은 가치를 두며, 부모자녀관계를 서로 주고받는 호혜적인 관계로 인식하지 않고, 자녀의 욕구를 고려하지 않는다.
> - **허용적 양육 행동** : 자녀에 대한 부모의 반응수준은 높으나 자녀에 대한 요구가 낮다. 자녀에 관대한 부모유형이다. 부모는 따뜻하고 자녀의 충동을 잘 받아들이며 참지만, 자녀의 행동이 성숙해지도록 요구하지 않고, 훈육과정에서 벌을 사용하지 않으며, 부모로서 권위를 세우지 않는다.
> - **거부-방임적 양육 행동** : 이 유형은 허용적 부모유형에서 분리된 것으로, 부모가 자녀에게 관심이 없어 요구를 많이 하지 않기 때문에 자녀에 대한 반응과 요구 모두 없는 유형이다.

3 바람직한 훈육방법

① 부모는 자녀와 사랑 및 신뢰관계를 갖도록 각별한 애정과 관심을 가져야 한다.
② 어린이(특히 취학 전 어린이)를 지도할 때에는 관념적인 지식과 함께 감각을 통한 실제 경험을 함으로써 사물의 특성을 이해하도록 도와주어야 한다.
③ 자녀를 지도함에 있어서 항상 일관성 있는 태도를 가져야 한다.
④ 흥미를 느끼고 어떤 일을 해보려고 할 때 그것이 가능한 환경을 조성해 주어야 한다.
⑤ 부모는 어린이들의 타고난 재질과 능력에 대하여 신념을 가지고 어려서부터 자신감을 갖도록 그들을 격려해야 한다.
⑥ 부모가 삶의 좋은 본보기를 보여줌으로써 자녀들이 원만하게 성장할 수 있도록 도와주어야 한다.

03 부모-자녀 간의 상호작용

1 자녀와 애착(愛着) 및 의존 시기

① 대체로 부모자녀관계는 비교적 순수하고 애정적이며, 자녀에게는 최초의 인간관계이므로 그 영향력이나 흡수력은 매우 강력하다.
② 자녀의 애착 및 의존 시기에는 부모와 자녀의 상호작용에 있어서 자녀가 부모에 대한 것보다는 부모가 자녀의 욕구충족, 사회화에 절대 필요한 존재이다.
③ 아동의 기본적 정서(情緒) 욕구는 안정성, 신뢰감, 사랑, 애정 및 자존에 관한 것이다.

2 자녀의 활동 확장과 부모자녀관계

① 부모자녀의 상호관계에 다른 사회조직이 개입되면서 자녀들은 부모에게 이전과 다른 요구를 하며, 교사나 동료, 사회조직이 함께 영향을 미치게 된다.
② 자녀가 고등교육기에 접어들면서 자녀는 부모와의 유대가 느슨해지고, 점차 독립적인 존재를 지향하게 된다.
③ 자녀가 청년기로 접어들면 한 개인으로서 성취해야 할 여러 발달과업이 부여되는데, 그 것은 부모로부터의 신체적·정서적·경제적 독립과 사회적으로 책임을 지는 행동, 동료들과의 성인다운 관계를 맺는 능력을 습득하는 것 등이다.
④ 적어도 자녀가 부모의 품에서 떠나기 전까지 부모는 자녀가 직업적으로, 또 배우자로서 역할을 잘 수행할 수 있도록 사회화시켜야 하며, 그러기 위해서는 자녀의 교육, 직업에 대해 지지를 해주어야 한다.

3 자녀가 부모에게 미치는 영향

① 자녀는 부모에게 생(生)의 의미를 부여해 준다.

② 자녀는 부모로 하여금 다른 사람을 조정하고 지도하는 능력을 길러준다.
③ 생활을 고쳐보거나 반성하는 기회를 갖게 된다.
④ 부모는 자녀를 키움으로써 부모감(父母感)이라는 심리적 만족을 갖는다.
⑤ 자녀는 가정의 장래이므로 부모는 자녀를 키움으로써 새로운 흥미와 관심이 확대된다.

04 가족구조가 자녀에게 미치는 영향

1 가족형태

① **핵가족** : 부모의 관심을 그대로 아동에게 집중시킬 수 있고, 자유롭게 생활할 수 있는 반면 자녀에게 충분한 시간을 배려할 수 없을 때에는 오히려 인성발달에 부정적인 영향력을 미치게 된다.
② **확대가족** : 폭 넓은 사고를 형성할 수 있는 좋은 점이 있는 반면, 아동의 행동에 제약이 있고 또 무조건적 허용이 병존하기도 한다. 개인보다 집단을 강조한다.
③ **한부모 가족** : 한쪽 부모의 사망·이혼·별거·유기 등으로 인한 한부모 가족은 나름대로 부모자녀관계에 영향을 미친다. 한부모 가족에서는 부모 중 어느 한 역할이 결핍될 수 있고, 또한 제한된 소득으로 경제적 곤란에 처할 가능성이 많기 때문에 자녀 교육에 문제가 있기 쉽다.
   ㉠ **아들에 대한 부부재(父不在)의 영향** : 초년기에 많은 영향을 받으므로 2세 전에 아버지를 잃은 소년들이 3~5세 때에 잃은 경우보다 신뢰감이 적고, 덜 부지런하며, 열등감이 많다. 그러나 형이나 다른 친척들이 일차적으로 그 영향을 덜어줄 수 있다.
   ㉡ **딸에 대한 부부재(父不在)의 영향** : 딸은 자랄 때에는 그다지 영향을 받지 않으나 사춘기가 되면서 영향을 받는데, 의미있는 남성·여성관계를 학습할 기회가 없으므로 이성과의 관계를 맺는데 어려움을 겪는다. 또한 소녀의 여성적 발달에 부정적인 영향을 줄 수 있다.
④ **재혼가족**
   ㉠ 부모의 재혼은 자녀에게 스트레스를 주는 사건이다. 이들은 이혼이나 사별에 대해 어떠한 선택권도 없었다는 것에 분노를 느끼고, 그 분노가 부모에게 특히 함께 사는 부모에게 향하는 경우가 많다.
   ㉡ 같이 사는 부모는 자녀가 부모의 재혼을 이해할 수 있도록 노력해야 하며, 자녀가 손실/감소 → 부정 → 분노 → 걱정/불안 → 죄의식 → 안심 → 수용의 적응 단계를 거쳐 현실에 적응할 수 있도록 도와주어야 한다.
⑤ **다문화가족**
   ㉠ 대체로 농촌의 남성이 결혼이 어려워지면서 중국과 베트남 등지에서 배우자를 선택하면서 다문화 가족을 형성하는 경우가 많다.

추가 설명

확대가족 자녀의 특징
- 자녀들이 좀더 현실적이고 개인보다 집단을 강조한다.
- 조직과 지도력을 강조하여 폭 넓은 사고를 형성할 수 있다.

추가 설명

한부모가족의 부모자녀관계
- 한부모가족은 경제적인 어려움과 사회적 지지부족 및 정서적인 어려움을 경험한다.
- 우리나라에서는 부모이혼을 경험한 청소년들이 그렇지 않은 집단보다 우울증 수준이 높은 것으로 나타났다. 부모가 자신에게 온정적이지 않다고 인식할수록 또래관계를 더 부정적으로 인식하는 경향이 있으며, 이러한 변인들이 이혼가족의 청소년부모관계에 중요한 영향을 미친다.

추가 설명

재혼가족에서 자녀 돕기 방법
- 선택의 여지가 없이 진행되어 온 아이들 삶의 변화와 감정을 주의 깊게 받아들인다.
- 자녀의 불확신이 정상적임을 인식하도록 돕고, 재혼가족의 새로움에 쉽게 들어가도록 도와주어야 한다.
- 자녀가 상실과정에서 슬픔을 받아들이고 손실의 실체를 받아들이도록 격려하며, 분노와 슬픔을 표현하도록 도와준다.
- 함께 살지 않는 생물학적 부모와 관계를 잘 유지할 수 있도록 도와주어야 한다.
- 사랑하고 있다는 것에 확신을 주고 지속적인 돌봄의 행동을 보여 주어야 한다.

ⓒ 이들 자녀는 한국말이 서툰 어머니의 영향으로 또래보다 말이 늦어 발달장애로 발전되기도 하며, 늦은 언어발달과 다른 외모 때문에 아이들 사이에서 따돌림을 받기도 하는 등 사회에서의 부적응이 증가하고 있다.

2 가족구성원의 연령과 성별 비율

① **가족구성원의 연령** : 부모의 나이에 따라 각기 자녀에게 미치는 영향이 달라질 수 있다.
　　㉠ 젊은 부모에게서 자란 어린이는 심리적으로 안정감이 결여되기 쉽다.
　　ⓒ 형제간에는 적어도 3년간의 터울이 있어야 좋으나 심리적·사회적 관계에서 볼 때는 간격이 좁을수록 좋다.

② **가족의 성별 비율**
　　㉠ 형제가 동성인 경우에는 이성에 대한 이해 부족이 생길 수 있다.
　　ⓒ 대체로 아버지보다는 엄마의 영향을 많이 받는다.

3 출생순위

① **맏이** : 언어 능력이 높고 지배적이며 지능면에 있어서 종합력·추상력·판단력·집중력이 크며 외적 영향에 좌우되는 경우가 많다.
② **동생** : 분석적·분해적이고 판단력이 적고 외향적이며, 동조현상이 강한 편이며 감정적이고 사교적이며, 친구들과 잘 어울린다.
③ **독자** : 사회성 발달이 늦고 자기중심적이 되기 쉽다.

> **추가 설명**
> 아들러 : "형제자매간의 위치에 따라 가족 안에서 당면하는 문제가 다르므로 그것이 인성발달에 미치는 영향이 크다."라고 출생순위의 중요성을 강조했다.

실전예상문제

객관식

1 다음 중 부모됨의 동기에 대한 설명으로 옳지 않은 것은?

① 부모됨은 자녀를 둠으로써 사회적 욕구의 하나인 지도 및 권위를 충족하려는 동기에서 이루어진다.
② 부모됨은 부모가 됨으로써 사회적으로 자랑스러운 새로운 지위를 얻으려는 동기에서 이루어진다.
③ 부모됨은 자녀를 둠으로써 부모의 창의·성취감을 획득하려는 동기에서 이루어진다.
④ 부모됨은 실제로 부모가 되기 이전의 심리적인 하나의 동기로서 부모됨의 동기는 모든 인간에게 존재하는 본능이다.

> **해설** 부모가 되는 것은 가족생활주기에서 정상적인 단계로 나타나며 이는 새로운 역할전환의 계기를 이룬다. 그런데 이러한 부모됨은 실제로 부모가 되기 이전에 심리적으로 하나의 동기로 작용한다고 한다. 이때 부모됨의 동기는 본능이 아니라 획득된 것이다.

2 부모자녀관계의 특징으로 잘못된 것은?

① 인간관계 중 가장 혈연적인 관계이다.
② 가장 기본적이며 근원적인 인간관계라고 할 수 있다.
③ 수평적이고 획일적 관계이다.
④ 세월이 흐르면서 관계의 속성이 변화한다.

> **해설** 부모자녀관계의 특징
> • 인간관계 중 가장 혈연적인 관계이다.
> • 세월이 흐르면서 관계의 속성이 변화한다.
> • 가장 수직적이고 종속적인 관계이다.
> • 가장 기본적이며 근원적인 인간관계라고 할 수 있다.
> • 주요한 교육의 장이다.

3 다음 중 부모됨의 동기 설명으로 옳지 않은 것은?

① 창의, 성취감 획득의 동기는 아버지보다 어머니가 갖는 심리적 동기이다.
② 자녀의 지도, 지배를 통해 권위의 욕구를 충족한다.
③ 사회적으로 자랑스러운 새로운 지위를 얻는다.
④ 자기연장, 자기불멸성을 느낀다.

> **해설** **부모됨의 동기** : 자기확장, 창의, 성취감, 부모의 지위 획득, 권위 충족의 욕구, 사랑, 애정의 필요, 희열과 행복감을 들 수 있다. 부모의 창의, 성취감 획득의 동기는 어머니보다는 아버지가 갖는 심리적 동기이다.

정답 1.❹ 2.❸ 3.❶

4 다음 중 부모됨의 동기가 아닌 것은?
① 자기확장   ② 부모의 지위 획득   ③ 창의, 성취감   ④ 본능

해설 부모됨의 동기는 본능이 아니라 획득된 것이다.

5 부모가 되고자 하는 일반적인 동기에 관한 설명이 틀린 것은?
① 부모가 됨으로써 사회적으로 자랑스러운 새로운 지위를 얻기 때문이다.
② 그들의 자녀를 통해 권위에 대한 욕망의 일부를 채울 수 있다.
③ 자기를 이어준다는 지속감을 주게 된다.
④ 부모 자신의 열등감 때문이다.

해설 이러한 사회적 지위에 있더라도 부모는 자녀에 대하여 부모라는 위치에서 자녀를 훈육(訓育)·지휘할 수 있고, 권위 적으로 대할 수 있다.

6 부모에게 있어서 자녀의 가치로 인정될 수 없는 것은?
① 부모의 성인 지위를 확고하게 하고, 사회 정체감을 인식하도록 한다.
② 자아의 지속과 일종의 불멸성을 위한 수단을 제공한다.
③ 부모가 인간적인 사회에서 갖게 되는 소외감을 넓히게 한다.
④ 부모가 학교, 지역사회, 이웃 등으로 활동 범위를 넓히게 한다.

해설 자녀는 부모가 비인간적인 사회에서 갖게 되는 소외감을 덜어준다.

7 다음 중 어머니의 역할로 거리가 먼 것은?
① 도구적·수단적 역할   ② 도덕적 교육 담당자   ③ 표현적·정서적 역할   ④ 교량적 역할

해설 ①은 아버지의 역할이다.

8 다음 중 기본적이고 의미있는 어머니의 역할로 알맞은 것은?
① 이성적이고 공정한 판단자의 역할   ② 표현적·정서적 역할
③ 사회적 지위의 표본   ④ 도구적·수단적 역할

해설 어머니의 역할
- 자녀의 인성에 영향을 준다.
- 자녀에 대하여 표현적 · 정서적 역할
- 교량적 역할
- 자녀의 장기간의 대행자 역할
- 자녀의 건강과 위생담당자의 역할
- 종교적 차원에 이르는 도덕적 교육담당자

9 다음 〈보기〉와 같은 역할을 담당하는 가족원은 누구인가?

> **보기**
> ㉠ 도구적 · 수단적 역할을 담당하고, 공정한 판단자로서 문제 해결의 길잡이 역할을 담당한다.
> ㉡ 자녀들의 사회적 지위의 표본이 되며 동료적 역할을 담당한다.

① 자매　　　　② 형제　　　　③ 어머니　　　　④ 아버지

해설 아버지는 도구적, 수단적 역할을 담당하고 자녀들의 사회적 지위의 표본이 된다.

10 다음 중 어떤 가정에서 자란 아이가 권위를 무시하고 지나친 자신감을 가지는가?

① 허용적 분위기　　② 지배적 태도　　③ 거부적 태도　　④ 수용적 분위기

해설 제멋대로 자란 어린이가 이런 성격을 갖게 되며 책임감도 없다.

11 자녀에게 영향을 미치는 부모의 양육태도의 형태와 내용 연결이 옳지 않은 것은?

① 지배적 태도 — 아동에게 지나친 통제력을 행사하는 엄격하고 권위적인 태도
② 거부적 태도 — 어린이를 대하는 데 있어 무관심하거나 자녀들의 성장발달과는 관계없는 분위기를 조성하는 태도
③ 허용적 태도 — 부모가 자녀에게 깊은 관심을 가지며 사랑스럽게 대하고 독립된 인간으로 존중하는 태도
④ 익애적 태도 — 부모와 자녀 간의 지나친 접촉을 의미하며 아동 자신의 자율성과 독립성을 저해하는 태도

해설 허용적 태도 : 지배적 태도와는 반대로 어린이에게 무엇이나 허용해 줌으로써 자녀가 제멋대로 하도록 내버려두는 태도이다.

12 다음 중 양육 태도 유형과 설명이 옳지 않은 것은?

정답 4.④　5.④　6.❸　7.❶　8.❷　9.❹　10.❶　11.❸　12.❶

① 허용적 태도 — 자녀를 가정에서 중요한 위치에 놓고 정서적으로 따뜻한 관계를 가진다.
② 익애적 태도 — 자녀를 지나치게 귀여워하고 그들의 문제를 대신 해결해 준다.
③ 지배적 태도 — 자녀에게 엄격하고 권위적인 태도를 가진다.
④ 수용적 태도 — 자녀에게 깊은 관심을 가지고 존중한다.

해설 문제 11번 해설 참조

13 다음 중 부모의 익애적 태도가 아닌 것은?

① 어린아이들을 지나치게 귀여워한다.
② 오랫동안 데리고 잔다.
③ 어린이들이 할 수 있는 일까지도 대신해 준다.
④ 어린이가 무엇을 해도 허용해 줌으로써 자녀가 제멋대로 하도록 한다.

해설 익애적 태도란 부모와 자녀간의 지나친 접촉을 의미한다.

14 다음 중 자녀가 제멋대로 하도록 내버려두는 양육 태도는?

① 거부적 태도   ② 지배적인 태도   ③ 허용적 태도   ④ 희망과 포부

해설 허용적 태도는 지배적 태도와는 반대로 어린이에게 무엇이나 허용해 줌으로써 자녀가 제멋대로 하도록 내버려두는 태도이다.

15 다음 〈보기〉와 같은 영향을 미치는 부모의 양육태도는 무엇인가?

> **보기** 자녀로 하여금 흥분, 수줍음, 불안감, 초조감, 집중력의 결핍 등을 갖게 한다. 또한 신경질적일 뿐만 아니라 성숙하게 표정관리를 하지 못하며, 다른 아이들과 항상 경쟁적인 관계를 갖게 한다.

① 허용적 태도   ② 거부적 태도   ③ 익애적 태도   ④ 수용적 태도

해설 자녀에 대한 익애적 태도 : 부모와 자녀간의 지나친 접촉을 의미한다. 이러한 태도가 어린이에게 미치는 영향은 흥분, 수줍음, 불안감, 초조감, 집중력의 결핍 등을 갖게 한다.

16 다음 중 자녀의 사회화에 가장 바람직한 양육태도는 무엇인가?

① 지배적 태도　② 거부적 태도　③ 익애적 태도　④ 수용적 태도

해설 자녀에 대한 수용적 양육태도를 가진 부모에게서 자란 아동은 사회적이고 협동적이며, 성실하고 정서적으로 안정되어 있고 쾌활하다.

17 바움린드의 부모양육행동의 구분 유형이 아닌 것은?
① 권위있는 양육 행동　② 허용적 양육 행동　③ 권위적 양육 행동　④ 의존적 양육 행동

해설 바움린드의 부모양육행동 : 권위있는 양육 행동, 허용적 양육 행동, 권위적 양육 행동, 거부–방임적 양육 행동

18 바움린드의 부모양육행동 구분 중 요구와 반응이 모두 높은 것으로 아동의 건강한 적응에 가장 효율적인 양육 행동은?
① 권위있는 양육 행동
② 권위적 양육 행동
③ 허용적 양육 행동
④ 거부–방임적 양육 행동

해설 권위있는 양육 행동 : 부모가 아동의 발달능력에 맞게 일관된 자세로 행동방식에 대한 명확하고 이치에 맞는 기준을 세워 양육하는 유형이다.

19 부모가 할 수 있는 바람직한 훈육 방법이 아닌 것은?
① 삶의 좋은 본보기를 보여준다.
② 모든 환경을 제공하여 의도적 성장과 발달을 도모한다.
③ 일관성 있는 태도를 유지한다.
④ 자신감을 갖도록 격려한다.

해설 흥미를 느끼고 어떤 일을 해보려고 할 때 그것이 가능한 환경을 조성해 주어야 한다.

20 다음 중 포괄적인 부모의 역할에 대한 설명으로 바르지 못한 것은?
① 자녀의 지적 욕구를 충족시킬 수 있도록 다양한 학습경험을 제공하는 것이다.
② 자녀에게 특권의식을 갖도록 모든 사회적 욕구를 충족시켜 주는 것이다.
③ 정서적으로 안정된 사람으로 성장할 수 있도록 돕는 것이다.

정답 13.④　14.③　15.③　16.④　17.④　18.①　19.②　20.②

④ 신뢰감과 바른 가치관을 갖도록 돕는 것이다.

해설 특권의식보다는 집단구성원으로서의 예의와 관습을 배울 수 있도록 사회화에 필요한 기회를 제공하도록 한다.

21 다음 중 자녀가 부모에게 미치는 영향으로 거리가 먼 것은?
① 부모는 자녀를 키움으로써 새로운 흥미와 관심이 확대된다.
② 부모는 자녀를 키움으로써 부모감이라는 심리적 만족을 갖는다.
③ 부모는 자녀를 키움으로써 독립적인 존재가 되도록 한다.
④ 부모에게 생의 의미를 부여해 준다.

해설 자녀를 통하여 부모는 ①, ②, ④와 같은 가치 및 영향을 받는다.

22 다음 중 자녀가 부모에게 미치는 영향에 대한 설명으로 틀린 것은?
① 자녀는 부모를 직접 조정하고 지도한다.
② 자녀는 가정의 장래이므로, 부모는 자녀를 키움으로써 새로운 흥미와 관심이 확대된다.
③ 부모는 자녀를 키움으로써 부모감이라는 심리적 만족을 찾는다.
④ 생활을 고쳐보거나 반성하는 기회를 갖게 된다.

해설 자녀는 부모로 하여금 사람을 조정하고 지도하는 능력을 길러준다.

23 다음 중 핵가족과 확대가족의 가족구조 형태가 자녀에게 미치는 영향에 대한 설명으로 옳지 않은 것은?
① 확대가족은 아동의 행동에 제약이 있다.
② 핵가족의 경우 부모의 관심을 그대로 아동에게 집중시킬 수 있다.
③ 확대가족은 조직과 지도력을 강조한다.
④ 핵가족의 자녀들은 좀 더 현실적이다.

해설 일반적으로 확대가족의 자녀들이 좀 더 현실적이고 개인보다 집단을 강조하며 조직과 지도력을 강조하는 등 보다 폭넓은 사고를 형성할 수 있는 좋은 점을 갖는 반면에 아동의 행동에 제약이 있고, 또 동시에 무조건적인 허용이 병존하기도 한다.

24 다음 중 핵가족의 자녀들에 비해 확대가족의 자녀들에게서 강하게 나타나는 인성 특성으로 알맞은 것은?

① 자유롭고 창의적이다.
② 조직과 지도력을 무시한다.
③ 개인보다 집단을 강조한다.
④ 비현실적이다.

해설 확대가족 : 개인보다 조직과 지도력을 강조한다.

25 다음 중 가족구조가 자녀에게 미치는 영향이 바르게 연결된 것은?

① 재혼가족 — 자녀에게 부모의 감정전달이 충분하게 전달된다.
② 확대가족 — 개인보다 조직과 지도력을 강조한다.
③ 한부모 가족 — 자녀양육에 충분한 시간을 배려할 수 있다.
④ 핵가족 — 현실적이고 집단을 강조한다.

해설 문제 23번 해설 참조

26 다음은 가족구조가 자녀에게 미치는 영향을 적어 놓은 것이다. 틀린 것은?

① 핵가족의 경우 부모관심을 그대로 아동에게 집중시킬 수 있다.
② 확대가족의 경우 아동의 행동에 제약이 있거나 동시에 무조건적인 허용이 병존하기도 한다.
③ 다문화가족 자녀의 경우 언어가 또래보다 느려 따돌림을 받을 수도 있다.
④ 한부모가족에서 부부재인 경우 사춘기의 소녀는 영향을 받지 않는다.

해설 한부모가족에서 딸은 사춘기가 되면서 부부재에 영향을 받는다.

27 재혼가족 자녀를 돕기 위한 방법으로 거리가 먼 것은?

① 자녀들의 감정을 주의 깊게 받아들인다.
② 분노와 슬픔을 표현하도록 돕는다.
③ 함께 살지 않는 생물학적 부모를 만나지 못하게 한다.
④ 지속적인 돌봄 행동을 보여 준다.

해설 함께 살지 않는 생물학적 부모와 관계를 잘 유지할 수 있도록 도와주어야 한다.

정답 21. ③ 22. ① 23. ④ 24. ③ 25. ② 26. ④ 27. ③

28 가족원의 연령이나 성별이 자녀에게 미치는 영향에 관한 서술이다. 틀린 것은?

① 젊은 부모에게서 자란 어린이는 심리적으로 안정되어 있다.
② 형제간의 심리적·사회적 관계는 간격이 좁을수록 좋다.
③ 형제가 동성인 경우 이성에 대한 이해 부족이 생길 수 있다.
④ 부모의 나이에 따라 각기 자녀에게 미치는 영향은 달라질 수 있다.

해설 젊은 부모에게서 자란 어린이는 심리적으로 안정감이 결여되기 쉽다.

29 다음 중 출생순위에 따라 당면하는 문제가 다르며, 그 결과 성격 형성에도 많은 차이가 있다고 주장하는 학자는 누구인가?

① 아들러(Adler) ② 애덤스(Adams) ③ 스채퍼(Schaefer) ④ 시어스(Sears)

해설 아들러(Adler)는 "형제자매간의 위치에 따라 가족 안에서 당면하는 문제가 다르고 그것이 인성발달에 미치는 영향이 크다"고 말하고 출생순위의 중요성을 강조하였다.

주관식

1 부모됨의 동기를 3가지 이상 쓰시오.

2 다음 〈보기〉는 양육태도가 자녀에게 미치는 영향 중 어떤 양육 태도에 대한 설명인가?

> **보기**
> • 부모가 자녀에게 깊은 관심을 가지며 사랑스럽게 대하고 독립된 인간으로 존중한다.
> • 자녀는 사회적이고 협동적이다.

정답 28. ① 29. ①

3 자녀에게 다음과 같은 영향을 미치는 부모의 양육 행동을 쓰시오.

> **보기**
> - 아동의 건강한 적응에 가장 효율적이다.
> - 자율성·자율감이 높다.

4 자녀가 부모에게 미치는 영향에 대해 3가지 이상 쓰시오.

5 다음 〈보기〉는 어떤 가족구조에서 보이는 자녀의 모습인가?

> **보기**
> - 자녀가 좀더 현실적이고 개인보다 집단을 강조한다.
> - 조직과 지도력을 강조하고 폭넓은 사고를 형성할 수 있다.
> - 아동의 행동에 제약이 있고 또 무조건적 허용이 병존하기도 한다.

Answer

1 자기확장, 창의·성취감, 부모됨의 지위획득, 지도 및 권위, 사랑과 애정의 필요, 희열과 행복감

2 수용적 양육 태도

3 권위있는 양육 행동

4
- 자녀는 부모에게 생(生)의 의미를 부여해 준다.
- 자녀는 부모로 하여금 다른 사람을 조정하고 지도하는 능력을 길러준다.
- 생활을 고쳐보거나 반성하는 기회를 갖게 된다.
- 부모는 자녀를 키움으로써 부모감(父母感)이라는 심리적 만족을 갖는다.
- 자녀는 가정의 장래이므로, 부모는 자녀를 키움으로써 새로운 흥미와 관심이 확대된다.

5 확대가족

MEMO

제3부 가족 내의 인간관계

16 형제자매관계

 단원 개요

형제자매관계는 가족에 둘 이상의 자녀가 있음으로 해서 가능하다. 가족관계 중에서 부모자녀관계가 수직적인 관계로서 세대와 세대 간의 교류라면 형제자매는 같은 세대로 수평적 관계를 맺는다. 형제자매간의 유대는 다른 동료집단이나 사회집단보다 공유하는 시간과 경험이 많고, 특히 혈연을 매개로 하기 때문에 쉽게 분리되거나 변화되지 않는다. 형제자매간의 상호작용 유형은 성, 연령, 터울 이외에도 남녀 비율, 결혼 이후 주거의 근접성, 사회계층, 부모의 생존 여부 등에 따라 변한다. 그렇지만 본질적으로 형제자매관계는 가족 내·외적으로 작용하는 하나의 관계선으로서 그들의 연합과 유대를 통하여 다른 인간관계에 영향을 끼친다.

 출제 경향 및 수험 대책

이 단원에서는 형제자매관계의 특성, 장자녀의 특성, 형제자매간의 유대관계를 약화시키는 요인, 출생순위에 따른 자녀의 위치, 이성의 형제자매 사이의 상호작용, 형제자매의 역할 및 형제자매간의 상호작용과 결혼 이후의 형제자매관계, 형제자매간 권력의 종류 및 특성 등에 대해서 묻는 문제들이 출제될 수 있는 바, 자세하고 철저한 학습이 요구된다.

16

01 형제자매 관계의 특성

1 가족관계와 형제자매관계

① 가족은 부부에 의해 형성되고, 자녀가 출생함으로써 더 많은 관계선을 갖게 된다.
② 부모자녀관계는 세대간 상호교류로서 반개방적 형태로 서로의 접근이 가능하다.
③ 형제자매관계는 같은 세대로서 유사한 관심을 가지고 있어서 서로 연합하고 이해할 수 있으며, 비슷한 경험을 통하여 가치를 수립할 수 있는 수평적 관계이다. 따라서 형제자매간에는 고유한 의사소통 및 상호관계가 존재한다.
④ 형제자매는 가족의 상호작용 과정의 영역을 개방, 확대시킴으로써 가족 내의 상호관계와 사회화에 영향을 준다.

2 형제자매의 순위 관계 특성

① **형제자매의 지위** : 출생순위에 따라 결정되는데 차자녀(次子女)가 태어나기 이전의 장자녀(長子女)는 주로 어른에게만 의지하게 된다.
② **첫째 아이의 특성** : 성인의 역할을 모방하여 지배적이고, 맏이로서의 권위를 행사한다.
③ **아들러(Adler)** : 장자녀는 동생에게 자리를 빼앗긴 경험으로 권위와 권력의 중요성을 알며, 그래서 성인이 되었을 때 규칙과 질서를 지나치게 중요시하며, 이를 불변의 것으로 받아들이는 보수주의자가 되기 쉽다.
④ **둘째 아이의 특성** : 일반적으로 사교적이고 예민하며 경쟁의식이 강하다.
⑤ **막내 아이의 특성** : 부모의 입장에서는 자녀를 양육하는 역할의 마지막이므로 막내에 대한 애착이 강화되기도 한다. 대체로 안정된 가정에서 성장하므로 의존적인 경향이 크고 책임감과 독립성이 비교적 낮다고 알려져 있다. 그러나 인생을 낙천적으로 보며 자신감이 강한 면도 있다. 그리고 형제나 동료집단과 동일시 하는 경향이 많아 사회적 상호작용에서 비교적 자유로운 태도를 취한다.

3 형제자매관계의 결정 요인

① 형제자매가 있는 가족구조에서 성장한 아동은 형제자매관계로부터 사회화나 인성발달에 깊은 영향을 받는다.
② 가족 내에서 아동의 위치는 인성 형성에 중요한 변인(變因)으로 작용한다.
③ 대체로 형제자매의 위치를 결정하는 출생순위가 인성특성, 즉 의존성·책임감·창조성·신뢰성·사회성 등에 영향을 주고 있다.
④ 첫째 아이에 대한 어머니의 태도는 정서적으로 덜 따뜻하고 엄격한 편이지만 동생이 생길 때까지는 부모의 관심과 사랑이 집중되고, 한편 첫째 아이 때에는 부모의 지식이 충분하지 못하여 육아에 실수가 있고 일관성 없는 태도를 취할 수 있다.

추가 설명
가족관계와 형제자매관계
- 부모자녀관계는 반개방적인 형태로 서로의 접근이 가능
- 형제자매관계는 같은 세대로서 수평적 관계
- 형제자매는 가족 내의 상호관계와 사회화에 영향

추가 설명
형제자매 순위관계
- 형제자매는 출생에 따라 순위를 갖게 되는데 자녀가 여럿 출생함에 따라 지위에 변화가 생기게 된다.
- 부모에게 첫째 아이는 부모로서 최초의 경험이므로, 첫째 아이에 대한 관심과 기대는 대단한데, 둘째 아이가 태어나면 맏이로의 위치 변화가 요구되고, 동생 출생에 따른 위치변화에 대한 충격(예 퇴행행동 등)을 조절할 수 있는 역량은 자녀 연령과 동생을 수용하도록 부모가 설득하는 정도에 따라 달라질 수 있으므로 세심한 주의를 기울여 자녀 역량을 강화해야 한다.

⑤ 형제자매관계가 형성되려면 가족 내에 두 명 이상의 자녀가 필요하다. 형제자매관계는 성과 순위에 의해서 오빠와 여동생, 누나와 남동생, 형과 남동생, 언니와 여동생 등 여러 형태가 결정된다.
⑥ 성을 나타내지 않고 출생순위에 따라 그 위치를 나타내는 경우가 있는데, 이때는 첫 자녀의 출생으로 시작하여 외동자녀 또는 장자녀, 중간자녀, 말자녀 등으로 구분한다.

4 형제자매관계의 기능

① **직접적 봉사** : 일상생활에서 형제자매는 직접적 접촉을 통하여 서로의 생활을 편리하게 하거나 혹은 어렵게 만든다. 때로는 협동적이 되며 서로 기술을 가르치고 강한 유대감을 형성하고 자원의 조정자 역할을 한다. 또 가족과 외부 세상 사이에서 완충적인 역할을 하기도 한다.

② **상호규제** : 상호규제는 형제자매가 서로 거울이요, 시험장으로 작용하는 과정이다. 상호규제의 의미에서 형제자매는 보상을 극대화하고 손실을 극소화시키기 위해 구체적 행동과 지도를 하는데, 이는 단합을 강하게 한다.

③ **자아감 형성** : 형제자매 간의 상호작용은 동일시와 차별의 이원적 과정을 반복하면서 자신을 내·외적으로 만들어간다.

④ **규범학습** : 형제자매간에는 특별한 규율을 세우고 이에 따라 행동하는데, 흔히 충성과 경쟁으로 협상과 계약을 효과적으로 하는 법을 배우며, 서로를 조정하거나 반대하는 정도로 거리를 유지하기도 한다.

⑤ **성역할의 개발** : 형제자매는 서로간의 성역할 특성에 중요한 역할을 준다. 형제자매 사이의 상호작용의 지속성 및 강도는 성역할 학습의 중요한 요소인데, 가족 안에서 권위가 큰 아동은 역할 취득 과정에서 가장 영향력이 크다.

⑥ **가사분담** : 어린 동생이 많을수록 손위 형제는 가족의 일상적인 가사 노동에 참여하는 일이 많아진다. 집안일은 보통 부모에 의해 분배되는데, 이때에는 성과 연령에 따라 일의 양과 성격이 달라진다.

⑦ **개척과 지도** : 형제자매 중에서 웃사람은 어떤 일을 시작하며 다른 형제들로 하여금 그것을 따라서 하도록 모델 역할을 한다. 이러한 손위 형제의 개척자적 행동은 동생에게 선행사회화 수단으로 이용될 수 있다.

⑧ **중재와 교섭** : 형제자매는 서로를 위해 연합을 형성하며 부모와 협상한다. 이 연합의 목적은 조화로서 형제자매는 부모 또는 다른 형제자매와 힘의 균형을 유지하고 갈등을 없애기 위해 연합한다. 그리고 형제자매간 비밀에 관한 보장을 함으로 충성유대가 계속 형성되며, 중재자·대변자 역할을 하기도 한다.

⑨ **권력관계 형성** : 형제자매는 그들의 상호작용에서 권위관계를 형성하는데, 이는 성이나 연령에 따라 차이가 있다. 형제자매간 권력의 종류는 다섯 가지로 나눌 수 있다.
　㉠ **보상적 권력** : 이는 형제 중에 어느 누구에게 보상해 줄 능력이 있을 때 그가 갖는 권

추가 설명

형제자매의 절대관계
- 형제자매들은 때로 경쟁을 하고 때로는 끼리끼리 연합하기도 하며, 또 소원해지기도 하면서 유대관계를 맺는다.
- 유아기·학동기·사춘기를 통한 형제자매들의 결속(結束)은 가족구조에서 수평적 관계선으로 쉽게 연합이 가능하고, 다른 동료집단이나 사회집단보다 공유하는 시간과 경험이 많기 때문에 용이하게 이루어진다.
- 형제자매간의 유대는 항상 같은 상태로 지속되는 것이 아니라 가끔씩 분열되기도 하고, 다시 강한 연합을 맺기도 한다.
- 형제자매들은 서로 경제적, 사회적으로 차이가 많이 나게 되면 형제자매의 유대가 사라질 수도 있다.
- 성인 형제자매간의 유대관계는 그들이 잦은 접촉을 할 수 있도록 주거지가 가까운 것이 친밀한 관계 형성에 가장 중요한 요소로 나타나고 있다.

추가 설명

성 역할 개발기능 : 형제자매는 서로간의 성 역할 특성에 중요한 영향을 미치는데, 이성의 형제를 가진 경우는 이성의 형제가 없는 경우보다 이성적 특성을 나타내는 경향이 강한 편인데, 누나가 있는 남아들이 더 여성적이고, 오빠가 있는 여아들이 더 남성적이다. 이성의 형제자매 사이의 상호작용은 성역할 특성이 서로 교차하여 변화, 보완될 때 가장 잘 이루어진다.

력이다. 이러한 보상에는 금전, 장난감, 기구 등이 있다.
ⓒ **강제적 권력** : 형제자매 중 어느 사람이 벌을 줄 수 있는 힘을 소유하고 있을 때의 권력이다.
ⓒ **합법적 권력** : 행동을 명령할 합법적 권리가 주어졌을 때 갖게 되는 권력인데, 이것은 주로 부모로부터 주어진다.
ⓔ **준거적 권력** : 동일시의 대상이 될 수 있는 형제가 갖는 권력이다.
ⓜ **숙련적 권력** : 특별한 지식이나 숙달 능력에 따라 갖는 권력을 말한다.

> **추가 설명**
> 권력에 영향을 주는 요인
> - 권력에 가장 큰 영향을 주는 요인은 부모에게 받은 합법성인데, 이때의 권위는 부모가 연령이나 성에 따라 자녀에게 책임을 분담할 때 생긴다.
> - 문화적 가치는 합법적 권력의 또 다른 근거가 될 수 있는데, 이러한 가치는 연령, 성, 지능, 미, 건강 등의 인간 특성과 관련되기도 한다. 이에 따라 가족 내에서 특정인이 형제자매가 요구하는 능력이나 자원을 가지고 있으면 지위나 권력을 얻게 된다.
> - 형제자매관계에서 맏이는 동생들에게 부모자녀관계에서의 어머니와 같은 역할을 하기도 한다.

02 형제자매의 역할

1 보호자 또는 의존자

① 부모 역할이 제대로 수행되지 못하는 경우 나이 많은 자녀가 동생에게 부모역할을 대신하는 경우도 많다. 한부모가족, 저소득층 맞벌이가족, 부모가 질환이나 연로한 경우 손위형제가 동생들을 양육하고 보호, 감독하는 일을 담당하게 된다.
② 형제자매 양육현상의 유형은 부모가 무기력하거나 건강이 나쁜 경우, 부모가 어린 아이의 감독을 일임하는 경우, 1~2명 정도의 윗 형제가 부모의 보조자 역할을 하는 경우 등이 있다.

2 적 또는 경쟁자

① 형제자매간에 경쟁의식과 질투가 있는 것은 당연한 현상이다. 둘째가 태어난다는 것은 첫째에게 매우 중요한 변화의 계기가 된다. 어른들이 형제자매를 비교하거나 특정한 사람을 편애하고 차별하는 것은 아이들이 서로를 경쟁상대로 보도록 한다. 서로의 행동을 통제하고 권력을 행사하려는 다툼이 발생하기도 한다.
② 신체적인 힘의 행사는 성별에 따라서 그 양상이 달라지는데, 남자 아이는 때리고 비틀고 박치기를 하는 반면, 여자 아이는 할퀴고 꼬집고 간지럽힌다.
③ 남자 아이는 신체적 방법으로 행동하고, 여자 아이는 상징적으로 행동한다.

3 놀이동무나 친구

① 유아기·학동기·사춘기에 있는 형제자매의 가장 큰 이점은 밤이나 낮이나, 놀이를 하거나 기타 무슨 일을 하든 함께 지낼 수 있고, 서로를 공유할 수 있다.
② 놀고 시간을 함께 함으로써 친밀감과 우애관계를 형성할 수 있고, 강한 애착을 느끼고 미래의 사회적 상호작용을 준비할 수 있다.
③ 형제자매간의 놀이는 성(性)과도 관계되는데 일반적으로 동성의 형제를 선택하는 경향이 많다. 이런 놀이들이 모여 아이들이 성역할 개념 형성에 도움이 되기도 한다.

④ 이성 형제끼리 자란 경우는 동성 형제끼리 자란 경우보다 이성의 놀이친구를 선택하는 경향이 크고, 친구의 성별에 무관심한 경우가 많다.

4 교사나 학습자

① 형제자매는 의식적·무의식적으로 서로 가르친다. 손위형제는 동생과 놀이 상대로 놀면서 놀이를 가르치는 역할을 한다. 손위형제는 동생에게 시범을 보이고 모델이 되며 발달 과제 수행을 촉진한다.
② 학동기 형제자매의 교육, 학습 등을 분석해 보면 윗 형제가 있느냐 없느냐에 따라 아동들이 사물을 가려내고 개념을 획득하는 정도가 달라진다.
③ 형제 상호작용을 통해 각자는 성역할을 학습하게 되고 동년배 이성에 대한 지식을 갖게 되며 사람에 대해 이해하고 협력하는 방법을 배우게 된다.

03 형제자매의 상호작용

1 상호작용의 의미

① 사회적 의미에서 상호작용이란 둘 이상의 사람이 의사소통의 수단을 통해 서로를 자극함으로써 상호간의 행동을 조정하는 것으로, 가족구성원의 상호작용은 일생 동안에 서로 호혜적 관계를 맺는 것이다.
② 형제자매간의 갈등은 부모의 일관성과 관련되는데, 부모가 어떤 일관성 있는 원칙을 제시하지 못할 때 형제자매들은 싸움을 통해 원하는 바를 쟁취하려고 한다. 그러나 부모가 명확한 규범에 따라 일관성있게 다룰 때 갈등은 대부분 해소된다.
③ 형제자매간의 상호작용은 인성이 형성되고 문화가 전달되는 하나의 통로이기도 하다.

2 형제자매간의 상호작용의 결과

① **자아개념의 성립** : 각 개인이 자기를 인식하는 방식은 부분적으로 그가 형제자매와 상호작용을 하는 가운데 얻은 역할학습의 산물이며, 다른 형제자매들이 그를 어떻게 보느냐가 반영된 것이기도 하다. 아동의 자아개념은 가족이 소수일 때 좀 더 긍정적이고, 형제 순위에 따라 차이가 나타나기도 한다.
② **생식가족에 대한 지향** : 원가족에서의 경험은 하나의 성을 가진 구성원으로서 개인적 행동뿐만 아니라 가족생활이 어떻게 운영되고 나아가야 될 것인가에 대한 것까지 영향을 준다.
③ **기술과 능력의 습득** : 형제자매는 상호작용을 하는 가운데 여러 종류의 능력, 즉 인지력·창의력·운동·사교 등의 기회 및 학습을 하게 된다.

추가 설명

가족에서 형제자매간의 상호작용의 특징
- 가족은 부부, 부모-자녀, 형제자매 관계의 세 가지 하위체계로 나눌 수 있다.
- 형제자매의 상호작용은 사회화 과정의 한 부분을 이룬다.
- 형제자매의 상호작용은 어느 연령에만 한정되는 것이 아니고, 시기마다 적절한 형태를 취하면서 끊임없이 계속되는 발달적 과정이다.
- 가족간의 상호작용 특성은 구성원의 인성발달, 사회적 행동 등의 요인을 결정하는데 영향을 준다.
- 형제자매관계는 혈연을 매개로 하므로 다른 사회집단과는 비교할 수 없을 정도의 선천적·후천적 유대관계를 갖고 있으며, 고유의 특성 및 자질을 갖는다.

④ **사회화** : 형제자매와의 싸움, 지배, 협동과정을 특히 타인과 어울리는 법을 배우게 된다.
　　이러한 하위체계는 각 하위체계 사이에 상호작용하고 반개방적인 형태로 존재한다.

04 결혼 이후의 형제자매 관계

1 결혼한 형제자매 관계

① 형제자매간 유대를 지속하는 요인은 우선 그들의 나이가 비슷한 데서 오는 관심의 유사성인데, 특히 동성인 형제자매가 그렇다. 또 결혼 후 친밀한 형제자매간 유대를 더욱 촉진하는 요인은 주거의 근접성이다. 한편 경제적으로 직업적으로 큰 차이가 있는 경우 관계가 악화되기도 한다.

② 형제자매의 접촉은 부모에 대한 의무가 포함되어 있을 때 더 지속적으로 유지된다. 그러나 이런 형제자매간의 유대도 지속적인 공동관심사를 가지지 못하면 부모가 사망한 뒤에는 약화되기 쉽다.

2 노년기 형제자매 관계

노년기가 되면 형제자매관계가 다시 새로운 의미를 갖게 된다. 독신이거나 자녀가 없을 때 특히 긴밀한 유대를 맺는데, 이것은 노후의 형제자매관계가 그들에게 애정을 계속 유지함으로써 고독을 줄일 수 있는 매우 중요한 관계이기 때문이다.

추가 설명

노년기의 형제자매관계

- 지원망 개념으로 이해할 수 있는데, 이는 개인간의 사회심리적·도구적 원조를 포함하는 사회적 지원개념과 사회적 지원이 분배되거나 교환되는 개인 또는 집단을 의미하는 사회적 관계망 개념을 합한 것이다.
- 노년기 형제자매 지원망은 형제자매와 사회적 접촉을 하면서 물질적 도움이나 서비스 제공, 지속적인 정서·정보 등을 교환하는 지원관계로 볼 수 있다.
- 노년기에 이른 형제자매들은 이 지원망을 통하여 서로 친밀한 관계를 유지함으로써 고독을 덜 수 있는 매우 중요한 인간관계로 형제자매관계가 자리잡게 된다.

실전예상문제

객관식

1 형제자매관계에 관한 설명이 아닌 것은?

① 반개방적인 형태로 접근이 가능하다. ② 같은 역할관심을 갖고 있다.
③ 수평적 관계이다. ④ 의사소통 및 고유한 상호관계가 존재한다.

> **해설** 형제자매는 가족의 상호작용과 영역을 개방, 확대시킴으로써 가족 내의 상호관계와 사회화에 영향을 준다. ①은 부모자녀관계이다.

2 다음 중 맏이가 동생의 출생으로 인한 위치 상실에 대응해서 흔히 나타내는 방어기제는 무엇인가?

① 자기도취 ② 동일시 ③ 승화 ④ 퇴행

> **해설** 맏이는 동생의 출생으로 인한 위치 상실에 대항하는 방어기제로 여러 가지 퇴행행동이나 어른들의 주위를 집중하려는 문제행동을 하기도 한다.

3 다음 중 장자녀의 특성이 아닌 것은?

① 규칙과 질서를 지나치게 중시한다. ② 성인역할을 모방하여 지배적 성향을 나타낸다.
③ 형제나 동료집단과 동일시를 많이 한다. ④ 권위를 행사하려 한다.

> **해설** ③은 막내의 경우이고, 맏이는 부모와 동일시를 많이 한다.

4 다음 중 형제자매간의 유대관계를 약화시키는 요인이 되는 것은 무엇인가?

① 가까운 주거지의 인접 ② 잦은 접촉 ③ 공동 관심사의 존재 ④ 사회적 성공도의 차이

> **해설** 결혼 후 형제자매간의 유대관계는 나이가 비슷하고, 동성이고, 공동의 관심사를 지니며 거주지가 근접해 있을 경우 다시 강화되거나 지속적으로 된다. 그러나 서로 경제적, 사회적으로 차이가 많이 나게 되면 유대가 사라질 수도 있다.

5 다음 중 형제자매 관계에 대한 설명으로 알맞지 않은 것은?

① 출생순위가 인성특성, 사회성 등에 영향을 준다.
② 형제자매간의 공동관심이 없으면 부모의 사망 이후에 유대가 약해질 수 있다.

정답 1.① 2.④ 3.③ 4.④ 5.④

③ 성인 형제자매간의 유대관계는 잦은 접촉을 할 수 있는 주거지가 가까운 것이 중요 요소가 된다.
④ 형제자매관계의 출생순위는 의존성, 책임감, 신뢰성 등에 영향을 주지 않는다.

해설 형제자매의 출생순위는 의존성·책임감·창조성·신뢰성·사회성 등에 영향을 준다.

6 다음 중 형제자매간의 갈등 해소를 위해 중요한 것은 무엇인가?
① 부모의 일관성 있는 양육태도   ② 부모가 주는 용돈
③ 주택의 크기   ④ 형제의 수

해설 형제자매간은 경쟁, 갈등이 생길 수 있는데, 이를 해소할 수 있는 행동에 대한 규범적 기대가 있다. 보통 부모로부터 규범을 준수 받는데, 이 경우 부모가 자녀들을 일관성 있게 양육하는가가 중요하다.

7 다음의 〈보기〉는 형제자매관계의 기능 중 어떤 기능에 대한 설명인가?

> **보기** 형제자매 중에서 윗사람은 어떤 일을 시작하여 다른 형제들로 하여금 그것을 따라서 하도록 모델 역할을 한다.

① 개척과 지도   ② 중재와 교섭   ③ 가사 분담   ④ 직접적 봉사

해설 개척 행동은 가족 규율의 파괴, 새로운 행동 방법의 도입 등 다양한 형태로 나타난다.

8 다음의 〈보기〉는 형제자매관계의 기능 중 어떤 기능에 대한 설명인가?

> **보기** 형제자매관계를 통하여 자기 자신을 알아가며, 그들과의 행동을 통해서 경험을 쌓고, 또 그들의 경험을 학습함으로써 자신의 가능성을 확장시킨다. 그러므로 일정 영역 내에서는 동일시하고 또 다른 영역에서는 차별감을 가지거나 하는 등 이원적 과정을 반복한다.

① 개척과 지도   ② 중재와 교섭   ③ 자아감 형성   ④ 규범학습

해설 형제자매관계의 기능 중 형제자매로서의 자아감은 다른 형제자매 구성원들과 일정한 영역 내에서는 동일시하고, 또 다른 영역에서는 차별감을 가지거나 거부하는 이원적 과정을 통해 형성된다.

9 다음의 〈보기〉는 형제자매관계의 기능 중 어떤 기능에 대한 설명인가?

> **보기** 형제자매가 서로 거울이요, 시험장으로 작용하는 과정이다.

① 중재와 교섭　　② 직접적 봉사　　③ 상호규제　　④ 자아감 형성

해설 상호규제의 기능 : 서로 거울, 시험장으로서의 작용으로 공정성이나 동등한 정직성을 근본으로 발전하게 되고 서로 개방적이고 보복에 대해 크게 두려워하지 않으며 보상을 극대화하고, 손실을 극소화하기 위해 구체적 행동과 지도를 하는데, 이는 형제자매사이의 단합을 강하게 한다.

10 형제자매관계의 기능에 관한 설명으로서 맞지 않는 것은?
① 형제자매는 서로를 위해 연합을 형성하여 부모와 협상하게 된다.
② 상호규제의 의미에서 형제자매는 보상을 극대화하고 손실을 극소화시키기 위해 구체적 행동과 지도를 한다.
③ 가족 내에 어린 동생이 많을수록 윗 형제는 일상 가사노동에 참여하는 경우가 적어진다.
④ 동일시와 차별감의 이원적 과정을 통해 자아감을 형성시킨다.

해설 어린 동생이 많을수록 손위 형제는 가족의 일상적인 가사노동에 참여하는 일이 많아진다.

11 다음 중 형제자매간의 성역할의 개발 기능을 바르게 설명한 것은 무엇인가?
① 이성의 형제자매 사이의 상호작용은 성역할특성이 서로 교차하여 변화, 보완될 때 가장 잘 이루어진다.
② 오빠가 있는 여아들이 더 여성적이다.
③ 누나가 있는 남아들이 더 남성적이다.
④ 이성의 형제를 가진 경우가 없는 경우에 비해 이성적 특성을 덜 나타낸다.

해설 형제자매는 서로간의 성역할 특성에 중요한 영향을 미치는데, 누나가 있는 남아들이 더 여성적이고, 오빠가 있는 여아들이 더 남성적이며, 이성의 형제자매 사이의 상호작용은 성역할 특성이 서로 교차하여 변화, 보완될 때 가장 잘 이루어진다.

12 다음 중 동일시의 대상이 될 수 있는 형제자매간 권력은 무엇인가?
① 준거적 권력　　② 합법적 권력　　③ 강제적 권력　　④ 보상적 권력

정답 6.❶　7.❶　8.❸　9.❸　10.❸　11.❶　12.❶

해설 형제자매간 권력의 종류
- 보상적 권력 : 이는 형제 중에 어느 누구에게 보상해 줄 능력이 있을 때 그가 갖는 권력이다. **예** 보상에는 금전, 장난감, 기구 등
- 강제적 권력 : 형제자매 중 어느 사람이 벌을 줄 수 있는 힘을 소유하고 있을 때의 권력이다.
- 합법적 권력 : 행동을 명령할 합법적 권리가 주어졌을 때 갖게 되는 권력인데, 이것은 주로 부모로부터 주어진다.
- 준거적 권력 : 동일시의 대상이 될 수 있는 형제가 갖는 권력이다.
- 숙련적 권력 : 특별한 지식이나 숙달에 의한 권력을 말한다.

13 보상해 줄 수 있는 금전, 장난감, 기구 등에 의해 갖게 되는 형제자매간 권력은?

① 보상적 권력 ② 강제력 권력 ③ 준거적 권력 ④ 숙련적 권력

해설 문제 12번 해설 참조

14 다음의 〈보기〉와 같은 요인에 의해 이루어지는 형제자매간 권력은?

> **보기** ㉠ 다른 형제가 할 수 없는 특별한 심부름 등을 명령받고 성공적으로 수행했을 때 생긴다.
> ㉡ 윗 형제가 동생을 돌보는 책임을 부여받은 경우에 생긴다.

① 준거적 권력 ② 강제적 권력 ③ 보상적 권력 ④ 합법적 권력

해설 문제 12번 해설 참조

15 다음 중 형제자매간의 권력에 대한 설명이 바르게 연결된 것은?

① 준거적 권력 — 동일시의 대상이 될 수 있는 형제가 갖는 권력
② 합법적 권력 — 체벌을 할 수 있는 힘을 가진 형제의 권력
③ 강제적 권력 — 행동을 명령할 수 있는 권력
④ 보상력 권력 — 특별한 지식을 갖거나 숙달한 형제가 갖는 권력

해설 문제 12번 해설 참조

16 다음 중 행동을 명령할 권리가 주어졌을 때 갖게 되는 권력으로 주로 부모로부터 주어지는 것은?

① 숙련적 권력 ② 보상적 권력 ③ 합법적 권력 ④ 준거적 권력

해설 문제 12번 해설 참조

17 다음 중 형제자매간의 권력과 그 내용을 연결해 놓은 것으로 옳지 않은 것은?

① 강제적 권력 — 벌을 줄 수 있는 힘을 소유했을 때의 권력
② 합법적 권력 — 부모로부터 주어지는 행동을 명령할 수 있는 권력
③ 숙련적 권력 — 특별한 지식이나 숙달에 의한 권력
④ 준거적 권력 — 금전, 장난감, 기구 등에 의한 권력

해설 문제 12번 해설 참조

18 다음 형제자매 중 벌을 줄 수 있는 힘을 소유하고 있을 때의 권력에 해당하는 것은 무엇인가?

① 강제적 권력　　② 준거적 권력　　③ 합법적 권력　　④ 보상적 권력

해설 문제 12번 해설 참조

19 다음 중 형제자매의 역할로 거리가 먼 것은?

① 형제 상호작용을 통해 각자는 성역할을 학습하게 된다.
② 놀이를 통해 친밀감과 우애관계를 형성한다.
③ 동생은 형이나 언니에게 촉진자 역할을 행한다.
④ 동생들을 양육하고 보호, 감독하는 일을 담당하기도 한다.

해설 동생에게는 형이나 언니가 촉진자 역할을 행하는 데 이것은 교사의 역할과도 같다. 맏형은 동생을 가르쳐 본 경험이 있으므로 직업선택에서 교사를 선택하는 경우도 많다.

20 다음은 형제자매간의 경쟁의식과 질투에 관한 내용이다. 틀린 것은?

① 같은 성의 형제자매끼리는 방어적이고 상호보완적인 경향이 강하다.
② 형제간 서로의 행동을 통제하고 권력을 행사하려는 다툼이 발생하기도 한다.
③ 남자 아이는 신체적 방법으로 행동하고, 여자 아이는 상징적으로 행동한다.
④ 신체적인 힘의 행사는 성별에 따라서 그 양상이 달라진다.

해설 남자아이는 신체적 방법으로 행동하고, 여자 아이는 상징적으로 행동한다. 같은 성의 형제자매끼리는 공격하고 토라지거나 집적거리는 일이 더 빈번하다. 반면에 이성의 형제자매끼리는 방어적이고 상호보완적인 경향이 강하다.

정답 13.❶　14.❹　15.❶　16.❸　17.❹　18.❶　19.❸　20.❶

21 형제자매간 상호작용의 결과로 볼 수 없는 것은?

① 각 개인이 자기를 인식하는 방식은 부분적으로 그가 형제자매와 상호작용을 하는 가운데 얻은 역할학습의 산물이다.
② 원가족에서의 경험은 하나의 성을 가진 구성원으로서 개인적 행동뿐만 아니라 가족생활이 어떻게 운영되고 나아가야 될 것인가에 대한 것까지 영향을 준다.
③ 형제자매는 상호작용을 하는 가운데 여러 종류의 능력, 즉 인지력·창의력·운동·사교 등의 기회 및 학습을 하게 된다.
④ 형제자매간의 상호작용은 사회화에 역행하는 면이 더 많다.

해설 형제자매는 싸움·지배·협동 과정을 통해 타인과 어울리는 법을 배운다. 유아기·학동기의 형제자매는 부모의 관여 아래 사회화가 이루어지지만, 사춘기 이후가 되면 점차 부모의 보호에서 벗어나 더 넓은 세계와 접촉하기 때문에 사춘기 이후의 형제자매관계는 더 특별한 의미를 갖는다.

22 다음 중 형제자매간 상호작용의 결과로 거리가 먼 것은?

① 자아개념의 성립   ② 창조성의 완성   ③ 기술과 능력의 습득   ④ 생식가족에 대한 지향

해설 형제자매간 상호작용의 결과 : 자아개념의 성립, 기술과 능력의 습득, 생식가족에 대한 지향, 사회화

23 다음 중 결혼 후에도 형제자매간의 유대를 유지하도록 하는 주요 요인은 무엇인가?

① 연령·성의 차이   ② 부모의 사망   ③ 원거리 주거   ④ 공동의 관심사

해설 대체로 결혼 후 형제자매간의 유대관계는 나이·성의 유사성으로 인해 공동 관심사를 가지며, 특히 거주지가 근접해 있고 노부모에 대한 책임의식의 존재 등으로 다시 강화되거나 지속적으로 된다.

24 다음 중 형제자매의 관계에 대한 설명이 알맞은 것은?

① 성인 형제자매간의 유대관계는 그들의 접촉 빈도, 거주지에 따라 영향을 받는다.
② 심한 경제적·사회적 차이는 결혼 후의 형제자매간의 유대를 더욱 돈독히 한다.
③ 부모의 연합이 강한 경우 형제자매간의 경쟁이 심화되기도 한다.
④ 다른 동료집단이나 사회집단보다 연합이 어렵다.

해설 문제 23번 해설 참조

25 다음 중 형제자매간의 유대를 약화시키는 요인은 무엇인가?

① 생활 및 직업적 경쟁 ② 관심의 유사성 ③ 주거의 근접성 ④ 부모에 대한 책임의식

> **해설** 관심의 유사함, 주거의 근접성, 부모에 대한 책임감은 형제간의 유대·접촉을 증가시키나 생활상의 큰 차이, 직업상의 경쟁이 있는 경우 자연히 그 유대는 약화되고 갈등을 초래한다.

26 다음 중 형제자매간의 유대를 약화시키는 요인은 무엇인가?

① 부모의 사망 ② 주거의 근접성
③ 관심의 유사성 ④ 동등한 사회·경제적 지위

> **해설** 형제자매간의 유대도 공동관심사를 형성하지 못하면 부모의 사망 이후에 약화되기 쉽다.

27 다음 중 노년기의 형제자매관계에 대한 설명으로 알맞은 것은?

① 독신, 무자녀, 이혼, 별거, 사별 등은 형제자매간의 접촉빈도와 관계가 없다.
② 부모자녀관계보다도 더 우위에 있는 가장 친밀한 관계이다.
③ 동성형제보다는 이성형제자매가 더 자주 접촉한다.
④ 노년기 형제자매관계는 고독을 덜 수 있는 중요한 인간관계의 하나이다.

> **해설** 노년기가 되면 형제자매관계가 다시 새로운 의미를 갖게 된다. 독신이거나 자녀가 없을 때 특히 긴밀한 유대를 맺는데, 이것은 노후의 형제자매관계가 그들에게 애정을 계속 유지함으로써 고독을 덜 수 있는 매우 중요한 관계이기 때문이다.

28 결혼 이후의 형제자매관계를 잘못 기술하고 있는 것은?

① 부모에 대한 의무가 포함되어 있을 때 지속적으로 유지될 수 있다.
② 부모가 사망하면 바로 모든 형제자매관계는 끊어진다.
③ 노인이 되어도 경쟁의식이나 질투심이 완전히 사라지지 않는다.
④ 이성의 형제보다 동성의 형제자매가 자주 접촉한다.

> **해설** 형제자매간의 유대도 지속적인 공동 관심사를 가지지 못하면 부모가 사망한 뒤 약화되기 쉽다.

정답 21.④ 22.② 23.④ 24.① 25.① 26.① 27.④ 28.②

주관식

1 다음의 〈보기〉 내용은 형제자매관계의 어떤 기능인가?

> 보기
> - 형제자매가 서로 거울이요, 시험장으로 작용하는 과정이다.
> - 보상을 극대화하고, 손실을 극소화하기 위해 구체적 행동과 지도를 한다. 이는 단합을 강하게 한다.

2 다음의 〈보기〉는 형제자매간 권력 중 어떤 내용에 대한 것인가?

> 보기 동일시의 대상이 될 수 있는 형제가 갖는 권력이다.

3 다음의 〈보기〉는 형제자매간 권력 중 어떤 내용에 대한 것인가?

> 보기 형제자매 중 어느 사람이 벌을 줄 수 있는 힘을 소유하고 있을 때의 권력이다.

Answer

1 상호규제의 기능

2 준거적 권력

3 강제적 권력

4 형제자매관계의 기능을 3가지 이상 쓰시오.

5 형제자매간의 권력의 종류를 3가지 이상 쓰시오.

6 형제자매의 역할을 3가지 이상 쓰시오.

7 형제자매간의 상호작용의 결과를 3가지 이상 쓰시오.

Answer

4 자아감 형성, 상호규제, 직접적 봉사, 중재와 교섭, 개척과 지도, 가사분담, 성 역할의 개발, 규범학습, 권력관계 형성

5 보상적 권력, 강제적 권력, 합법적 권력, 준거적 권력, 숙련적 권력

6 놀이동무나 친구, 교사나 학습자, 보호자 또는 의존자, 적 또는 경쟁자

7 자아개념의 성립, 생식가족에 대한 지향, 기술과 능력의 습득, 사회화

MEMO

제3부 가족 내의 인간관계

17 노부모-성인자녀관계

 단원 개요

전통사회에서 가부장의 권위는 다른 어떤 가족구성원과 비교할 수 없는 절대적인 것이었다. 그러나 사회의 변화와 더불어 전통적인 가치도 변하여 세대와 세대간의 관계에 많은 변화가 초래되었다. 이 단원에서는 자부부와 노부모관계를 중심으로 상호작용의 내용과 부양문제를 검토하여 노부모와 성인자녀관계의 실상이 어떠한가를 규명해 볼 필요가 있다. 또한 가족관계 중에서 심각한 갈등이 유발되기도 하는 고부관계는 어떠한 모습으로 나타나고 있는가를 살펴보도록 한다. 그리하여 현재 우리가 처한 가족관계의 실상을 파악하고 문제가 발생하기 전에 대처할 수 있는 방안을 강구하도록 한다.

 출제 경향 및 수험 대책

이 단원에서는 우리나라 노부모-성인자녀관계, 기혼자녀와 노부모간의 관계, 전통사회에서의 고부관계 적응 요건, 전통적 직계가족하에서의 가족관계, 고부갈등의 원인과 해결방안, 노부모 부양문제나 노부모와 성인자녀간의 상호작용 등에 대해서 묻는 문제들이 출제될 수 있는 바, 자세하고 철저한 학습이 요구된다.

17

01 자녀부부와 부모관계

1 자녀부부와 부모의 동거문제

① 도시화에 따른 핵가족화는 전통적 가족의 입장에서 볼 때, 아들이 결혼 후에 부모의 가정에서 분가하기 때문에 일어나는 현상이라고 할 수 있다.

② 분가란 주거를 달리 하는 것으로 분가한 가족은 새로운 가(家)를 형성하는 것인데, 연령은 분가 형태에 영향을 미치는 강력한 요인으로 연령층이 젊을수록 결혼 직후부터 분가하는 비율이 높다.

2 전망

부모와 기혼자녀가 동거하는 비율은 급격히 감소하고 있으나 여러 가지 이유로 부모-기혼자녀 동거가족은 계속 존재할 것이므로 다세대 동거가족의 문제는 계속 관심을 가지고 연구되어야 한다.

02 노부모-성인자녀간의 상호작용 및 부양문제

1 노부모-성인자녀간의 상호작용

① 부모-자녀간의 상호왕래
　㉠ 분가한 자녀와 부모가 서로 왕래하고 접촉을 하는 데에는 가정에 따라 여러 가지 이유가 있을 수 있다. 그러나 자주 접촉함으로써 친밀한 유대가 더욱 강화되고 지속적으로 된다.
　㉡ 노부모와 성인자녀간의 접촉 빈도는 가족생활주기에 따라서 변화를 보이고 있다. 자녀의 가족생활주기를 중심으로 보면, 가족생활주기 초기인 가족형성기에서 가족확대기로 갈수록 접촉빈도는 증가하다가 노년기가 되면 감소하게 된다.

② 부모-자녀간의 상호부조(相互扶助)
　㉠ 현대사회에서 가족이 부부중심의 핵가족으로 변한다는 것은 경제적으로 분리되고 독립된 단위를 구성하는 것을 전제로 한다.
　㉡ 한국사회의 현실에서 부모와 자녀간의 완전한 독립이란 기대할 수 없다. 대부분의 노부모들은 자녀에게 부양의 책임을 기대하지 않을 수 없으며, 이는 한국의 전통으로 볼 때 그러하다.

2 노부모 부양문제

① 최근에는 가족구조가 변화하고 가치관이나 생활양식이 바뀌게 되면서 노부모에 대한 부양행동이나 태도가 약화되고 있다.

추가 설명

성인 자녀부모관계

- 각자 체계의 자율성과 독립성뿐만 아니라 연로한 부모부양이 중요한 발달과업이다.
- 부모부양의무는 성인자녀가 느끼는 노년의 부모에 대한 보호와 지원을 의미한다.
- 도움이 필요한 노인인구 증가는 노년부모 부양의 필요성을 강조한다. 그러나 경제체제 변화, 일하는 여성증가에 따른 여성역할 변화, 가족 라이프스타일 변화 등은 가족이 노인돌봄 역할을 제대로 할 수 없어 노인부양이 노년기 부모자녀관계의 중요한 긴장원이 되고 있다.
- 노인인구 증가에 대한 의료적·경제적인 측면에서 국가적 책임도 매우 중요하지만, 가족적 차원에서도 가족관계 변화에 따라 부양 및 효에 대한 새로운 인식을 토대로 상호혜성과 자율성을 바탕으로 시대에 맞는 부양문화를 수립하고, 부모와 자녀가 부모의 노후준비를 함께하는 것이 중요하다.

② 노부모 부양문제는 개별 가족만의 문제는 아니다. 교육기관과 사회단체에서는 교육프로그램을 통하여 노부모부양에 필요한 정보를 부양자녀들에게 다양하게 제공하고, 사회적·공적 지원을 강화함으로써, 고령화 사회에서 장기화하고 있는 노부모와 성인자녀관계를 향상시키도록 해야 할 것이다.

03 고부갈등의 원인과 해결방안

1 고부관계의 배경

고부(姑婦), 즉 시어머니와 며느리는 전통적인 가족구조에서 보면 모두가 타가(他家)에서 혼입(婚入)한 여자들로서 가족 내에서 유사한 위치에 있는 듯하나, 유교윤리에 입각한 상하질서의 강조에 따라 시어머니에게 분명한 지위를 부여하게 된다.

2 가족구조의 변화와 고부관계

① 직계가족에서는 부부관계의 결합보다는 친자관계의 결합이 더 강하고 또 가장 중요하다. 그러므로 자녀들을 부모에게 순종하도록 양육해 왔는데, 이는 아동기에서 뿐만 아니라 성인이 된 뒤에도 지속되는 가치이다.
② 핵가족에서는 부모에게 무조건적인 헌신이라든가 봉사를 하는 것에 가치를 두지 않는다. 즉, 며느리는 해방이 된 것이다. 그리고 각각의 핵가족이 상호독립함으로써 평등한 관계를 유지하게 되는 것이다.

3 고부관계와 모자관계

① 종래의 직계가족에서 어머니는 모진 시집살이 속에서 오직 자기가 낳은 아들에 전심함으로써 마음의 안정을 얻고, 따라서 당연히 아들에게 노후를 의지하고자 하였다. 이렇게 형성된 모자관계는 새로이 형성된 부부관계보다 훨씬 강력한 관계였다.
② 핵가족화의 보편적인 현상은 부부관계 및 부모자녀관계에 양적·질적 변화를 초래한다. 즉, 가족에 있어서 부모-자녀 사이의 관계보다는 부부관계를 더 중요하게 여긴다. 이에 따라서 부모의 권위가 영속적으로 자녀에게 행사되지 않는다. 그 결과 자녀와 부모는 서로 독립적인 관계를 유지하게 된다.
③ 진정한 의미에서의 핵가족이란 여러 상황에서 완전히 독립하는 것을 뜻한다. 즉, 부모의 가정과 명확한 경계를 형성하는 것이다. 그렇다고 해서 부모와의 애정을 단절한다는 뜻은 아니다. 오히려 종래의 직계가족형태에서와 같은 며느리의 의무적이고 희생적이며 강제적인 헌신이 아니라 진실로 대등한 상황에서 근친간의 애정을 경험할 수 있을 것이다.

4 고부간의 갈등과 그 원인

① **일반적인 특성**: 모자관계에서 아들의 성장과 결혼은 새로운 역할 조정을 초래하게 된

📝 **추가 설명**

부양책임에 대한 동기 형성의 이론적 관점

- 부모양육에 대한 성숙된 인식이 부양에 대한 동기이다. 즉, 부모가 더는 지지적인 역할을 하지 못한다는 것을 느낀 자녀는 자신들이 부모의 지지적인 자원이 되어야 함을 깨달으면서 부모양육에 대한 위기감을 인식한다는 것이다.
- 부모에 대한 양육역할은 양육위기를 경험해서가 아니라 부모자녀관계에서의 점진적인 변화 결과 때문이라는 관점이다. 부모와 자녀의 상호작용 결과로 나타나는 복잡한 과정이라는 것이다.
- 사회교환이론관점에서 볼 때 인간관계는 이기심의 동기에서 출발하므로 최소비용으로 최대효과를 얻고자 하며, 관계는 상호호혜성에 기초하여 양육동기가 생긴다. 즉, 부모가 자식들에게 필요한 것을 제공해 주었기 때문에 자녀는 부모가 아프거나 쇠약해졌을 때 보호와 양육을 제공해야 한다는 것이다.
- 애착이론관점은 자녀의 양육규범에 대한 내면화를 설명한다. 이는 부모양육에 대한 책임감은 의무감이나 부모에 대한 빚 때문이라기보다는 부모와의 우정, 상호성과 긍정적인 느낌에 기초한다.
- 부모부양에 대한 사회화로 자녀가 책임감을 가지게 되었다는 관점이다. 성인자녀가 부모에게 지원할 수 있는 적절한 수준의 부양이 어느 정도인지는 사회적으로 합의된 기준은 없으나, 성인자녀는 부양에 대한 사회적인 규범을 알고 있다.

다. 아들의 결혼은 어머니에게 중요한 역할 상실을 경험하게 하고 며느리는 어머니의 역할을 탈취한 것과 같은 존재가 된다. 또 이러한 시기는 어머니의 연령이 신체적·정신적 갱년기를 맞는 시기와 겹치게 되어 깊은 갈등이 발생하므로 더 많은 애정과 이해가 필요하다.

② 직계가족에서의 갈등
  ㉠ 직계가족은 가부장을 중심으로 하여 부(父)에서 장자로 이어지는 견고한 지속성을 가지며 서열의식이 투철하다. 가부직계가족에서 여성은 매우 낮은 지위에 있게 되고, 특히 며느리는 가장 낮은 지위에 놓이게 된다. 그러므로 며느리는 권리보다는 의무가 많고, 순종성·노동에 대한 공헌 정도·가계를 계승할 아들을 출산하였느냐에 따라서 성취지위가 주어진다.
  ㉡ 고부간의 갈등에서 시아버지는 갈등을 조정할 수 있는 경우가 많지만 시누이 등 기타 시댁가족들은 도움을 주지 못하거나 오히려 악화시키는 것이 보통이다.

5 현대 핵가족에서의 갈등

① 현대가족이 직면한 가족 내의 변화 혹은 고부관계의 변화
  ㉠ 부세대로부터 자세대의 독립으로서 농경사회에서는 상속된 토지를 중심으로 경제활동을 하였으나 산업사회에서는 가정 외부에서 수입을 획득하므로 자세대의 주거단위 및 경제적 독립이 용이해졌고, 도시에서는 며느리가 주부권을 행사하는 경우가 많아졌다.
  ㉡ 가치관의 변화로 인한 전통적 가족규범의 붕괴로서 상하질서, 즉 세대별·성별, 연령별 상하관계를 중시하던 유교적 가족윤리가 그 힘을 잃어감에 따라 시어머니의 절대적 권위가 약화되었다.
  ㉢ 애정구조면에서 보면 전통가족에서 고부갈등을 초래하는 근본적 요인이던 강한 모자관계가 현대가족에서도 그대로 갈등의 요인으로 작용한다.

② 갈등의 표출유형
  ㉠ 구타 등의 신체적 공격
  ㉡ 욕설, 항의, 비난 등의 공공연한 언쟁
  ㉢ 험담, 불만토로 등의 은밀한 언어적 공격
  ㉣ 고의로 상대방의 기대를 배반하는 것
  ㉤ 상대방과 접촉을 피하는 것

6 고부갈등의 결과 및 해결방안

① 결과 : 대립적이고 부정적인 측면을 가지고 있는 고부관계의 갈등은 이혼이나 정신질환의 원인이 되기도 한다.
② 해결방안

추가 설명

고부갈등

- 부계가족에서 여자인 시어머니와 며느리는 열세와 불리한 지위를 갖고 있으며, 며느리는 딸보다 더욱 불리한 조건을 가지고 있다. 시어머니와 며느리는 동일한 조건과 비슷한 입장에 있으면서 상호 간에 화목하지 못하거나 온정적이지 못하고 불화 내지 불신적인 관계로 발전하는 경우가 흔한데 이러한 불화와 마찰 상태를 고부갈등이라 한다.
- 고부관계가 근본적인 부정관계와 원천적인 대립관계의 성격을 갖게 되는 것은 아들을 중요시하는 부계가족의 구조적 특성에 원인이 있다고 본다.

㉠ **전통사회** : 유교윤리에 입각한 상하질서를 강조했다.
㉡ **현대사회**
- 상호존중의 태도가 필요하며, 전 가족구성원의 협동과 의사소통의 과정을 통하여 해결해야 한다.
- 서로의 생활에 한계를 분명히 하여 독립적인 가정생활을 영위해야 한다. 독립과 의존의 적당한 조화야말로 현대의 가족관계에서 성인자녀와 부모가 성취해야 할 가장 중요한 과업이다.

> **추가 설명**
> **고부 갈등 해결방안**
> - **전통사회** : 유교윤리에 입각한 상하질서 강조
> - **현대사회** : 서로의 생활에 대한 한계 설정, 상호존중, 의사소통 과정을 통한 해결, 전 가족구성원의 협동

실전예상문제

객관식

1. 다음 중 우리나라 노부모-성인자녀관계에 대한 설명으로 알맞은 것은?
① 부모-장남부부가 함께 사는 직계가족의 비율이 계속 증가추세에 있다.
② 도시가족의 경우 분가하는 경향이 형제서열에 관계없이 일반화되어 있다.
③ 연령층이 높을수록 결혼 직후부터 분가하는 비율이 높다.
④ 노부모-자녀의 동거가 법으로 규정되어 있다.

해설 도시화에 따른 핵가족화는 자녀가 결혼 후 부모의 가정에서 분가하기 때문에 나타난 것이다.

2. 다음 중 기혼자녀와 노부모간의 관계에 대한 설명이 옳은 것은?
① 자녀부부와 부모의 동거에 관련된 법 규정은 사실상 없어졌다.
② 장남은 결혼 후라도 분가할 수 없다.
③ 분가하지 않고 부모와 동거하는 비율은 계속 증가하는 추세이다.
④ 상호의존적인 유대관계가 강화되고 있다.

해설 1990년에 부모와의 동거에 관한 법 규정이 없어졌다.

3. 다음 설명 중 틀린 것은?
① 핵가족은 경제적으로 분리되고 독립된 단위를 구성하는 것을 전제로 한다.
② 우리나라의 부모는 자녀를 분가시킨 후에도 자녀의 생활에 공동책임과 기대를 갖는다.
③ 어머니는 가족 내부의 인간관계를 이루는데 가장 많은 영향을 미친다.
④ 한국사회에서는 부모-자녀간의 완전한 독립을 획득할 수 있다.

해설 한국사회의 현실에서는 부모-자녀간의 완전한 독립이란 기대할 수 없다.

4. 다음 중 노부모의 부양의식을 약화시키는 것은 무엇인가?
① 세대간의 생활양식의 차이
② 가족주의, 효의식의 강화
③ 전통적 직계가족에 대한 향수
④ 사회복지제도의 미비

해설 최근 가족구조가 변화하고 가치관이나 생활양식이 바뀌면서 노부모에 대한 부양행동이나 태도가 약화되고 있다.

5 전통적 직계가족하에서의 가족관계에 대한 내용이 아닌 것은?

① 부부관계의 결합이 강하다.
② 부모의 권위가 성장한 자식에게까지도 영향을 준다.
③ 며느리는 가풍과 생활양식에 동화하기 위해 희생한다.
④ 며느리는 순종성, 아들의 출산 여부에 따라 성취지위가 주어진다.

해설 친자관계의 결합이 강하다.

6 다음 중 직계가족에서 핵가족에로의 변화에 따라 가장 약화된 가족관계는 무엇인가?

① 형제자매관계   ② 고부관계   ③ 부모자녀관계   ④ 부부관계

해설 직계가족의 며느리는 무조건적인 희생을 하였으나 핵가족에서는 자녀에게 헌신, 봉사하는 것에 가치를 두지 않는다. 그리고 각각의 핵가족이 상호 독립함으로써 평등한 관계를 유지하게 된다.

7 다음 중 전통사회에서 고부갈등의 해결방법으로 보편적으로 수용되었던 것은 무엇인가?

① 유교윤리에 입각한 상하질서의 강조   ② 서로의 개인생활에 대한 독립성 인정
③ 가족구성원간의 협동과 의사교환   ④ 상호 인격존중의 인간관계

해설 전통사회는 유교윤리에 입각한 상하질서를 강조하며 며느리로 하여금 한 세대 상위에 있는 시어머니에게 복종하는 것이 필수적이고 당연한 것으로 인식하도록 하였다.

8 다음 중 고부간의 갈등에서 그 중재자로 가장 적합한 사람은?

① 시누이   ② 남편   ③ 시아버지   ④ 시동생

해설 고부간의 갈등과 관련시켜서 생각할 수 있는 사람은 시아버지이다. 대개 시아버지는 가부장으로서 며느리에게는 가장 어려운 분이기도 하나, 며느리를 감싸주고 아껴주는 입장을 취하기 쉬우므로 고부간 갈등을 조정할 수 있는 경우가 많다. 한편 시누이나 시동생 등 기타 시댁 가족들은 고부관계의 갈등을 해소하는 데 도움을 주지 못하거나 오히려 악화시키는 것이 보통이다.

9 다음 중 전통사회에서의 고부관계 적응 요건이 되었던 것은 무엇인가?

① 인간중심의 평등주의   ② 대화를 통한 상호이해

정답 1.❷ 2.❶ 3.❹ 4.❶ 5.❶ 6.❷ 7.❶ 8.❸ 9.❹

③ 갈등해소를 위한 전문가와의 상담   ④ 유교윤리에 입각한 상하질서의 강조

해설 전통사회에서는 고부관계를 전통적 가족규범, 즉 상하관계를 중시하던 유교적 가족윤리에 의해 이해하였다.

10 다음 중 현대 가족에서도 변함없이 고부갈등의 원인이 되고 있는 것은 무엇인가?
① 유교윤리에 입각한 엄격한 상하질서의 강조
② 강한 모자관계와 성취지위에의 위협
③ 분가에 따른 며느리의 독립적인 가정관리권 행사
④ 시어머니의 절대적 권위

해설 전통가족에서 고부갈등을 초래하는 근본적 요인이던 강한 모자관계가 현대 가족에서도 그대로 갈등의 요인으로 작용한다.

11 현대사회에서 고부갈등을 해결하는 방안이 될 수 없는 것은?
① 상호인격의 존중   ② 전통윤리
③ 전 가족원의 문제해결 참여   ④ 고부간의 역할분담

해설 고부갈등의 해결방안
- 고부간의 역할분담
- 전 가족원의 문제해결 참여
- 상호 인격적인 존중
- 독립과 의존의 조화

12 다음 중 현대사회의 고부갈등을 해결하는 방안으로 거리가 먼 것은?
① 유교윤리에 입각하여 상하질서를 강조한다.
② 전 가족구성원이 협동하며 의사소통 과정을 통하여 해결한다.
③ 상호존중의 태도를 가진다.
④ 서로의 생활에 대해 분명한 한계를 설정한다.

해설 기본적으로 현대사회에서는 인간관계에 상호인격의 존중이 우선되어야 할 필요가 있다. 인간관계가 상하관계로 형성되는 문화에서는 상호간의 조화로운 관계를 기대하기란 매우 어려운 일이다. 그러므로 현대사회에서 고부간의 갈등을 해소시키는데 가장 중요한 것은 상호존중의 태도이다.

정답 10. ❷   11. ❷   12. ❶

주관식

1 고부갈등이란 어떤 것인지 간략히 쓰시오.

2 전통사회와 현대사회에서의 고부갈등 해결방안에 대하여 간략히 쓰시오.

3 가족형태에서 분가와 분거의 차이를 설명하시오.

Answer

1 시어머니와 며느리간의 불화와 마찰 상태를 말한다.

2 • **전통사회** : 유교윤리에 입각한 상하질서 강조
　　• **현대사회** : 분명한 생활의 한계, 상호존중, 의사소통 과정을 통한 해결, 전 가족구성원의 협동

3 분가란 주거를 달리하는 것으로 분가한 가족은 새로운 가(家)를 형성하는 것이다. 그러나 분거는 직업이나 학업 등의 이유로 서로 떨어져 사는 것으로 주거를 달리하는 것뿐이다.

MEMO

제3부 가족 내의 인간관계

18 친족관계

 단원 개요

친족은 인간사회에 보편적인 것 중의 하나이며, 따라서 행동의 규제와 사회집단 형성에 있어서 중요한 구실을 한다. 친족관계는 사회에 따라, 또 시대에 따라 다양한 형태로 나타나고 변화하는 것이다. 이 단원에서는 친족의 범위와 사회변화에 따른 친족관계의 변화상을 알아본다. 특히, 친족관계가 지속되는 것으로 여겨지는 농촌을 먼저 살펴본 후에 도시가족의 친족관계를 고찰하여 앞으로의 변화를 예측해 본다.

 출제 경향 및 수험 대책

이 단원에서는 친족관계의 범위, 슈나이더가 제시한 친족간의 거리, 파슨스의 고립된 핵가족 이론, 이농으로 인한 우리나라 친족관계의 변화, 도시중류가족의 친족관계 및 농촌가족의 친족관계 등에 대해서 묻는 문제들이 출제될 수 있는 바, 자세하고 철저한 학습이 요구된다.

18

01 친족의 범위

1 개요
친족이란 특정한 사회에서 혈연·혼인으로 맺어진 가족 이외의 사람들 사이에 기대된 태도·행동 내지 권리·의무의 사회관계이다. 이러한 친족은 인간사회에서 보편적인 것 중의 하나이며, 행동의 규제와 사회집단 형성에 있어서 중요한 역할을 한다.

2 친족관계
① **친족관계의 정의** : 친족관계란 혈연관계에 기초한 친족과 혼인관계로 맺은 인척으로 형성된다.
② **혈연으로 이루어진 친족의 분류** : 부계친족과 모계친족으로 나눌 수 있으며, 일반적으로 친가(親家)와 외가(外家)라고 부른다.
③ **친족관계의 상하관계** : 친족관계는 세대별, 연령별, 성별 기준에 의하여 친족 내에서의 개인의 위치가 상대적으로 상하우열의 관계로서 배치되는 것이다. 특히, 세대에 의한 항렬(행렬)은 상하관계를 명확하게 분류했고, 연령은 같은 항렬 사이에 상하관계를 규정한다. 따라서 세대와 연령에 기준하여 촌수(寸數)를 계산하게 된다.
④ **민법상 친족 범위** : 8촌 이내 혈족, 4촌 이내 인척, 배우자
　㉠ **혈족** : 자기의 직계존속과 직계비속을 직계혈족이라 하고 자기의 형제자매와 형제자매의 직계비속, 직계존속의 형제자매 및 그 형제자매의 직계비속을 방계혈족이라 한다.
　㉡ **인척** : 혈족의 배우자, 배우자의 혈족, 배우자의 혈족의 배우자를 인척이라 한다.
　㉢ **배우자** : 혼인의 상대방으로 남편이나 아내를 말한다.

> **추가 설명**
> **친족의 범위** : 사회적 관습과 규범에 근거한 것으로 적용 범위와 대상이 나라마다 다를 수 있다. 조선시대 중엽 이후 우리나라의 전통적 가족은 부계가족 원리를 가지고 있었으며, 친족체계는 남계자손으로 가계가 계승되는 부계친족체계였다. 그러나 현재 우리나라의 가족과 친족의 범위는 양성평등원리를 기본으로 한다.

> **추가 설명**
> **인척관계** : 혼인에 의해서만 지속된다. 혼인의 무효화나 취소, 이혼, 부부 중 한 사람의 사망 후 남은 사람이 재혼하게 되면 인척관계는 소멸된다.

02 서구사회의 산업화와 친족관계 변화

1 산업화 이전 친족관계
① 친족은 재산의 소유나 상속은 물론 서로 가까운 거리에서 공동으로 거주하는 단위였으며, 필요할 때 도와줄 의무가 있고, 감정적인 유대관계 유지 등의 기능을 수행하였다.
② 친족이 공동으로 거주하는 경우에는 직계가족, 확대가족, 공동가족 등 여러 가지 가족형태를 취할 수 있다. 예 조선시대의 동성(同姓) 마을

2 산업화 이후 친족관계
산업사회로 변함에 따라서 친족들은 점차 지리적으로 분산되어 살게 되었다.

① 슈나이더(D. Schneider) : 친족간의 거리를 다음의 3가지 차원에서 구분했다.
　㉠ 계보상의 거리
　㉡ 사회정서적인 거리
　㉢ 물리적인 거리
② 파슨스(T. Parsons)
　㉠ 산업사회의 친족관계는 국가, 교회, 회사, 대학, 전문가조직 등의 비친족조직이 중요해지면서 그 기능의 상실이 불가피하다고 하였다.
　㉡ 현재 미국에서는 핵가족이 고립적으로 존재하는데 파슨즈는 이러한 핵가족이 개인의 능력에 따라 기회균등과 이동을 높이 평가하는 미국의 사회구조적 특징과 잘 부합되므로 기능적이라고 보았다.
③ 리트워크(E. Litwak) : 파슨스의 고립된 핵가족이론에 반대하여 부모와 결혼한 자녀가 따로 살면서 서로 지원을 주고 받는 수정확대가족을 현대생활에 유용한 가족형태로 주장하였다. 리트워크는 산업사회에서 친족구조는 기술발달과 민주주의에 대한 요구에 부합하기 위하여 다음의 4가지의 요건이 필요하다고 하였다.
　㉠ 친족집단은 개인의 목표성취를 효율적으로 도와줄 수 있어야 한다.
　㉡ 관료조직과 공존할 수 있어야 한다.
　㉢ 직업적 이동에 도움이 되어야 한다.
　㉣ 지리적 이동을 가능하게 해야 한다.

> **추가 설명**
> 친족간의 거리(슈나이더)
> • 계보상의 거리 : 부계친족인가 아니면 모계친족인가 또는 인척관계인가를 보는 족보상 관계와 거리를 의미한다.
> • 사회-정서적 거리 : 오늘날은 부계친족보다 모계친족이 사회정서적인 측면에서 더 가깝다고 한다.
> • 물리적인 거리 : 거주지의 거리를 들 수 있다. 그러나 지리적 근접성이 반드시 사회정서적인 근접성을 결정하는 중요한 조건은 아니다. 친족간에 거주지가 멀리 떨어져 있어도 빈번하게 상호작용할 수 있으며 정서적으로도 활발히 교류할 수 있다.

03 우리나라의 친족관계

1 농촌가족의 친족관계

① 과거 농촌사회에서는 혼인과 장례와 같은 통과의례 시 친족원들의 협력은 매우 중요한 비중을 차지하고 있었는데, 친족원들의 지속적이고 대규모적인 이촌현상의 결과로 이와 같은 과정에 대하여 갖는 친족원의 협력의 의미는 점차 줄어들게 되었다.
② 비친족원을 포함하고 마을을 단위로 하여 조직된 지연적, 자생적 이익집단의 기능이 보다 중요한 것이 되었다. 이러한 현실은 오늘날 우리나라 농촌의 친족의 기능이 마을생활에서 일차적 의의를 부여하는 것이 어렵게 되었음을 의미한다.

2 도시가족의 친족관계(도시 중류가족의 친족관계)

① 먼 친족과는 친족의식이 약화되어 가고 있으며, 친족과의 유대는 근친과의 관계로 국한되어 양가부모의 형제자매, 그 배우자 등으로 한정되는 경향이 있다.
② 먼 친족은 원거리에 거주하는 경우가 많고, 가까운 친족은 근거리에 거주 하는 경우가 많다.

> **추가 설명**
> 친족관계의 변화 : 농경체제가 중심이던 우리나라 전통사회에서는 친족이 정서적 유대단위로 기능했을 뿐만 아니라 실제적인 도구적 지원을 하는 공동체 역할도 담당해 왔다. 그러나 전통사회 이후 우리 사회는 급격한 산업화와 도시화를 경험하였으며, 산업사회에서의 친족의 중요성은 감소되었다.

> **추가 설명**
>
> **친족관계 변화의 성격**
> - 농촌 거주자와 도시 거주자 모두 친족관계는 근친관계로 축소되었다.
> - 오늘날의 친족관계는 문중 위주의 '우리 집안'이라는 부계친족 개념이 축소·약화되어 점차 핵가족 2세대 중심의 '내 집, 내 자녀, 우리 가족'이라는 개념이 강조되고 있다.
> - 부계친족을 강조하는 전통적인 친족관계는 해체되고, 근친을 중심으로 유대를 강화하는 방향으로 친족관계가 재구성되는 추세이다.
> - 사교나 일상협조 등의 일상생활은 시가쪽보다는 친정쪽과의 관계가 가깝다.

③ 시가쪽 친족보다 친정쪽 친족이, 그리고 혈연관계가 먼 친족보다 가까운 친족간의 접촉이 활발하다.

④ 친족관계를 크게 사교, 가사협조, 의례적 관계로 나눌 경우, 어느 친족에 있어서나 사교의 기능이 제일 강하고, 그 다음이 의례적 기능(제사 참여 제외)이며, 제일 낮은 것이 가사협조의 기능이다.

⑤ 사교나 일상협조 등의 일상생활과 관련되는 면에서는 시가쪽 친족보다는 친정쪽 친족과의 친족관계가 강하나, 집안의 유지와 관련이 있는 제사에 있어서는 시가쪽 친족과의 관계가 강하다.

⑥ 친족관계는 시가인가 친정인가에 따라서 강약(强弱)의 차이가 생기지만, 다시 이들이 친가·외가, 세대차이, 혈연의 원근, 남녀의 구별에 따라서 차이가 생긴다.

⑦ 대체로 거주의 거리가 가까울수록 친족간의 사교나 가사협조 등의 일상생활의 유대가 강화되지만 의례적 관계에 있어서는 지리적 거리의 영향을 그다지 받지 않는다.

실전예상문제

객관식

1 친족에 대한 설명으로 바르지 못한 것은?
① 친족은 인간사회의 보편적인 것 중의 하나이며, 따라서 행동의 규제와 사회집단 형성에 있어서 중요한 구실을 한다.
② 친족관계는 사회에 따라 또 시대에 따라 다양한 형태로 나타나고 변화하는 것이다.
③ 친족이란 특정한 사회에서 혈연·혼인으로 맺어진 가족 이외의 사람들 사이에 기대된 태도·행동 내지 권리·의무의 사회관계이다.
④ 친족관계를 연구할 때는 법제 또는 규정상의 친족과 실제의 친족을 동일시해야 한다.

해설 친족관계를 공부할 때 주의하여야 할 것은 법제 또는 규정상의 친족과 실제의 친족을 구별해야 한다.

2 다음 중 민법이 정하는 혈족의 범위는?
① 4촌 이내 혈족   ② 6촌 이내 혈족   ③ 8촌 이내 혈족   ④ 10촌 이내 혈족

해설 친족의 범위 : 배우자, 8촌 이내의 혈족, 4촌 이내의 인척

3 친족 내에서의 개인의 위치가 상대적으로 상하우열의 관계로서 배치되는 친족관계를 결정하는 기준으로 볼 수 없는 것은?
① 세대별   ② 연령별   ③ 가족수별   ④ 성별

해설 친족관계는 세대별, 연령별, 성별의 기준에 의하여 친족 내에서 개인의 위치가 상대적으로 상하우열의 관계로서 배치되는 것이다.

4 다음 중 민법이 정하는 친족범위가 아닌 것은?
① 4촌 이내 인척   ② 10촌 이내 혈족   ③ 8촌 이내 혈족   ④ 배우자

해설 문제 2번 해설 참조

5 다음 중 4촌 이내의 인척에 해당되지 않는 것은?

정답 1.④ 2.③ 3.③ 4.② 5.③

① 혈족의 배우자　　　　　　　② 배우자의 혈족
③ 자연혈족　　　　　　　　　　④ 배우자의 혈족의 배우자

해설 4촌 이내의 인척
- 배우자의 혈족
- 혈족의 배우자
- 배우자의 혈족의 배우자

6 다음 중 혼인에 의한 인척관계가 소멸되는 예로 볼 수 없는 것은?

① 별거　　　　② 이혼　　　　③ 혼인의 무효화　　　　④ 배우자의 사망 후 재혼

해설 인척관계는 혼인에 의해서만 지속된다. 혼인의 무효화나 취소, 이혼, 부부 중 한 사람의 사망 후 남은 사람이 재혼하게 되면 인척관계는 소멸된다.

7 슈나이더(D. Schneider)가 제시한 친족간의 거리가 아닌 것은?

① 계보상의 거리　　② 사회정서적인 거리　　③ 계층간의 거리　　④ 물리적인 거리

해설 슈나이더가 제시한 친족간의 거리 : 계보상의 거리, 물리적인 거리, 사회정서적인 거리

8 다음 〈보기〉의 (　) 안에 들어갈 학자로 알맞은 것은?

> **보기** (　)(은)는 산업사회의 친족관계는 국가, 교회, 회사, 대학, 전문가 조직 등의 비친족 조직이 중요해지면서 그 기능의 상실이 불가피하다고 하였다.

① 파슨스(T. Parsons)　　　　　② 리트워크(E. Litwak)
③ 힐(R. Hill)　　　　　　　　　④ 슈나이더(D. Schneider)

해설 파슨스(T. Parsons)는 고립된 핵가족 이론을 주장하였다.

9 다음 중 핵가족에 비해 부모와 결혼한 자녀가 따로 살면서 서로 지원을 주고 받는 수정확대가족이 현대 생활에 유용한 가족형태라고 주장한 학자는?

① 머독(G.P. Murdock)　　　　② 레비스트로스(Lévi-Strauss)
③ 리트워크(E. Litwak)　　　　　④ 파슨스(T. Parsons)

해설 리트워크는 파슨스의 고립된 핵가족이론에 반하여 부모와 결혼한 자녀가 따로 살면서 서로 지원을 주고 받는 수정확대가족이 현대 생활에 유용하다고 보았다.

10 리트워크가 산업사회에서 친족구조가 기술발달과 민주주의에 대한 요구에 부합하기 위해 필요한 요건으로 제시한 것이 아닌 것은?

① 친족집단은 개인의 목표성취를 효율적으로 도와줄 수 있어야 한다.
② 관료조직과 공존할 수 있어야 한다.
③ 직업적 이동에 도움이 되어야 한다.
④ 지리적 이동이 거의 없어야 한다.

해설 지리적 이동을 가능하게 해야 한다.

11 다음 중 우리나라 친족관계의 변화로 알맞은 것은?

① 농촌에서는 마을단위, 지연적·자생적 이익집단의 기능이 보다 중요하게 되었다.
② 원·근거주 친족에 관계없이 친족의식이 강화되었다.
③ 친족간의 기능교환의 의의가 더욱 증가하였다.
④ 친족망이 확대되었다.

해설 산업화, 도시화 과정을 거치면서 우리나라의 친족관계도 변화하였다. 즉, 이촌현상으로 인해 친족원의 협력은 점차 줄어들었으며, 비친족원을 포함하고 마을을 단위로 하여 조직된 지연적, 자생적 이익집단의 기능이 보다 중요한 것이 되었다.

12 우리나라 친족관계에 대한 설명으로 바르지 못한 것은?

① 농촌가족의 친족관계는 마을에서 일차적 의의를 부여하기 어려울 정도로 약화되고 있다.
② 한국 농촌사회의 구조적 문제에서 연유한 이촌(離村) 때문에 친족망이 축소되고 있다.
③ 도시가족의 친족관계는 근거리에 거주하는 근친과의 유대는 여전히 지속되며, 친정권과의 긴밀한 유대가 나타난다.
④ 도시가족에서 사교나 일상적인 협력과 교류에는 시가친과 더 밀접하다.

해설 도시가족의 친족관계는 제사와 같은 의례적 기능에는 시가친과 가깝고, 사교나 일상적 협력과 교류에는 친정친과 더 밀접하다.

정답 6.❶ 7.❸ 8.❶ 9.❸ 10.❹ 11.❶ 12.❹

13 다음 중 우리나라 도시중류가족의 친족관계 특징으로 알맞은 것은?
  ① 친정보다는 시가쪽과 거리가 가깝고 상호간에 밀접한 관계를 유지한다.
  ② 제사에 있어서는 친정쪽 친족과의 관계가 강하다.
  ③ 거주거리가 가까울수록 사교·가사협조 등 일상생활의 유대가 강화된다.
  ④ 친족관계의 기능 중 가사협조기능이 가장 강하다.

  해설 대체로 거주의 거리가 가까울수록 친족간의 사교나 가사협조 등의 일상생활의 유대가 강화된다.

14 다음 중 우리나라 농촌가족의 친족관계 특징으로 알맞은 것은?
  ① 친족관계가 더욱 강화되고 있다.
  ② 품앗이, 작업반, 임노동이 친족간에 활발히 이루어지고 있다.
  ③ 친족망의 축소로 친족기능교환의 의의가 감소되었다.
  ④ 비친족원보다는 친족원에 의해 농촌생활이 유지된다.

  해설 우리나라 농촌가족의 친족관계 특징을 보면, 축소된 친족망에 기초한 친족원 상호간의 기능적 교환만으로는 마을생활의 모든 측면을 효과적으로 포괄할 수 없게 되었다.

15 도시중류가족의 친족관계에 대한 서술로 바르지 못한 것은?
  ① 형제자매보다는 사촌이나 그 이상의 혈족간 관계를 중시한다.
  ② 시가쪽 친족보다 친정쪽 친족이, 그리고 혈연관계가 먼 친족보다 가까운 친족간에 접촉이 활발하다.
  ③ 먼 친족과는 친족의식이 약화되어 가고 있으며 근친과의 관계로 국한되는 경우가 많다.
  ④ 먼 친족은 원거리에 거주하는 경우가 많고, 가까운 친족은 근거리에 거주하는 경우가 많다.

  해설 친족과의 유대는 근친과의 관계로 국한되어 양가부모와 형제자매, 그 배우자 등으로 한정되는 경향이 있다.

정답 13. ❸ 14. ❸ 15. ❶

주관식

1 혈연관계에 기초한 친족과 혼인관계로 맺은 인척으로 형성되는 관계를 무엇이라 하는가?

2 민법이 정하는 친족의 범위를 쓰시오.

3 리트워크가 산업사회에서 친족구조는 기술발달과 민주주의에 대한 요구에 부합하기 위하여 필요하다고 한 요건을 쓰시오.

4 4촌 이내의 인척 범위를 쓰시오.

5 슈나이더가 제시한 친족간의 거리 3가지를 쓰시오.

Answer

1 친족관계

2 배우자, 8촌 이내의 혈족, 4촌 이내의 인척

3
- 친족집단은 개인의 목표성취를 효율적으로 도와줄 수 있어야 한다.
- 관료조직과 공존할 수 있어야 한다.
- 직업적 이동에 도움이 되어야 한다.
- 지리적 이동을 가능하게 해야 한다.

4
- 배우자의 혈족
- 혈족의 배우자
- 배우자의 혈족의 배우자

5
- 계보상의 거리
- 물리적인 거리
- 사회정서적인 거리

MEMO

제4부 가족의 문제

19 현대사회와 가족

 단원 개요

현대사회의 산업화·도시화 현상은 가족생활 환경을 크게 변화시켰으며, 이에 따라 가족의 기능이나 크기, 구성, 가치관에서도 과거와는 다른 양상이 나타나게 되었다. 따라서 이 단원에서는 전반적인 현대사회의 특성을 알아보고, 그에 따라 가족이 어떻게 변화하고 있는지를 살펴보고자 한다.

 출제 경향 및 수험 대책

이 단원에서는 현대사회의 변동 양상과 특징(산업화 및 도시화), 우리나라 거대도시에 등장한 생활조건과 양상, 산업화가 가족에 끼친 영향, 현대사회에서 핵가족화를 촉진하는 요인, 듀발이 제시한 현대가족의 비상기능, 가족기능의 변화, 가족구조의 변화, 가족가치관의 변화 등에 대해서 묻는 문제들이 출제될 수 있는 바, 자세하고 철저한 학습이 요구된다.

19

01 현대사회의 변동 양상과 특징

1 산업화

① 산업화는 기본적으로 생산에 있어서 공업기술을 적용하는 공업화 과정과 생산활동 및 관련 활동들의 구조적 분화와 새로운 통합 유형을 중요한 내용으로 하고 있다.

② 분업은 기본적으로 다수의 인구층과 높은 인구밀도를 전제로 하므로 그것이 사회구조에 가져오는 중요한 변화는 사회적 이질성의 강화와 작업구조의 변화이다.

③ 산업화 이전의 친족유대라든가, 이웃간의 유대라는 것은 산업화 이후에는 약화될 수밖에 없고 가족의 공동체적 특성을 약화시킨다.

④ 산업화를 위해서는 과학기술의 발달이 요구되고 과학기술이 발달을 하기 위해서는 교육을 받아야 되기 때문에 고등교육의 보편화 현상을 가져온다.

2 도시화

① 산업화와 도시화는 불가분의 관련을 갖는다.

② 우리나라에서는 근대적인 도시화가 1960년 이후 농촌인구의 도시로의 대량 이동과 함께 빠른 속도로 진행되어 왔으며, 특히 1975년 이후 도시화는 공업화, 경제발전과 밀접한 연관을 보이고 있다.

③ 1970년대 이후 우리나라의 거대도시에 등장한 생활조건과 양상

　㉠ 인간관계에서 원초적 관계가 약화되고 2차적 관계가 강요되어 피상적인 접촉에 그친다.

　㉡ 대인관계에 이중성이 나타나 잘 아는 사람에게는 친절하나 대부분의 모르는 사람에게는 극히 무관심하거나 불친절하다.

　㉢ 확대가족 및 친족체계의 조직과 기능이 약화되고 핵가족 중심의 생활이 강화된다.

　㉣ 평등의 이념에 따라 가족관계나 다른 인간관계가 형성되어 전래의 효의 관념이 약화되고 부부간에도 대등한 인격적 관계가 강화된다.

　㉤ 부모와 자식간의 관계는 자녀가 어릴 때에는 매우 긴밀하나 성장 후 또는 결혼 후에는 멀어진다.

　㉥ 계층별 거주 지역에 따라 생활양식이 크게 다르다.

　㉦ 규범이나 윤리가 혼란 상태에 있어서 개인은 방향 감각을 잃거나 갈등을 느끼게 되는 경향이 있다.

　㉧ 청년층을 중심으로 한 생활양식이 지배한다.

추가 설명

현대사회의 변화 : 현대사회는 사회의 전 범위에 걸쳐서 광범위하고 급속한 변화가 진행되고 있다. 이러한 현대사회의 격변성은 인구 폭증, 도시 폭증, 기술 폭증, 조직 폭증, 제도적 혼란 등으로 나타낼 수 있는데, 특히 산업화와 도시화는 현대사회를 규정하는 개념 중에서도 가장 핵심적인 개념이라고 할 수 있다.

추가 설명

산업화 : 생산활동의 분업화와 기계화에 따른 사회구조의 변화로써 산업화된 사회는 대규모 경영과 생산양식에 의해 이루어지는 사회이다.
- 생산영역으로서의 공장과 생활영역으로서의 가정이 분리된다.
- 사회적 분업과 더불어 생산공장 자체에서 기술적 노동분업과 노동분해가 계속하여 이루어진다.
- 과학·기술적 방법과 경제·합리적 방법의 응용이 계획과 조직 그리고 작업과정에서 이루어진다.
- 계속 발전하는 산업화와 더불어 공업생산·서비스산업 등을 중심으로 자본의 확대와 축적이 이루어진다.

02 현대사회와 가족

1 가족기능의 변화

① 오늘날 가족기능이 양적 면에서는 대폭 축소되었으나, 그 중요성이 축소된 것은 아니다.
② 가족기능의 변화는 전통적 요소와 근대적 요소의 충돌, 사회구조적 변화 속도와 가족의 변화 속도간의 괴리 등으로 인해 다양한 양상으로 전개되고 있다.
③ 가족의 경제적 기능은 전통 농경사회의 가족이 자급자족적인 생산단위로서 생산기능이 주체였다면, 오늘날의 가족은 공사(公私) 영역의 분리로 인해 남겨진 소비기능의 주체로 변화하였다.
④ 사회가 분업화됨으로써 새롭게 등장한 제도들이 가족의 기능을 대신하면서 오늘날 가족의 기능은 과거에 비해 대폭 축소되었다.
⑤ 듀발이 제시한 '현대가족이 가진 6가지의 비상 기능' : 부부·부모·자녀간의 애정형성의 기능, 가족구성원의 보호와 수용, 가족구성원의 만족과 성취감의 고취, 우애의 지속적인 보장, 사회적 지위와 사회화의 보장, 반복적인 통제와 정의감의 교육

2 가족구조의 변화

산업화와 더불어 진행된 이농은 인구의 도시집중을 일으켜 확대가족의 지속을 어렵게 만들어 우리나라에서도 가족규모의 축소 및 가족세대의 단순화 그리고 친족관계의 약화 현상 등이 산업화·도시화와 더불어 나타나고 있다.
① 가족규모는 축소되었다.
② 산업화로 인한 이동성의 증대 및 여성 취업율의 증가가 낳은 '별거가족'은 한국가족이 서구의 부부중심 가족과 뚜렷이 구별되고 있음을 보여 주는 또 하나의 현상이다.
③ 가족의 안정성을 나타내는 지표의 하나인 이혼율이 증가하고 있다.
④ 출산율 감소와 함께 상대적으로 자녀 양육 기간이 연장되었고, 자녀를 모두 출가시킨 탈양육기의 '빈 둥우리가족(empty nest family)'이 출현하였다.
⑤ 독거노인, 노인들의 경제적 빈곤 등의 문제가 대두되고 있다.

3 가족가치관의 변화

① 확대가족에서 강조되던 가족주의와 공동체 지향적인 가치관이 점차 소멸하고 개인주의적 가치관이 강화되고 있다.
② 전통적인 부계 혈연가족 중심의 가치관이 점차 약화되면서 결혼에 대한 태도, 부부간의 역할분담, 자녀 및 노부모에 대한 태도에 변화가 있다.
③ 전체 사회구조의 변화는 가족성원간의 관계를 평등화시키고 개인의 독자적인 영향을 확대시키고 있다.

추가 설명

가족기능의 변화

- 사회 변동과 함께 사회가 분화·전문화되면서 현대 사회에서 가족의 기능은 조금씩 변화하고 있다.
- 과거 가족의 주된 기능이었던 양육과 보호 및 사회화 기능은 전문화된 교육 및 사회화 기관과 대중 매체로 이전하고 있다.
- 재화를 생산하는 경제적 기능은 생산을 기업에서 주로 담당함에 따라 가족의 기능은 소비 중심으로 변화하였다.
- 최근 저출산 현상과 같은 사회 문제가 나타나 사회 구성원을 재생산하는 기능도 약화하고 있다.

실전예상문제

객관식

1 다음 중 우리나라 거대도시에 등장한 생활조건과 양상으로 거리가 먼 것은?

① 인간관계가 피상적 접촉에 그친다.
② 확대가족 및 친족체계의 조직과 기능이 약화된다.
③ 계층별 거주지역에 따라 생활양식이 크게 다르다.
④ 노년층을 중심으로 한 생활양식이 지배한다.

해설 청년층을 중심으로 한 생활양식이 지배한다.

2 산업화가 가족에 끼친 영향 중 가장 중요한 것은?

① 교육의 퇴보
② 가족으로부터 생산기능의 분리
③ 인격적 관계 강화
④ 원초적 관계 강화

해설 산업화는 분업의 심화를 가져왔다.

3 다음 중 현대사회에서 핵가족화를 촉진하는 원인으로 거리가 먼 것은?

① 사회적 이동에 따른 친족유대의 약화
② 혈연중심의 가족주의의 팽배
③ 직업변동의 기회증가에 따른 지리적 이동
④ 자본주의 산업구조에 따른 노동인구의 대이동과 도시화

해설 산업화와 더불어 진행된 이농현상은 인구의 도시집중 현상을 일으켜 도시의 토지 가격을 상승시키고, 이러한 변화는 확대가족의 지속을 어렵게 만들었음은 물론, 보다 간편한 주거양식을 요구하게 되었다. 뿐만 아니라 산업구조상 직업변동의 기회가 많고 또 교육기회 등을 찾아서 지리적 이동이 활발히 이루어지는데, 이러한 이동에는 대체로 소규모의 가족이 적합하다. 이처럼 활발한 사회적 이동의 결과 친족간의 유대도 소원해지고 가족의 규모도 축소된 상황에서는 부부가 중심이 될 수밖에 없으므로 현대도시에서는 부부중심의 핵가족이 보편적이다.

4 다음 중 도시화로 인한 가족관계의 변화에 대한 설명으로 거리가 먼 것은?

① 대인관계에 이중성이 나타난다.
② 평등 이념에 따라 가족관계가 형성된다.
③ 청년층을 중심으로 한 생활양식이 지배한다.

④ 더욱 대면적인 인간관계와 사회관계망이 강화된다.

> **해설** 원초적 관계가 약화되고 2차적 관계가 강요되어 피상적 접촉에 그친다.

5 다음 중 오늘날 우리나라 가족에 대한 설명으로 옳지 않은 것은?
① 상호작용을 통해 독특한 동일세대간의 문화를 형성하는 가족관계는 형제자매 관계이다.
② 가족 내 혈연관계 중 가장 기초적이고 애정적인 관계는 부모자녀 관계이다.
③ 오늘날 가족에서 가장 핵심적이고 중추적인 관계는 부부관계이다.
④ 현대 우리 사회의 핵가족은 철저한 개인주의에 입각하며 서구의 핵가족과 동일하다.

> **해설** 현대 우리 사회의 핵가족은 철저한 개인주의에 입각한 서구의 핵가족과는 차이가 있다. 즉, 서구의 가족과는 달리 외형상으로는 부부중심의 핵가족이라 할지라도 내면적으로는 가족주의적 가치, 특히 부모와 자식·형제관계의 중요성이 발전되는 등 확대가족의 이념이 부분적으로 강하게 포함된 특수한 핵가족 형태를 취하고 있다.

6 듀발이 제시한 현대가족이 가진 6가지 비상 기능으로 거리가 먼 것은?
① 부부·부모·자녀간의 애정형성의 기능
② 우애의 지속적인 보장
③ 경제적 생산 기능
④ 사회적 지위와 사회화의 보장

> **해설** 현대가족의 비상 기능 : 부부·부모·자녀간의 애정형성의 기능, 우애의 지속적인 보장, 사회적 지위와 사회화의 보장, 가족구성원의 보호와 수용, 가족구성원의 만족과 성취감의 고취, 반복적인 통제와 정의감 교육

7 다음은 산업화로 인한 변화의 내용이다. ( ) 안에 알맞은 말은?

> **보기** 가족 가치관적인 면에 있어서 ( ) 가치관이 대두되면서 확대가족에서의 가족주의나 가부장의 권위가 점차 약화되면서 결혼에 대한 태도, 부부간의 역할분담과 권력관계, 자녀 및 노부모에 대한 태도에 변화가 일어났다.

① 집단주의적
② 개인주의적
③ 공리주의적
④ 실증주의적

> **해설** 가족 가치면에 있어서는 확대가족에서의 가족주의나 가부장의 권위가 점차 약화되고 개인의 자율성과 주체성을 존중하는 개인주의적 가치관이 대두되어 가족 내에서도 성원간의 관계가 평등화되고 개인의 독자적 영역이 확대되고 있다.

정답 1.④ 2.② 3.② 4.④ 5.④ 6.③ 7.②

8 현대사회의 산업화 및 도시화로 인한 가족생활주기상의 변화로 볼 수 없는 것은?

① 출산율의 감소
② 자녀양육기간의 연장
③ 노인문제의 감소
④ 빈 둥우리가족 출현

해설 가족 구조면에 있어서는 산업화 및 도시화로 인한 생활환경의 변화와 사회적·지리적 이동의 증가로 부부중심의 핵가족화 현상과 함께 가족생활주기상에 많은 변화가 나타났다. 즉, 출산율의 감소와 함께 상대적으로 자녀 양육기간이 연장되었고, 수명의 연장으로 자녀를 모두 출가시킨 후의 '빈 둥우리가족'이 출현하였으며, 또한 고령화에 따른 노인문제가 새롭게 부각되었다.

9 현대사회 가족구조의 변화 내용으로 거리가 먼 것은?

① 가족규모 축소
② 친족관계 약화
③ 이혼율 증가
④ 가족세대의 복잡화

해설 가족구조의 변화 : 가족규모 축소, 친족관계 약화, 이혼율 증가, 가족세대 단순화, 빈 둥우리 가족

10 현대사회 가족 관련 변화 내용으로 거리가 먼 것은?

① 개인주의 가치관 강화
② 가족 규모 축소
③ 가족성원간의 관계 평등화 확대
④ 부계 혈연가족 중심의 가치관 강화

해설 전통적인 부계 혈연가족 중심의 가치관이 약화되면서 결혼에 대한 태도, 부부간 역할분담, 자녀 및 노부모에 대한 태도에 변화가 있다.

정답 8.③ 9.④ 10.④

주관식

1 현대 사회 가족 기능의 변화 내용을 2가지 이상 쓰시오.

2 듀발이 제시한 현대가족이 가진 6가지 비상 기능을 모두 쓰시오.

3 현대사회 가족구조의 변화 내용을 3가지 이상 쓰시오.

4 현대 사회 가족 가치관의 변화 내용을 2가지 이상 쓰시오.

Answer

1
- 양육, 사회화 기능이 교육 및 사회화 기관 및 대중 매체로 이전
- 경제적 기능이 소비 중심으로 변화
- 사회 구성원 재생산 기능의 약화

2 부부·부모·자녀간의 애정형성의 기능, 우애의 지속적인 보장, 사회적 지위와 사회화의 보장, 가족구성원의 보호와 수용, 가족구성원의 만족과 성취감의 고취, 반복적인 통제와 정의감 교육

3 가족규모 축소, 친족관계 약화, 이혼율 증가, 가족세대 단순화, 빈 둥우리 가족

4
- 개인주의 가치관 강화
- 부계 혈연 가족 중심 가치관 약화
- 가족성원간 관계의 평등화 확대
- 결혼, 부부간 역할 분담, 자녀 및 노부모에 대한 태도 변화

MEMO

제4부 가족의 문제

20 현대사회의 가족문제

 단원 개요

현대사회에서 가족은 개인과 사회의 가운데 위치하고, 소인수로 구성되는 사회의 기초 집단으로서 가족이 속한 사회의 영향에 민감하게 반응을 나타낸다. 이 단원에서는 이러한 고유의 성격을 지닌 가족의 문제에 대한 개념의 정의, 형태, 가족·개인·사회에 미치는 영향에 대하여 총괄적으로 검토하고 가족문제의 접근을 모리오카 키오미(森岡淸美)의 사회체제적 접근, 개인적 접근, 문제가족적 접근, 일반가족적 접근 방법과 구드(Goode)의 구조기능론적 접근으로 나누어 살펴보고자 한다.

 출제 경향 및 수험 대책

이 단원에서는 가족문제의 개념, 가족문제의 형태구분에 관한 학자들의 주장, 가족문제의 영향, 사회체제적 가족문제 접근방법의 내용 및 특징, 개인적 접근방법의 내용 및 특징, 문제가족적 접근방법의 내용 및 특성, 구조·기능론적 접근방법의 특징, 일반가족적 접근방법의 특징 등에 대해서 묻는 문제들이 출제될 수 있는 바, 자세하고 철저한 학습이 요구된다.

20

01 가족문제의 개념

1 개요

가족문제는 혼인문제, 자녀 양육의 문제, 교육문제, 노후생활문제, 맞벌이 부부문제, 의료문제, 빈곤문제 등과 같이 가족생활에 관계되는 여러 가지 문제로서 사회체제나 제도와 관련되는 광범위한 것과 가족 내의 개별적인 가족원 상호간의 인간관계상의 문제, 즉 부부간의 갈등, 부모-자녀간의 갈등, 가족 내의 노인문제 등과 같이 비교적 좁은 의미의 가족문제가 있다.

2 문제가족

가족구성원의 의식, 태도, 가치관의 차이로 이해관계가 대립되어 집단으로서의 가족의 조직화가 약화되고 기능상의 장애를 일으키고 있는 가족을 병리가족, 부적응가족, 일탈가족, 가족 아노미 등으로 표현하며, 이러한 가족을 문제가족이라 한다.

> **추가 설명**
> 가족문제 : 가족생활에 관계되는 여러 가지 문제

> **추가 설명**
> 가족문제의 발생 : 가족내의 문제가 심화되면서 사회적 문제로서의 가족문제가 발생한다.

02 가족문제의 형태

1 로이빈 힐(Reubin Hill)이 제시한 가족문제의 형태 구분

① 원인에 따른 분류
  ㉠ 가족 외적인 사건 : 가족을 결과적으로 더욱 단결시키는 것 예 전쟁, 정치적 탄압, 종교적 박해, 홍수 등의 천재지변, 개인이나 가족의 힘으로는 방지할 수 없는 사회적·자연적 사건들
  ㉡ 가족 내 사건 : 주로 인간관계의 융합을 파괴하며 가족의 사기를 저하시키는 일탈 행위 등 예 부부생활의 불충실함, 정신이상증, 자살, 사생아, 마약, 알코올 중독, 부양책임을 지지 않는 것 등
② 가족구성에 변화를 가져오는 것
③ 문제에 영향을 주는 사회적 사건에 의한 것

2 서스맨(M.B. Sussman)의 가족문제의 형태 구분

① 가족의 감면 문제 : 부모, 부부 또는 자녀의 사망, 장기 질병으로 인한 입원가료 또는 별거, 정양(靜養), 전쟁으로 인한 실종 등에 의한다. 이는 가족구성원의 결원을 가져오며, 그들의 역할기능 상실로 가족의 역할구조상에 변화를 가져오므로 남은 가족들이 새로운 적응을 해야 한다.
② 가족의 증원(增員) 문제 : 원치 않는 임신, 실종자의 귀가, 재혼으로 인한 계모, 계부, 이복형제와 입양 등에 의한다. 그 결과 수입이나 소비생활에 재적응이 요구되며, 심리적

관계로나 역할구조에 긴장이 따르므로 재조정을 요한다.
③ **가족구성원의 문제 행위** : 경제적 부양의 중단, 불구, 알코올·마약 중독, 범죄와 비행 등에 의한다. 이는 가족의 대외적 체면을 손상시키며, 대내적으로 생활의 곤란을 초래하여 단란한 분위기를 깨뜨리고 사기를 저하시킨다.

3 버제스(Ernest W. Burgess)

가족의 위기나 문제의 형태를 분류하는 데 있어 가족의 사회적 지위가 갑자기 상승하거나 하강하는 현상을 고려해야 한다고 지적하고, 가족의 사회경제적 지위에 변화를 일으킬 수 있는 실제적 사례를 분류하였다.

> **추가 설명**
> 버제스가 제시한 가족의 사회경제적 지위에 변화를 일으키는 실제적 사례
> • 경제적 불경기, 사업의 실패
> • 장기 실직
> • 속성 재벌이나 집권으로 인한 출세
> • 전쟁으로 인한 가족 상실
> • 정치적·종교적 망명
> • 정치범으로서의 신분 상실
> • 정치적 이유 또는 천재지변에 의한 인명과 재산피해

03 가족문제의 영향

1 가족에게 미치는 영향
① 집단 자살, 파산 등과 같이 가족이 사회집단을 형성할 수 없게 되거나 그 기능을 수행할 수 없는 가족해체의 현상을 초래하는 것
② 별거, 유기(遺棄)와 같이 가족생활에 이상이 생겨 가족 자체는 존재하나 실제로 부부관계가 이루어지지 않는 것

2 개인에게 미치는 영향
가족문제는 이혼이나 가족의 해체와는 관계없이 가족 개인에게 자살, 가출, 정신장애를 일으키기도 한다. 이러한 행위는 가족문제를 개인의 희생으로 해결하려는 것이나 가족 중의 개인의 행동은 개인문제에 그치는 것이 아니라 가족에게 심리적 타격을 주므로 결국 가족문제가 된다.

3 사회에 미치는 영향
가족이 건전하지 못할 때 그 가족은 가족 본연의 기능을 충분히 수행하지 못하여 개인에게 안식을 주지 못할 것이고, 그러한 개인은 사회에서 건전하고 올바른 생활을 할 수 없을 것이다. 이들은 청소년 비행, 각종 사회 범죄 등 무서운 사회 공해를 일으키므로 결국 불건전한 가족이 사회에서 미치는 영향은 지대하다고 할 수 있다.

04 가족문제의 접근방법

모리오카 키오미(森岡淸美)는 가족문제의 접근방법을 다음과 같이 제시하고 있다.

1 사회체제적 접근
① 이 접근은 현대 자본주의의 발전에 따르는 가족생활의 변화와 생활 파괴를, 한편으로 민주주의 가치관에 입각한 가족구성원간 권리의식의 고조(高潮)가 가족문제의 원인이 되고 있음에 초점을 둔 것이다.
② 이 입장에서는 가족문제를 병리현상으로 간주하고 치료하는 응용 분야로서의 접근이 아니라 가족연구의 핵심적인 분야이어야 함을 강조한다.

2 개인적 접근
① 이 입장은 문제가족의 진단과 치료를 제시함에 있어 마치 정신과 의사가 정신분열증 환자를 진단하고 치료하는 방법과 같은 입장을 취하는 것이다.
② 이 접근방법은 비행청소년을 교도(敎導)하기 위한 관찰에서도 적용되고 있다.

3 문제가족적 접근
① 이 입장은 가족문제에 접근하는 가장 전통적이고 일반화된 접근 방법으로 문제의 형태, 특정 문제의 원인, 문제의 전개과정, 그리고 문제의 진단과 조정 등에 초점을 둔다.
② 이 입장에서는 가족관계의 분화를 가족 긴장 및 갈등현상으로 보아 집중적으로 연구하였으며, 또한 가족을 하나의 유기체로 인정하여 개인을 초월한 사회적 실체로서 보는 것이다.

4 일반가족적 접근
① 가족연구란 모든 가족을 포함한 일반가족을 연구대상으로 삼아야 한다고 보는 입장이다.
   예 이혼한 가족을 분리시키지 않고 일반가족과 비교·연구하는 접근방법
② 이 입장은 기본적으로 가족문제를 가치판단의 기준에서보다 사실판단의 입장에서 객관적 원인과 결과의 관계를 법칙적으로 인식하려는 데 초점을 둔 것이다.

5 구조·기능론적 접근
① 구드(W.J. Goode)의 접근방법으로 한 가족이 안정을 유지하기 위해서는 가족구성원이 각자의 역할을 충실히 수행해야 한다고 보고 가족을 역할구조적 측면에서 파악하는 것이다.
② 구드가 제시한 가족문제의 형태
   ㉠ 미완성가족(혼외 출생자와 미혼모가족) : 아버지-남편의 역할이 결여된 가족으로서 사회제도와 관련지을 때 비합법적이다.
   ㉡ 가족붕괴 : 별거, 유기, 결혼취소 등으로 결혼한 배우자의 어느 일방이 떠남으로써 발생한다.
   ㉢ 활기를 잃은 가족 : 가족관계는 유지되지만 최소한의 대화와 접촉만으로 지속되어 가는 상태이다.

추가 설명

가족 문제의 해결 방안

- **개인적 노력** : 가족의 소중함에 대한 개인적 인식의 재고가 필요하다. 그리고 가족 간 대화와 소통을 위해 가족 내 평등한 의사소통 관계가 형성될 수 있어야 하며, 가족 구성원 스스로 기대되는 적절한 역할을 수행해야 한다. 또한, 불평등한 관계를 개선하기 위해 가족 간 서로 존중할 수 있는 의식의 개선도 필요하다.
- **사회적 대책**
  - 가족 문제 관련 법률의 보완이 요구된다. 아동 폭력 등과 같은 가족 문제에 대하여 사회적 차원에서 해결 방안을 모색할 수 있도록 제도적 여건의 마련이 필요하다.
  - 복지 제도의 확충을 통해 가족의 유지와 관련된 사회적 기반을 제공해야 한다. 저소득층 무상 보육 제도, 독거노인 돌봄 서비스 등의 사회 복지 제도를 강화하도록 해야 한다.
  - 일과 가족이 양립할 수 있는 가족 친화적 사회 환경과 문화의 조성이 필요하다.

㉣ **가족내적 문제가족** : 정신박약, 정신이상, 불치 또는 만성병, 정서적 및 생리적 장애 등 가족의 내적 불행 때문에 역할을 수행하지 못하는 상태의 가족이다.

㉤ **갈등가족** : 문화 변동의 영향으로 가족구성원의 역할규정에 변화가 옴으로써 부부간의 갈등, 부모-자녀간의 세대 차이에 따른 갈등 등 가족구성원간 부적응 상태의 가족이다.

㉥ **위기가족** : 죽음, 장기복역, 홍수, 전쟁, 경제공황 등 가족 외적인 문제에 의해 위기에 직면한 가족이다.

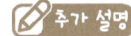

구드에 의한 구조·기능적 접근의 가족형태 : 미완성가족, 가족붕괴, 활기를 잃은 가족, 가족내적 문제가족, 갈등가족 및 위기가족

실전예상문제

객관식

1 다음 용어 중 나머지 셋을 포함하는 의미로 쓰일 수 있는 것은?

① 일탈가족 ② 가족 아노미 ③ 병리가족 ④ 문제가족

해설) 가족성원의 의식, 태도, 가치관의 차이로 이해관계가 대립되어 집단으로서의 가족의 조직화가 약화되고 기능상의 장애를 일으키고 있는 가족을 병리가족·부적응가족·일탈가족·가족 아노미 등으로 표현하며 이러한 가족을 문제가족이라 한다.

2 로이빈 힐이 분류한 가족문제의 형태가 아닌 것은?

① 내·외적 사건에서 오는 것 ② 가족구성에 변화를 가져오는 것
③ 사회적 사건에 의한 것 ④ 심리적인 것에 의한 것

해설) 로이빈 힐(Reubin Hill)은 가족문제에 관한 여러 연구의 이론적 관점을 종합 검토하여 가족문제의 형태를 첫째, 가족문제의 발달이 가족 내·외적인 사건에서 기인되는 것과 둘째, 가족구성에 변화를 가져오는 것 셋째, 사회적 사건에 의한 것 등 셋으로 분류하였다.

3 다음 중 가족을 긴장시키는 사태를 가져오는 내적 원천은 무엇인가?

① 천재지변 ② 불경기 ③ 가족원의 일탈행위 ④ 정치적 탄압

해설) 로이빈 힐(Reubin Hill)은 가족문제의 형태를 그 원인에 따라 가족내적인 것과 가족 외적인 것으로 분류하였다. 가족 외적인 것에는 전쟁, 정치적 탄압, 천재지변이 있고 가족 내 사건으로는 인간관계의 융합을 파괴하는 것으로 가족원의 일탈행위가 있다.

4 가족문제의 형태를 분류한 학자로 거리가 먼 사람은?

① 로이빈 힐(Reubin Hill) ② 서스맨(M.B. Sussman)
③ 버제스(E.W. Burgess) ④ 리트워크(E. Litwak)

해설) 가족문제의 형태를 분류한 학자로는 서스맨, 버제스, 로이빈 힐 등을 들 수 있다.

5 다음 중 가족의 위기나 문제의 형태를 분류하는 데 있어 가족의 사회적 지위의 상승과 하강현상을 고려해야 한다고 지적한 학자는?

① 로이빈 힐 ② 버제스 ③ 서스맨 ④ 구드

> **해설** 버제스(Ernest W. Burgess)는 가족의 위기나 문제의 형태를 분류하는 데 있어 가족의 사회적 지위가 갑자기 상승하거나 하강하는 현상을 고려해야 한다고 지적하고, 가족의 사회·경제적 지위에 변화를 일으킬 수 있는 실제적 사태로 경제적 불경기, 사업의 실패, 장기실직, 속성재벌이나 집권으로 인한 출세, 전쟁으로 인한 가족상실, 정치적·종교적 망명, 정치범으로서의 신분상실, 정치·천재지변에 의한 인명과 재산피해 등을 들고 있다.

6 다음 중 가족문제가 사회에 미치는 영향으로 적합한 것은?

① 정신장애 ② 청소년 비행 ③ 자살 ④ 별거

> **해설** 가족문제의 영향
> - 가족에게 미치는 영향 : 가족의 해체, 이혼, 별거
> - 개인에게 미치는 영향 : 자살, 가출, 정신장애
> - 사회에 미치는 영향 : 청소년 비행, 사회범죄

7 다음 중 가족문제가 끼치는 영향으로 옳지 않은 것은?

① 가족해체의 현상을 초래하기도 한다.
② 가족문제를 개인의 희생으로 해결하려 할 때 가족 개인의 타격은 없어진다.
③ 가족이 건전하지 못할 때 이들의 가족은 사회공해를 일으키기도 한다.
④ 가족문제는 개인 및 사회에 영향을 미치는 순환작용을 한다.

> **해설** 가족문제가 이혼이나 가족의 해체와는 관계없이 가족 개인에게 자살·가출·정신장애를 일으키기도 한다. 이러한 행위는 가족문제를 개인의 희생으로 해결하려는 것이나 가족 중의 개인의 행동은 개인문제에 그치는 것이 아니라 가족에게 심리적 타격을 주므로 결국 가족문제가 된다.

8 다음 중 모리오카 키오미(森岡淸美)가 제시하는 가족문제의 접근방법 중 가족문제가 자본주의의 사회모순으로 인하여 일반화된다고 보는 입장은 무엇인가?

① 구조·기능론적 접근 ② 사회체제적 접근 ③ 개인적 접근 ④ 문제가족적 접근

> **해설** 모리오카 키오미의 가족문제 접근방법
> - 사회체제적 접근 : 가족문제가 자본주의의 사회모순으로 인하여 일반화된다는 입장이다.
> - 개인적 접근 : 마치 정신과 의사가 정신분열증 환자를 관찰하고 치료하는 방법과 같은 입장으로 문제가족을 진단하고 치료하는 입장이다.
> - 문제가족적 접근 : 가장 일반화된 접근방법으로 문제의 형태, 특정문제의 원인, 문제의 전개과정 그리고 문제의 진단과 조정 등에 초점을 둔다.
> - 구조·기능론적 접근 : 구드의 접근방법으로 가족을 구조·기능론적 입장에서 연구하는 입장이다.
> - 일반가족적 접근 : 가족연구란 모든 가족을 포함한 일반가족을 연구대상으로 삼아야 한다고 보는 입장이다.

정답 1.④ 2.④ 3.③ 4.④ 5.② 6.② 7.② 8.②

9 가족문제 접근방법 중 문제가족의 진단과 치료를 제시함에 있어 마치 정신과 의사가 정신분열증 환자를 진단하고 치료하는 방법과 같은 입장을 취하는 것은?

① 사회체제적 접근   ② 개인적 접근   ③ 일반가족적 접근   ④ 구조기능론적 접근

해설 개인적 접근 방법은 비행청소년을 교도하기 위한 관찰에서도 적용되고 있다.

10 다음 중 가장 전통적이고 일반화된 가족문제 접근방법은?

① 일반가족적 접근   ② 구조·기능적 접근   ③ 개인적 접근   ④ 문제가족적 접근

해설 문제가족적 접근 : 가장 전통적이고 일반화된 접근방법으로 문제의 형태, 특정문제의 원인, 문제의 전개과정, 그리고 문제의 진단과 조정 등에 초점을 둔다.

11 문제가족적 접근방법에서 초점의 대상은?

① 문제의 진단과 조정
② 객관적 원인과 결과의 관계인식
③ 가족구성원간의 권리의식
④ 가족구성원의 역할

해설 문제 10번 해설 참조

12 다음 가족문제 접근방법 중 일반가족적 접근에 대한 기술이 아닌 것은?

① 이혼한 가족을 분리시키지 않고 일반가족과 비교·연구한다.
② 가족문제를 가치판단의 기준에서 다룬다.
③ 원인과 결과의 관계를 법칙적으로 인식하는 데 초점을 둔다.
④ 모든 가족을 포함한 일반가족을 연구대상으로 삼는다.

해설 일반가족적 접근방법
- 가족연구란 모든 가족을 포함한 일반가족을 연구대상으로 삼아야 한다고 보는 입장이다. 예 이혼한 가족을 분리시키지 않고 일반가족과 비교·연구하는 접근방법
- 이 입장은 가족문제를 가치판단의 기준에서보다 사실판단의 입장에서 객관적 원인과 결과의 관계를 법칙적으로 인식하는 데 초점을 둔 것이다.

13 다음 중 구드(Goode)의 가족문제 접근방법은?

① 사회체제적 접근방법   ② 일반가족적 접근   ③ 구조·기능론적 접근   ④ 개인적 접근

해설 구드(Goode)는 가족문제를 구조·기능론적 입장에서 여섯 가지 형태로 분류하였다.

14 다음 가족문제 접근방법 중 연결이 잘못된 것은?
① 사회체제적 접근 — 가족문제를 치료적인 응용분야로 접근한다.
② 문제가족적 접근 — 문제의 형태, 원인, 전개과정, 진단, 조정 등에 초점을 둔다.
③ 문제가족적 접근 — 전통적이고 일반화된 접근방법이다.
④ 구조·기능론적 접근 — 가족을 역할구조적 측면에서 파악한다.

해설 사회체제적 접근 : 이것은 가족문제가 자본주의의 사회모순으로 인해 일반화된다는 입장으로 가족문제의 원인을 민주주의의 가치관에 입각한 가족성원간의 권리의식의 고조에 초점을 둔다.

주관식

1 문제가족의 의미에 대하여 간략히 기술하시오.

2 구드가 제시한 가족문제의 형태를 3가지 이상 쓰시오.

3 가족의 위기나 문제의 형태를 분류하는 데 있어 가족의 사회적 지위의 상승과 하강현상을 고려해야 한다고 지적한 학자를 쓰시오.

정답 9.❷ 10.❹ 11.❶ 12.❷ 13.❸ 14.❶

4 가족문제가 가족, 개인, 사회에 미치는 영향을 각각 쓰시오.

5 모리오카 키오미가 제시하는 가족문제의 접근방법 중 가족문제가 자본주의의 사회모순으로 인하여 일반화된다고 보는 입장을 쓰시오.

6 모리오카 키오미의 가족문제 접근방법을 3가지 이상 쓰시오.

Answer

1 가족구성원의 의식, 태도, 가치관의 차이로 이해관계가 대립되어 집단으로서의 가족의 조직화가 약화되고 기능상의 장애를 일으키고 있는 가족을 병리가족, 부적응가족, 일탈가족, 가족 아노미 등으로 표현하며, 이러한 가족을 문제가족이라 한다.

2
- 미완성가족
- 활기를 잃은 가족
- 갈등가족
- 가족붕괴
- 가족내적 문제가족

3 버제스(E.W. Burgess)

4
- 가족에게 미치는 영향 : 가족의 해체, 이혼, 별거
- 개인에게 미치는 영향 : 자살, 가출, 정신장애
- 사회에 미치는 영향 : 청소년 비행, 사회범죄

5 사회체제적 접근

6
- 첫사회체제적 접근
- 문제가족적 접근
- 일반가족적 접근
- 개인적 접근
- 구조 · 기능론적 접근

제4부 가족의 문제

21 가족문제의 내용

 단원 개요

가족은 부모·자식·부부 등의 관계로 맺어져 생활하는 공동체이다. 인류의 발생과 거의 때를 같이하여 발생된 가장 오랜 집단이며, 어떤 사회·시대에나 존재하는 가장 기본적인 단위이다. 이런 가족에게 여러 문제가 발생할 수 있으며 문제에 제대로 대처하지 않는 경우 가족의 해체 등을 가져올 수 있다. 이 단원에서는 가족해체의 원인에 대해 살펴보고 가정의 구성을 이루는 청소년, 여성, 노인 문제와 가정폭력에 대해 살펴보고자 한다.

 출제 경향 및 수험 대책

이 단원에서는 이혼 및 재혼, 이혼이 부부에게 미치는 영향, 청소년의 특징, 청소년 비행의 원인, 청소년문제의 요인·유형·대책, 노인기의 일반적 특징, 노인문제의 내용, 노인복지문제, 노인복지정책, 여성의 지위, 현대사회와 여성의 역할 등에 대해서 묻는 문제들이 출제될 수 있는 바, 자세하고 철저한 학습이 요구된다.

21

01 가족의 해체

1 이혼

① **이혼의 의미** : 결혼에 의한 부부관계가 협의나 재판을 통해 법적으로 종결되어 결합관계를 해소하는 행위이다.

② **이혼의 역사적 · 사회적 고찰**

  ㉠ **이혼제도의 변천** : 고대 가부장제 사회에서부터 현재에 이르기까지 이혼제도는 금기주의(禁忌主義)에서 제한주의(制限主義) 그리고 자유주의(自由主義)로 변천하였다. 10세기경 유럽전역에 걸쳐 이혼이 법률적으로 금지되었으나, 16세기 종교개혁운동으로 인해 중대한 사유에 한하여 국가의 승인을 얻으면 이혼을 할 수 있게 되었다.

  ㉡ **우리나라의 이혼제도**
  - **삼국시대 · 고려시대** : 처첩제한에 대한 법제가 확립되지 않았으므로 부의 권한에 의한 강제 이혼이 행해진 것으로 본다.
  - **조선시대** : 관혼상제의 예가 정비되어 대명률의 규정에 준거하였고, 이혼사유와 제한으로 '칠출삼불거'가 있었다.
  - **1922년 조선 민사령 제11조의 제2차 개정** : 1923년 7월 1일부터 재판이혼에 관한 일본 민법이 의용(依用)되고, 또 협의이혼 제도가 명문화되어서 여자에게도 이혼권이 인정되었다.
  - **1977년 일부 민법 개정** : 혼인 및 이혼에 관련된 규정은 남녀 평등주의에 입각하고 부부평등의 원칙을 근간으로 하고 있다.
  - **1990년 민법 개정** : 부부 이혼 시 배우자의 재산분할청구권이 신설되었으며, 이혼에 따른 자녀의 면접교섭권을 실시하여 친권자나 양육자가 아닌 한쪽 부 또는 모가 자녀를 접촉할 수 있는 권리를 부여하였다.
  - **2009년 개정 민법** : 협의이혼 시 가정법원이 당사자의 협의에 따라 작성한 양육비 부담조서에 강제 집행력을 부여하여 양육비 집행의 효율성을 기하고 있다.

  ㉢ **재판상 이혼 원인**
  - 배우자의 부정한 행위
  - 배우자가 악의로 다른 일방을 유기(일방이 정당한 이유 없이 동거 · 부양 · 협조의 의무를 포기하고 다른 일방을 버리는 것)한 때
  - 배우자 또는 그 직계존속으로부터 심히 부당한 대우를 받았을 때
  - 자기의 직계존속이 배우자로부터 심히 부당한 대우를 받았을 때
  - 배우자의 생사가 3년 이상 분명하지 않은 때
  - 기타 혼인을 계속하기 어려운 중대한 사유가 있을 때

추가 설명

가족해체
- 이혼이나 별거, 가출 등으로 구성원을 상실하여 가족구조가 붕괴되는 것을 말한다. 넓게는 소속감 등 정서적 기능이 파괴되어 가족이 제대로 기능하지 못하는 것을 뜻한다.
- 급격한 산업화를 거치며 개인주의, 고령화, 저출산, 이혼율 증가 등이 맞물려 가족해체 현상이 빠르게 증가하고 있다.
- 가족해체의 대표적인 원인은 이혼율의 증가이다.
- 고용과 소득 불안정 등 경제적 문제가 가족해체를 심화시키기도 한다.

추가 설명

칠출삼불거(七出三不去)
- **칠출** : 불순부모(不順父母), 무자(無子), 음란(淫), 질투(妬), 악질(有惡疾), 다언(多言), 절도(竊盜)의 경우 이혼 사유가 되었다.
- **삼불거** : 처가 부모 상을 치른 경우, 가난한 때 결혼하여 부귀하게 된 경우, 돌아갈 곳이 없는 경우 이혼을 금지하였다.

③ 이혼의 증가 배경
  ㉠ 법제도의 변화 : 여성의 가사노동 가치를 인정하여 이혼 시에 재산분할을 청구할 수 있게 하여 이혼 관련 불평등 법조항들이 개정되었다.
  ㉡ 자녀수의 감소 : 자녀 때문에 자신을 희생하면서 불행을 참고 견디겠다고 생각하는 비율이 점차 감소하고 있다.
  ㉢ 결혼에 대한 의미 변화 : 결혼의 안정성보다는 관계의 질을 중시하게 되면서 이혼이 증가하고 있다.
  ㉣ 여성의 경제적 자립 : 여성 취업의 증가는 이혼의 가능성을 생각하게 된다.
  ㉤ 여성의 지위 향상 : 여성의 교육수준이 높아져서 근대적인 가치관을 갖게 되었다.
  ㉥ 이혼에 대한 가치관의 변화 : 이혼을 비극의 시초라고 생각하던 부정적 시각에서 새로운 인생을 출발할 수 있는 전환의 계기로 이혼에 대한 가치관이 변화되고 있다.
④ 이혼의 실태 : 우리나라의 연간 이혼건수는 해마다 계속 늘고 있으며, 저연령층의 이혼율보다 고연령층의 이혼율 증가폭이 크다고 볼 수 있다.
⑤ 이혼의 결과
  ㉠ 자녀에게 미치는 영향 : 이혼기간이 경과될수록, 스스로 다양한 문제해결 방식을 많이 이용할수록, 양육 부모와 긍정적인 상호작용을 할수록, 비친권 부모와 접촉이 많을수록 생활에 잘 적응한다는 보고가 있다.
  ㉡ 이혼당사자에게 미치는 영향
    • 애정적·정서적 적응 : 자녀가 많을수록, 당사자의 나이가 많을수록, 동거기간이 길수록 정서적 충격은 크다.
    • 사회적·경제적 적응 : 배우자의 친지와 유대가 끊어짐은 물론 자신의 친척이나 친구들과의 관계는 결혼의 실패로 어색해지므로 이혼 전과 같이 유지하기가 어려우며, 사회의 부정적 관념은 그들의 직장생활 등 사회적응까지 영향을 준다.
  ㉢ 사회에 미치는 영향
    • 로젠버그(Rosenberg)의 연구 : 이혼·별거 가정의 자녀의 대부분은 자아개념이 낮다고 한다.
    • 글루에크(Glueck)의 연구 : 소년 범죄는 정상가정보다 이혼가정에서 더 많기는 하지만 부모의 사회계급이 같은 경우라면 비행률은 이혼이나 사망에 의한 결손가정보다 별거로 인한 결손가정에서 더 높다고 하였다.
⑥ 이혼에 대한 사회적 대책
  ㉠ 자녀 대상 대책
    • 부모의 세심한 배려가 있어야 한다.
    • 사회의 모든 사람들은 부모가 이혼한 자녀들에 대한 편견을 버리고 여느 아이들과 똑같이 대하는 자세가 필요하다.
    • 부모의 이혼으로 인한 자녀 자신의 특수한 문제를 상담할 수 있는 상담기구를 운영

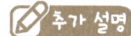
이혼의 입법주의
- **유책주의** : 배우자 일방의 혼인상의 의무위반, 즉 유책한 경우에만 그 상대방에게 이혼 청구권을 허용하는 입법주의를 말하는 것으로 주관주의라고도 불린다.
- **파탄주의** : 부부 공동생활의 파탄, 즉 혼인을 파탄시킨 책임 유무를 묻지 않고 혼인의 목적을 달성할 수 없는 사실이 있는 때에는 이를 이혼의 원인으로 삼는 입법주의이다.

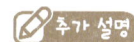
가족 해체의 원인
- **물리적 원인** : 가정폭력과 암 등의 질병, 각종 사고로 인한 부모 사망, 실직으로 인한 경제난, 이혼 등
- **심리적 원인** : 부모와 자녀 간의 대화 단절, 인터넷과 모바일 등 정보기기 발달이 가져온 개인주의 확산, 고부 갈등, 가부장제와 서구적 의식 등장에 따른 세대 간의 갈등 등

이혼의 원인
- 부부간 불화(배우자 부정, 성격차이, 학대, 가족간 불화 등)
- 실직·사업실패 등 경제문제
- 건강문제 등

한다.
ⓒ 부부 대상 대책
- 자녀 양육비 및 교육비, 의료비를 보조한다.
- 한부모 수당을 지급한다.
- 직업 훈련의 기회를 제공하고, 취업을 알선한다.
- 자녀문제 상담이나 부모역할 교육프로그램을 실시한다.

ⓒ 사회심리적 대책
- 독립의식을 고취하기 위한 교육프로그램을 실시한다.
- 이혼 후의 심리적 적응 및 성장을 위한 상담 및 치료프로그램을 실시한다.
- 사회적으로 이혼에 대한 부정적 편견을 버리고, 긍정적 인식을 갖도록 하기 위하여 필요한 경우에는 이혼 타당성을 지지한다.
- 배우자가 없는 경우에는 정서적 지지를 위한 이혼자 모임을 주선한다.
- 재혼의 기회를 마련한다.

2 별거

① **정의** : 부부가 사이가 좋지 않아 따로 떨어져 사는 것을 말한다. 기간이 비록 짧더라도 부부관계의 악화, 배우자의 유기, 가출 등으로 헤어져 있는 경우이다.

② **별거의 원인** : 성격 차이, 배우자의 폭력, 경제갈등, 배우자의 외도, 애정상실, 배우자 가족과의 갈등, 배우자의 채무 등 다양하다.

③ **별거 실태 및 문제점** : 별거 후 생활이 정상적으로 이루어지지 않은 경우가 많다. 일단 경제적 문제이지만, 심리적 문제도 만만치 않다. 약속한 양육비 제공을 실천하지 않음으로 인해 초래되는 것이다. 실제로 별거에 따른 생활비 지급 등에 대해 합의한 경우는 많지 않다.

02 청소년문제

1 청소년문제의 요인

① 급속한 사회의 변화 및 도시화
  ㉠ 사회의 급격한 변화로 인해 세대간 연계성이 감소되고 이에 따른 세대간 가치관의 차이가 심화되면서 부모조차도 자녀들의 욕구를 이해하기가 어려워졌으며, 그 결과 자녀의 문제를 해결하는 데 도움을 주기도 어려워졌다.
  ㉡ 핵가족화의 가족 구조에 있어 취업 여성의 증가, 이혼의 증가, 주말부부의 증가, 자녀 수 감소, 주거생활 변화 등으로 문제가정이 많이 생겨나고 그 속에서 결손가정의 아동, 유기된 아동, 보호가 결핍된 아동, 신체적·정신적·정서적으로 장애를 가진 아

추가 설명

별거의 결과
- 긍정적 결과 : 감정을 삭이는 시간을 가짐으로써 화해의 기회가 돼 실제로 관계가 개선되는 경우가 있다.
- 부정적 결과 : 일정 기간 떨어져 있다 심리적 거리감이 생기거나 혼자 살아가는 것이 편하고 습관처럼 돼 실제 이혼으로 이어지는 경우다.

추가 설명

청소년 문제의 정의 : 청소년 비행, 문제 청소년으로 동일시하는 입장을 견제하고, 인생에서 가장 예민한 감성대를 지닌 청소년들이 자신의 주변에서 일어나고 있고 부딪치고 있는 크고 작은 모든 현상들에게 대해서 그들이 반응하고 수용하는 과정에서 생기는 감정과 행동이 청소년 문제가 될 수 있다.

동이 생겨날 뿐만 아니라 가출 및 비행청소년 등 각종 문제를 가진 청소년을 사회에 배출할 가능성이 높아지게 되었다.
- ⓒ 전통적인 가정의 기능이 현대에 와서 여러 전문적 기관에 흡수됨으로써 그 기능이 점차 축소·약화되어지고 있고, 그로 인해 부모 자식간의 대화 단절, 부모의 자식에 대한 지나친 기대로 인한 청소년의 심리적 압박감, 과잉 보호로 인한 의존성, 빈곤 가정의 문제, 결손 가정의 문제 등이 있다.
- ⓔ TV 등 대중매체의 상업성이 청소년에게 악영향을 줄 수 있으며 향락산업의 번창, 외설물과 폭력물의 범람, 황금만능주의 등 부정적인 사회풍조의 만연과 같은 현상이 청소년의 건전한 성장에 유해 요인이 되고 있다.

② **청소년기의 장기화** : 교육연수의 증가와 취업준비기간의 필요 등으로 인해 상당한 기간을 어린이도 성인도 아닌 과도기적 인간으로 지내야 한다.

③ **정신적 불안감** : 오늘날은 독립심을 강조하고 성취와 능력을 중요시하기 때문에 청소년들은 경쟁에서 실패하면 좌절하며, 심리적 문제를 해결하기 위한 도움을 받기가 어렵다.

2 청소년 비행

① **비행소년의 개념** : 비행소년이란 소년에게 적용될 행위 규범에 위반되는 행위 내지는 행동 성향이 있는 소년을 뜻하게 된다.
- ⓐ **비행** : 인간이 지켜야 할 일정한 행위규범에 반하는 행위를 말한다.
- ⓑ 넓은 의미에서 비행은 모든 반사회적 행위를 말하나, 좁은 의미로는 소년비행에 국한되어 사용된다.

② **비행의 원인**
- ⓐ **개인적 요인** : 유전, 인종, 신체적 특징, 성격, 정신이상 등이 있다.
- ⓑ **환경적 요소** : 가정환경, 학교교육과 교우관계, 대중매체 등이 있다.

③ **청소년비행에 관한 이론**
- ⓐ **아노미이론** : 오늘날 청소년의 경우 급변하는 사회 변화 속에서 중심을 잃은 아노미 상태에서 사회적 일탈을 감행하며 이러한 행동이 비행으로 나타난다고 주장한다.
- ⓑ **하위문화이론** : 밀러(Miller)가 주장한 것으로, 노동계급 소년들이 그 계층의 가치관에 동조해서 비행 청소년이 된다는 것이다.
- ⓒ **사회통제이론** : 개인의 사회에 대한 애착, 수용, 참여, 신념 정도가 강할수록 비행은 감소된다고 주장한다. 즉, 인간의 행동은 사회조직의 정상적인 조건하에서는 사회규범에 의해 규제되어 일탈이 극소화되지만 어떤 이유로든 사회조직이 와해되면 규범의 통제력이 약화되거나 붕괴되어 인간은 일탈을 억제할 수 없는 상태로 된다는 것이다.
- ⓓ **낙인이론** : 사회적 낙인이 개인에게 미치는 영향을 분석하는 것이 중요하다고 본다. 비행을 지속적으로 하는 사람에 관심을 둔다. 즉, 왜 사람이 비행이라고 낙인지워진 행위, 사회적으로 거부된 행위이며 그 결과로 불이익이 수반되는 행위를 지속적으로

> **추가 설명**
>
> **아노미 이론** : 뒤르켐에 의해 시작되었고 머튼에 의해 일탈행위에 대한 일반이론으로 정립되었다. 아노미이론은 사회구조에 초점을 둔 이론으로 무규범상태(뒤르켐)로 본, 문화목표와 제도화된 수단과의 괴리로 보는(머튼) 범죄의 원인을 사회구조의 모순에서 찾으려고 하는 것이다.

> **추가 설명**
> 하위문화이론 : 하위문화란 전체문화의 하위부분으로서 소속되어 있는 성원들을 통합하도록 하는 것이며 그 성원들은 학습을 통하여 그 내용을 배워서 그것을 자기들의 행동의 기준으로 삼는 생활양식의 총체가 되는 것을 말한다. 하층에는 중산층과는 다른 문화(하위문화)가 존재하며 그 중 어느 특수한 부분이 하층 청소년들로 하여금 비행을 저지르기 쉽게 한다는 것이다.

하는가에 관심을 갖는다. 이들은 낙인은 하나의 사회적 지위 같은 역할을 하게 되고, 이것은 2차적 범죄의 가장 중요한 원인이 된다고 한다.

ⓜ **접촉이론** : 범죄나 비행행동을 하는 사람과 접촉하게 되면 태도나 행동을 학습하게 된다고 주장한다. 이 이론은 비행과정을 설명하고 있다.

ⓗ **사회해체이론** : 사회적으로 해체된 지역에서 비행이 발전된다고 주장한다.

3 청소년문제 유형

① **흡연과 음주** : 청소년들의 흡연·음주의 원인으로는 성인세계에 대한 모방심리, 성인들 사이에서 보편화된 흡연·음주문화, 그밖에 가정, 학교생활 등에서 누락된 불만 등을 들 수 있다.

② **청소년 가출** : 대개 탈출형 가출과 추구형 가출로 나뉜다.
 ㉠ **탈출형 가출** : 가족간의 갈등처럼 자신의 힘으로 해결할 수 없는 환경으로 인해 어쩔 수 없이 집을 탈출하는 경우다.
 ㉡ **추구형 가출** : 즐거움이나 향락을 위해 본인 스스로 적극적으로 행하는 가출이다.

③ **청소년 폭력** : 청소년 폭력은 전반적으로 증가 추세에 있으며 저연령화 되고 있는 실정이다. 특히 청소년 폭력의 양상이 갈수록 잔인해지고 사소한 이유로 인해 순간적으로 발생하는 경우가 많아 그에 대한 예방이나 대책 수립을 더욱 어렵게 하고 있는 실정이다.

④ **성문제** : 청소년기는 제2차 성징이 발현되는 시기이다. 이때부터 이성에 대해 강렬한 호기심을 가지며 동정하게 되고 성충동을 가지며, 성적 갈등으로 고민하게 된다. 특히, 청소년들의 불건전한 이성교제와 혼전 성관계가 늘어나면서 미혼모 문제가 발생하게 되고, 청소년의 성폭력은 해마다 증가 추세에 있다.

> **추가 설명**
> 청소년 문제의 대책 : 바람직한 청소년문화를 형성하기 위해 가정에서나 학교, 그리고 사회에서 청소년이 건전한 가치관을 형성하도록 도와주어야 한다.

4 청소년문제의 대책

① **가정** : 인간의 시발점인 가정에서의 부모의 훈육, 감독, 애정, 가족의 결합 등이 건전하게 이루어지도록 하는 것이 가장 중요한 대책이다.

② **학교** : 청소년의 건전한 지도 육성을 위해서는 무엇보다도 지도하는 사람과 지도받는 청소년 사이에 바람직한 인간관계가 형성되어야 한다.

③ **사회** : 감수성이 예민한 청소년이 오염되지 않도록 환경을 정화해야 하고 욕구불만을 해소할 수 있는 건전한 오락시설을 마련하여, 매스컴으로 인해 범죄의 동기가 유발되지 않도록 매스컴을 규제하는 것이 필요하다.

03 노인문제

> **추가 설명**
> 노인의 성격 특성 : 우울증 경향의 증가, 내향성 및 수동성의 증가, 경직성의 증가, 조심성의 증가, 친근한 사물에 대한 애착심의 증가, 유산을 남기려는 경향, 의존성의 증가

1 노인기의 일반적 특징

① **노화의 시기** : 노화의 시기와 노화의 속도는 개인에 따라 다르지만 흔히 장년기와 노년기

사이의 구분은 65세를 기준으로 한다.
② **노인의 특성**
  ㉠ **신체적 변화** : 제2차 성 특성이 위축되고, 키가 줄며 몸무게도 줄어든다. 근육의 탄력성도 적어지며 자극에 대한 민감성도 떨어진다.
  ㉡ **성격 특성** : 우울증 경향의 증가, 내향성 및 수동성의 증가, 경직성의 증가, 조심성의 증가, 친근한 사물에 대한 애착심의 증가, 유산을 남기려는 경향, 의존성의 증가
  ㉢ **개인차** : 개인의 독특한 생애 경험의 차이가 축적되면서 큰 개인차를 지니게 된다.
③ **노화에 관한 이론들**
  ㉠ **사회활동설** : 노인의 사회 참여를 긍정적으로 평가하는 이론으로, 사회활동을 하는 노인이 생활 만족도가 높고 노화에 성공적으로 적응한다고 주장한다.
  ㉡ **사회유리설** : 노인이 되면 젊은 시절의 삶에서 벗어나 지나온 삶을 관조하면서 반추해 볼 수 있는 노인만의 삶을 사는 것이 유익하다고 주장한다.
  ㉢ **사회·정서적 선택이론** : 이 이론은 노년기의 특성이 연령에 의해 구조화된다기보다는 노년기 자체가 가지고 있는 특성, 예를 들면 죽음을 앞두고 있고 미래가 제한되어 있다는 특성과 관련이 있다는 점에 주목한다. 즉, 연령이 증가함에 따라 정서조절은 점차 두드러지는 반면에 정보획득이나 낯선 사람들과 사귀고자 하는 욕구는 감소한다는 것이다.

UN의 노인인구
- 65세 이상 노인인구 비율이 전체 인구의 7% 이상을 차지하는 사회를 고령화 사회
- 노인인구 비율이 14% 이상이면 고령사회
- 21% 이상이면 초고령 사회

2 노인문제의 내용

① **노인인구의 현황** : 인간의 평균수명이 연장되어 전체 인구에서 노인이 차지하는 비율이 점차 늘어나고 있다. UN에서는 전체 인구에서 65세 이상의 인구가 차지하는 비율이 14% 이상인 사회를 고령 사회라고 정의한다. 우리나라는 현재(2020년) 65세 이상 인구 비율이 15.7%이다.
② **노인과 가족관계**
  ㉠ **노년기의 부부관계** : 배우자와의 애정과 친밀감이 강하면 삶에 대한 만족도가 높다. 한편으로, 노년기는 배우자의 죽음이 예견되는 시기이고, 배우자 사망이나 경제적 문제, 신체질환 등이 영향을 미쳐서 노인 우울증을 유발하기도 한다.
  ㉡ **성인자녀와의 관계** : 노부모-성인자녀간에 세대차이로 인한 갈등, 경제적인 문제, 부양문제 등으로 갈등을 겪을 수 있다.
③ **노인과 사회활동**
  ㉠ **노인과 친구관계** : 신체적으로 건강이 쇠퇴해짐에 따라 자연히 줄어들게 된다.
  ㉡ **노인과 여가활동** : 노후생활에서 오는 여러 가지 심리적 고독과 불안감을 해소하기 위해서는 여가활동이 꼭 필요하다.
  ㉢ **노인과 단체활동** : 노후생활에서 느끼기 쉬운 소외와 고독을 해소시킬 수 있고, 또한 여가를 활용할 수도 있으며, 사회봉사의 기회도 가질 수 있다.

노인 관련 통계의 공식
- 노인부양비 = $\frac{65세 이상 인구}{15\sim64세 인구} \times 100$
- 노령화지수 = $\frac{65세 이상 인구}{0\sim14세 인구} \times 100$

④ **노인학대의 유형**
　㉠ **신체적 학대** : 물리적 힘 또는 도구를 이용하여 노인에게 신체적 혹은 정신적 손상, 고통, 장애 등을 유발시키는 행위이다.
　㉡ **정서적 학대** : 비난, 모욕, 위협 등의 언어 및 비언어적 행위를 통하여 노인에게 정서적으로 고통을 유발시키는 행위이다.
　㉢ **성적 학대** : 성적수치심 유발행위 및 성폭력(성희롱, 성추행, 강간) 등의 노인의 의사에 반하여 강제적으로 행하는 모든 성적 행위이다.
　㉣ **경제적 학대** : 노인의 의사에 반(反)하여 노인으로부터 재산 또는 권리를 빼앗는 경제적 착취, 노인 재산에 관한 법률 권리 위반 등 경제적 권리와 관련된 의사결정에서 통제하는 행위다.
　㉤ **방임** : 부양의무자로서의 책임이나 의무를 거부, 불이행 혹은 포기하여 노인의 의식주 및 의료를 적절하게 제공하지 않는 행위(필요한 생활비, 치료, 의식주를 제공하지 않는 행위)이다.
　㉥ **자기방임** : 노인 스스로가 의식주 제공 및 의료 처치 등의 최소한의 자기보호 관련행위를 의도적으로 포기 또는 비의도적으로 관리하지 않아 심신이 위험한 상황이나 사망에 이르게 하는 행위이다.
　㉦ **유기** : 보호자 또는 부양의무자가 노인을 버리는 행위이다.

3 노인복지문제

① **경제적 문제** : 노인들의 경제적 불안정이 가장 큰 걱정거리로 나타나고 있는데, 노인들의 경제적 사정이 악화된 원인은 퇴직으로 인한 수입의 격감, 사회보장제도의 미비, 자녀에 대한 과다한 지원, 취업곤란 또는 불능, 저임금 및 직업 불안정, 질병, 사고로 인한 취업장애 등이 있다.

② **건강문제**
　㉠ 일반적으로 노년기에 접어들면서 심혈관 질환, 당뇨, 비만, 관절염, 각종 암 등의 만성 성인질환 외에도 퇴행성 노화로 인한 시력상실, 청력상실, 치아손상, 사지의 불편 등 일상생활을 할 수 있는 신체기능의 장애로 인하여 사고 발생률도 높아진다.
　㉡ 신체적 건강뿐만 아니라 정신질환과 심리적 적응 능력도 함께 고려해야 될 건강문제로서, 기력이 쇠진하고 정신적으로 침체된 상태에서는 질병이 유발될 가능성이 더 커지게 된다.

③ **정신적 문제** : 고독감, 삶의 보람 상실, 불안감, 정신적 갈등 등의 문제이다.

4 노인복지정책

① **경제분야**
　㉠ 노인이 자신의 능력에 맞게 생산적인 일에 참여함으로써, 개인적으로는 삶의 보람을

추가 설명

노인학대 정의 : 노인학대란 노인에 대해 신체적·정신적·정서적·성적 폭력 및 경제적 착취 또는 가혹행위를 하거나 유기 또는 방임을 하는 것을 말한다.

추가 설명

노인에 대한 신체적 학대
- 노인을 제한된 공간에 강제로 가두거나, 노인의 거주지 출입을 통제한다.
- 노인을 폭행한다.
- 노인의 신체를 강제로 억압한다.
- 노인을 협박하거나 위협한다.
- 노인의 신체적 생존을 위협할 수 있는 행위를 한다.
- 노인이 원하지 않거나 수행하기 어려운 노동을 하게 한다.
- 약물을 사용하여 노인의 신체를 통제하거나 저해한다.

추가 설명

노인에 대한 정서적 학대
- 노인과의 접촉을 기피한다.
- 사회관계 유지를 방해한다.
- 노인을 위협·협박하는 언어적 표현이나 감정을 상하게 하는 행동을 한다.
- 노인과 관련된 결정사항에서 소외시킨다.

추가 설명

노인에 대한 방임
- 거동이 불편한 노인의 의·식·주 등 일상생활 관련 보호를 제공하지 않는다.
- 노인의 생존을 위한 경제적인 보호를 제공하지 않는다.
- 노인에게 의료적 보호를 제공하지 않는다.

느끼는 동시에 국가와 사회의 발전에 기여할 수 있도록 하는 것이다.
- ⓒ 노인의 고용기회 확대를 위해서 무엇보다도 정년퇴직 후 재고용의 기회를 확대하는 것과 정년연령의 지속적 연장을 추진하는 일이라고 본다.
- ⓒ 취업욕구가 있는 노인들에게 일자리를 제공해 주기 위해 설치·운영되고 있는 노인능력은행과 노인공동작업장의 역할도 중요하다.

② **건강분야**
- ⓐ 노년기의 노인성 질환은 주로 만성퇴행성 질환인데, 이러한 노인성질환의 효율적 관리를 위해서는 이에 적합한 보건, 의료체계의 수립이 시급하다.
- ⓑ 평생동안 꾸준히 운동을 하는 것은 노년기의 건강한 생활뿐만 아니라 불필요한 의료비를 줄일 수 있다.

③ **역할부여 문제** : 지역사회단체나 종교단체, 자선단체 등에서 노인들이 할 수 있는 역할을 부여하여 노년기의 보람된 삶을 찾도록 도움을 주어야 한다.

> 추가 설명
> **노인들이 당면한 문제** : 빈곤으로 인한 경제적 문제와 건강문제 그리고 고립, 소외감으로 인한 정신적 문제가 있다.

> 추가 설명
> **노인복지정책** : 노인의 경제생활 안정, 취업, 가족생활, 의료, 교육, 오락, 환경, 역할 등 가정과 사회생활에서 필요한 욕구를 충족시키기 위해 사회적으로 보장하는 여러 가지 대책을 말한다.

04 여성문제

1 여성의 지위

① **여성과 남성**
- ⓐ 여러 학자들은 '본성(nature)대 양육(nurture)'의 관점에서 남녀간에 존재하는 차이를 생물학적 요인에서 찾기도 하고 사회 문화적 환경에서 찾기도 한다.
  - **본성을 강조하는 학자들의 견해** : 양성간에 나타나는 인성과 행동적 차이는 남성과 여성이라는 생물학적 차이에 기인하는 것으로 매우 자연스런 것이라고 주장한다. 예 프로이트(Freud), 골드버그(Goldberg)
  - **양육환경을 강조하는 학자들의 견해** : 남성과 여성의 재생산 기능을 제외하고는 모든 면에서 유사하므로 행위나 인성에서의 성차는 생물학적 요인보다 사회화에 기인한다고 본다. 그리고 사회적 성은 사회적 학습된 기대와 행동에 따라 결정된다고 보는 것이다. 예 루빈(Rubin)
- ⓑ 오늘날 양성간의 차이는 개인의 생물학적 구조와 환경이 상호작용한 결과라는 결론을 내리고 있다.

② **성역할**
- ⓐ **성역할** : 한 개인이 그가 속한 문화권 내에서 여성 또는 남성으로 특징지어 질 수 있는 여러 자질 또는 성유형화 과정을 통해서 성별에 따라 습득하게 되는 성격특성, 태도, 선호경향, 행동 등을 총체적으로 일컫는 개념이다.
- ⓑ **양성성** : 사회의 성역할 고정관념을 이루는 내용 중에서 바람직한 여성적 특성과 남

> 추가 설명
> **프로이트(Freud)** : 소년과 소녀에서 보이는 해부학적 차이가 성인 남녀의 기질과 인성에 차이를 가지고 온다고 주장한다.

> 추가 설명
> **루빈(Rubin)** : 남성과 여성은 서로 유사한 점이 많으나 사회화를 통해 이러한 자연적인 유사함은 억제되고 양극화된 남성적 특성과 여성적 특성으로 이분화된다고 주장한다.

성적 특성이 공존하는 특성을 의미하는 것이다.
ⓒ 양성성 개념을 주장한 여성학자 벰(Bem)은 융(Jung)의 견해를 바탕으로 양성성 개념을 발전시켰다.

③ **여권론자들의 가족에 대한 비판적 접근** : 전형적인 가족을 비판하면서 전통적인 가족구조를 변화시키고 남성 우월주의와 여성의 경제적 의존성, 그리고 여성의 전적인 자녀양육 책임에 도전을 가한다.

2 현대사회와 여성의 역할

① **여성의 경제활동이 증가한 원인**
  ㉠ **대량생산 및 대량소비의 산업화** : 생산 중심의 경제체제에서 소비유통 중심의 경제체제로 바꾸었다. 이로 인해 소비와 유통을 전담하는 서비스직이나 사무직에 여성인력이 대거 참여하게 되었다.
  ㉡ **여성의식의 변화** : 여성의 교육기회 확대와 평등적인 가치관의 습득으로 인해 여성의 자아실현욕구와 여성 노동력에 대한 사회적 수요의 증대로 인해 여성 취업률이 증가하였다.
   • 사회적인 여건 변화에 따라 여성의 경제활동을 긍정적으로 보는 방향으로 사회 전반의 의식이 크게 변화하였다.
   • 소비수준의 향상과 함께 추가적 소득에 대한 욕구가 강화되어 여성의 경제활동에 대한 동기를 유발하고 있다.
  ㉢ **가족구조의 변화** : 산업화로 인해 가족규모가 축소되었고, 가사를 간소화시켜 주는 각종 기계가 생산되면서 여성들의 여가시간이 증대되어 사회 경제활동에 참여할 수 있는 기회가 만들어졌다.
  ㉣ **산업구조의 변화** : 여성들을 노동시장으로 이끄는 원동력으로 작용하게 되었다. 산업구조의 고도화와 인력 부족에 따라 여성노동을 필요로 하는 분야가 확대되고 특히 기혼여성에 대한 수요가 확대되었다.

② **여성 취업의 문제 해결 방안**
  ㉠ **맞벌이부부를 위한 제안**
   • 남편의 가사참여가 확대되는 방안이 강구되어야 한다.
   • 맞벌이부부 모두 동반자적 부부관계를 지향해야 한다.
   • 가족생활주기 재조정으로 개인의 결정 사항과 외부 요인간의 조화를 이루도록 한다.
   • 부담스러운 선택(예 가사도우미 고용, 외식, 가사노동의 기계화)의 긍정적인 면에 초점을 맞추도록 한다.
  ㉡ **부모자녀관계를 위한 제안**
   • 모(母) 부재 시 자녀들의 심리적 상태에 대한 부모의 관심 및 사회적 지지체계가 필요하다.

추가 설명

융(Jung) : 개인이 자아실현을 위해서는 아니마(남성 속의 여성적 원형)와 아니무스(여성 속의 남성적 원형)를 함께 발전시켜야 한다고 주장하고, 이것은 인간이 중년기에 성취해야 할 목표라고 주장하였다.

추가 설명

여성 취업이 가족에 미치는 영향 : 애덤스(Adams)가 제시한 부부역할 변화 경향
• **전통주의형** : 부부간의 역할 구분이 뚜렷하여 남편은 도구적 역할, 부인은 표현적 역할을 수행하며 서로의 역할에는 관여하지 않는 역할 구분 형태이다(산업화 직후 중산층 부부에 해당).
• **수정 전통주의형** : 부인의 사회진출은 경우에 따라 인정하되 그에 따른 남편의 가족 내 역할 보충은 일어나지 않는 역할 구분이다. 이는 취업여성에게 이중역할부담이라는 새로운 문제가 나타날 수 있다.
• **평등주의형** : 남편 또는 부인이기 이전에 한 인간으로서, 자신의 삶의 목표나 능력에 따라 원하는 역할을 선택적으로 수행할 수 있는 것을 말하는데, 여기에는 부부직업형, 역할공유형, 역할전환형이 있다.

- 취업모가 자신의 직장생활에 대하여 자녀와 이야기하는 것은 일하는 엄마에 대한 자녀의 이해를 얻을 수 있고, 또한 모-자녀간의 친밀도를 강화시킬 수 있다.
- 자녀에게도 자기관리의 훈련이 중요하고 특히 가사참여의 권장이 필요하다.
- 취업여성들에게 결혼, 출산, 자녀 양육에 관계없이 여성들의 지속적인 취업이 보장될 수 있는 육아 지원제도의 정립이 절실히 요구된다.

05 가정 폭력

1 가정 폭력의 의미

① 가정 폭력은 가족 구성원 사이의 신체적·정신적 또는 재산상 피해를 수반하는 행위를 말하며, 피해자와 가해자가 함께 생활하고 있다는 측면에서 일반적인 폭력과 다르다.

② 가정 폭력은 피해자뿐만 아니라 가족 전체에 영향을 미치기 때문에 피해가 심각하며, 가정을 해체시키는 원인이 되기도 한다. 가정 폭력 행위에는 신체적 상해나 폭행, 신체적·정서적·성적 학대, 유기, 협박 등이 있다.

2 아내구타의 이론적 접근과 현황

① 아내구타의 이론적 접근
  - ㉠ **사회학습이론** : 사회학습이론에 의하면 '인간의 공격은 다른 형태의 사회적 행동처럼 자극, 강화 및 인지적 통제하에서 학습된 행위'이다.
  - ㉡ **교환이론** : 가정 내 상호작용도 비용을 최소로 하면서 보상을 최대로 하려는 메커니즘으로 이해한다. 가정 내의 폭력적인 행동을 비합리적인 충동에 의한 행동이기보다는 목표를 달성하기 위한 수단으로 사용된다고 본다.
  - ㉢ **사회문화적·사회구조적 이론** : 사회문화적·사회구조적인 측면을 강조하는 이론들은 가정 내에서의 사회화 과정 외에 구조화된 사회적 틀에 의해 가정폭력이 발생한다고 본다.
    - **마르크스주의 이론** : 자본주의 사회의 모순에서 비롯된 것으로 본다. 특히 제3세계에서 나타나는 심각한 불평등, 비민주적 사회구조는 경제적 빈곤과 불안정한 삶을 야기하고 여기서 발생된 좌절과 절망감이 가정생활에도 전가되어 가정 내에서 폭력이 발생한다고 본다.
    - **여권론적 이론** : 가부장적인 문화와 여성의 낮은 사회적 지위 때문이라고 본다. 이러한 시각은 델 마틴과 도바시(Del Matin & Dobash)에게서 발견되는데 이들은 성적 불평등이 팽배한 가부장적 사회 구조가 아내 폭력의 원인이라고 지적한다.

② **아내구타의 현황** : 최초의 아내구타는 결혼 초기부터 시작되어 그 후 그치지 않고 계속된다. 그리고 오랜 기간 상습적으로 일어나고 있는 경우가 많다.

가정 폭력의 특징
- **상습성** : 폭력이 반복될수록 폭력의 주기가 빨라진다.
- **은폐성** : 폭력이 외부로 잘 드러나지 않는다.
- **연속성** : 가벼운 구타로 시작해 연속적으로 심각한 수준까지 발전한다.
- **세대 전수성** : 폭력을 경험한 자녀는 이후 특정 상황에서 폭력을 행사한다.

3 아내구타의 예방과 대책

① 각종 교육기관을 통해 성에 대한 올바른 인식과 남녀평등의 성윤리에 대한 교육이 아울러 이루어져야 하며, 육체적·성적 폭력에 대비하여 여성 자신의 자구책으로 호신술을 익혀 방어·예방을 한다.
② 아내구타가 발생했을 경우에는 피구타자를 보호할 수 있는 보호소를 설치 운영하고, 피구타자의 고립감을 해소시킬 수 있는 소집단운동에 피구타자를 참여시키고 피구타자의 구호를 위한 긴급 구호체계의 지역별 설치도 바람직하다.
③ 구타하는 남편을 처벌하고 교화할 수 있는 법적 장치를 마련한다.

4 아내학대와 여성운동(시기별 특징)

① 제1기의 여성운동
  ㉠ 매맞는 여성을 남편으로부터 피하게 했다.
  ㉡ 아내구타와 관련된 요인, 특히 음주에 반대하는 캠페인을 벌였다.
② 제2기의 여성운동 : 여권론자들은 남성폭력으로 고통받는 여성을 위해 서비스를 제공했는데, 특히 남성폭력에서 피할 수 있도록 피난처를 제공하고, 그들의 고된 체험을 이야기할 수 있는 마음이 맞는 사람을 찾도록 하는 위기전화를 설치하였으며, 그리고 어린 시절에 근친 성폭력을 경험한 여성들의 생존자집단(survivors' group)을 만들었다.
③ 제3기 여성운동 : 1980년대 말에 와서 일어났는데, 여성에 대한 폭력은 인권침해임을 인식하고 이에 대해 국제적으로 연대해 대처해야 한다는 움직임이 활발하게 일어났다.

추가 설명

우리나라의 아내 학대 예방 현황

- 1983년에 설립된 '한국여성의 전화'가, 아내학대는 개인적 문제가 아니라 사회적 문제임을 인식시키고, 이들을 위해 상담 전화, 쉼터를 제공하였으며, 이후 몇 개 지역에 민간단체를 중심으로 상담소가 확산되도록 공헌하였다.
- 가정폭력범죄의 처벌 등에 관한 특례법과 가정폭력 방지 및 피해자보호 등에 관한 법률이 제정되어 시행되고 있다.

실전예상문제

객관식

1 다음 중 고대 가부장제 사회에서부터 현재에 이르기까지 이혼제도의 변천으로 알맞은 것은?

① 유책주의 → 파탄주의 → 자유주의
② 파탄주의 → 유책주의 → 자유주의
③ 금기주의 → 제한주의 → 자유주의
④ 제한주의 → 금기주의 → 자유주의

해설 고대 가부장제 사회에서부터 현재에 이르기까지 이혼제도는 금기주의(禁忌主義)에서 제한주의(制限主義) 그리고 자유주의(自由主義)로 변천하였다.

2 다음 중 관혼상제의 예가 정비되어 대명률의 규정에 준거하였고, 이혼사유와 제한으로 '칠출삼불거'가 있었던 시기는 언제인가?

① 현재 우리나라 민법
② 1910년 한일합방 이후
③ 조선시대
④ 고려시대

해설 칠출삼불거(七出三不去)
- 칠출 : 처를 버려도 되는 7가지 사유(아들이 없을 때, 간통, 질투, 시부모를 제대로 봉양 못할 때, 말이 많을 때, 폐질과 같은 질병, 도둑질)
- 삼불거 : 이혼이 허락되지 않는 사유(처가 부모상을 치른 경우, 가난한 때 결혼하여 부유해진 경우, 여자가 돌아갈 곳 없는 경우)

3 다음 중 재판상 이혼의 원인으로 거리가 먼 것은?

① 6개월 간 생사불명
② 직계존속으로부터의 부당한 대우
③ 악의의 유기
④ 배우자의 부정행위

해설 재판상 이혼 원인
- 배우자의 부정행위
- 배우자의 생사가 3년 이상 분명하지 않을 때
- 배우자가 악의로 다른 일방을 유기한 때
- 배우자 또는 그 직계존속으로부터 심히 부당한 대우를 받았을 때
- 자기의 직계존속이 배우자로부터 심히 부당한 대우를 받았을 때
- 기타 혼인을 계속하기 어려운 중대한 사유가 있을 때

4 다음 중 정당한 이유 없이 배우자가 동거·부양·협조의 의무를 포기하고 일방을 버림으로써 재판상 이혼 원인이 되는 것을 무엇이라 하는가?

정답 1.③ 2.③ 3.① 4.③

① 일시적 가출　　② 법적 별거　　③ 악의의 유기　　④ 졸혼

해설 악의의 유기란 배우자 일방이 정당한 이유 없이 동거, 부양·협조 의무를 포기하고 다른 일방을 버린 경우를 말한다.
예 외도를 지속하여 첩과 살림을 차리고 본처와 자녀에게 생활비를 지급하지 않은 상황

5 다음 중 일반적인 이혼의 증가 배경으로 볼 수 없는 것은?
① 이혼에 대한 가치관의 변화
② 여성의 경제적 자립
③ 자녀수의 증가
④ 결혼에 대한 의미변화

해설 이혼의 증가 배경
- 법제도의 변화
- 이혼에 대한 가치관의 변화
- 여성의 경제적 자립
- 여성의 지위향상
- 결혼에 대한 의미변화
- 자녀수의 감소

6 다음 중 이혼의 증가 배경으로 거리가 먼 것은?
① 여성의 지위 하락
② 여성의 경제적 자립
③ 법제도의 변화
④ 이혼에 대한 가치관의 변화

해설 문제 5번 해설 참조

7 다음 중 혼인관계를 계속할 수 없게 한 책임 유무를 묻지 않고 혼인의 목적을 달성할 수 없는 사실이 있는 때에 이를 이혼의 원인으로 삼는 입법주의는 무엇인가?
① 혼인비해소주의　　② 파탄주의　　③ 주관주의　　④ 유책주의

해설 유책주의는 배우자 일방의 혼인상의 의무위반, 즉 유책한 경우에만 그 상대방에게 이혼청구권을 허용하는 입법주의를 말하는 것으로 주관주의라고도 불린다. 반면에 파탄주의는 부부 공동생활의 파탄, 즉 혼인을 파탄시킨 책임 유무를 묻지 않고 혼인의 목적을 달성할 수 없는 사실이 있는 때에는 이를 이혼의 원인으로 삼는 입법주의이다.

8 다음의 〈보기〉와 같은 연구 조사 결과를 발표한 사람은?

> **보기** 결손가정 중 이혼가정과 관련지어 볼 때 소년범죄는 정상가정보다 이혼가정에서 더 많았으며, 부모의 사회계급이 같은 경우라면 비행률은 이혼이나 사망에 의한 결손가정보다 별거로 인한 결손가정에서 더 높다고 하였다.

① 로젠버그(M. Rosenberg)   ② 서스만(Sussman)
③ 글루에크(Glueck)   ④ 힐(R. Hill)

해설 글루에크(Glueck)가 연구 조사한 내용이다.

9 이혼에 대한 사회심리적 대책으로 거리가 먼 것은?

① 독립의식 고취를 위한 교육프로그램을 실시한다.
② 이혼 후의 심리적 적응 및 성장을 위한 상담 및 치료프로그램을 실시한다.
③ 정서적 지지를 위한 이혼자모임을 주선한다.
④ 재혼의 기회를 만들지 않도록 한다.

해설 재혼의 기회를 마련한다.

10 다음 중 별거에 대한 설명으로 옳지 않은 것은?

① 별거는 부부가 사이가 좋지 않아 따로 떨어져 사는 것이다.
② 성격 차이, 배우자 폭력, 경제 갈등 등 다양한 원인으로 별거한다.
③ 별거로 인해 모든 부부는 결국 이혼하게 된다.
④ 별거 후 양육비 제공 등이 이루어지지 않아 경제적·심리적 문제를 초래하기도 한다.

해설 별거로 감정을 삭이는 시간을 가짐으로 화해의 기회가 되어 실제 관계 개선이 되는 경우도 있다.

11 다음 중 현대사회의 청소년 문제의 요인으로 거리가 먼 것은?

① 청소년들의 조기 성숙으로 인한 청소년기의 단기화
② 가정과 사회의 가치관 불일치
③ 정신적 불건강
④ 도시화 현상

해설 청소년 문제의 요인
- 가정기능의 약화
- 도시화
- 정신적 불건강
- 청소년기의 장기화
- 세대간 가치관의 차이 심화
- 대중매체의 상업성 심화

정답 5.③ 6.① 7.② 8.③ 9.④ 10.③ 11.①

12 다음의 〈보기〉에 제시된 청소년 문제의 요인은 무엇인가?

> **보기** 교육연수의 증가와 취업준비기간의 필요로 성인기도 아닌 과도기적 인간으로 지내야 한다.

① 정신적 불안감 ② 도시화 ③ 청소년기의 장기화 ④ 사회의 변화

해설 청소년기의 장기화 : 교육연수의 증가와 취업준비기간의 필요 등으로 인해 상당한 기간을 어린이도 성인도 아닌 과도기적 인간으로 지내야 한다.

13 다음 중 인간이 지켜야 할 일정한 행위 규범에 반하는 반사회적 행위를 무엇이라 하는가?

① 우범소년 ② 범죄소년 ③ 비행자 ④ 비행

해설 비행이란 인간이 지켜야 할 일정한 행위규범에 반하는 행위를 뜻한다. 넓은 의미에서 비행은 모든 반사회적 행위를 말하나, 좁은 의미로는 소년비행에 국한되어 사용된다.

14 청소년 비행의 원인을 잘못 기술해 놓은 것은?

① 가정의 장애는 비행이나 범죄의 중요한 원인이 될 수 있다.
② 가정에서의 부모의 자녀관, 훈육방법에서의 일관성의 결여, 지나친 엄격성, 방임 등에서 찾아볼 수 있다.
③ 대중매체는 범죄를 촉진하는 작용이 되기도 한다.
④ 개인적인 요소는 유전에 의한 것으로 환경적 요소와 관련이 없다.

해설 개인적 요소는 유전 외에도 인종, 신체적 특징, 퍼스낼리티, 성격, 정신이상 등이 있다.

15 다음 청소년 비행의 원인 중에서 환경적 원인으로 거리가 먼 것은?

① 정신상의 결함에 의한 정신박약자 ② 빈곤계층이나 하층사회 출신
③ 편애, 과도의 간섭 ④ 편친 혹은 양친의 사별

해설 ①은 청소년 비행의 개인적 원인이다.

16 청소년문제의 대책으로 알맞지 않은 것은?

① 부모는 자녀가 건전한 가치관을 형성하도록 도와준다.
② 교사와 학생 사이에 인간관계가 전제되어야 한다.

③ 학교에서는 학습 위주의 성취감만을 높이도록 한다.
④ 건전한 클럽활동을 육성한다.

해설 청소년문제는 가정, 학교, 사회가 삼위일체가 되어야 한다.

17 다음 〈보기〉와 관련된 청소년 비행에 관한 이론은?

> **보기** 오늘날 청소년의 경우 급변하는 사회 변화 속에서 중심을 잃은 상태에서 사회적 일탈을 감행하며 이러한 행동이 비행으로 나타난다.

① 접촉이론 ② 사회통제이론 ③ 하위문화 이론 ④ 아노미이론

해설 **아노미이론** : 오늘날 청소년의 경우 급변하는 사회 변화 속에서 중심을 잃은 아노미 상태에서 사회적 일탈을 감행하며 이러한 행동이 비행으로 나타난다고 주장한다.

18 다음 〈보기〉와 관련된 청소년 비행에 관한 이론은?

> **보기** 인간 행동은 사회조직의 정상적인 조건하에서는 사회규범에 의해 규제되어 일탈이 극소화되지만 어떤 이유로든 사회조직이 와해되면 규범의 통제력이 약화되거나 붕괴되어 인간은 일탈을 억제할 수 없는 상태로 된다.

① 사회해체이론 ② 사회통제이론 ③ 낙인이론 ④ 하위문화이론

해설 **사회통제이론** : 개인의 사회에 대한 애착, 수용, 참여, 신념 정도가 강할수록 비행은 감소된다고 본다.

19 다음 중 노령기 구분은 학자에 따라 다르나 대체로 장년기와 노년기의 구분이 되는 연령은 몇 세인가?

① 65세 ② 70세 ③ 75세 ④ 80세

해설 노화 시기와 속도는 개인차가 있지만 흔히 장년기와 노년기 사이의 구분은 65세이다.

20 다음 중 대체적인 노년기의 성격 특성으로 거리가 먼 것은?

① 애착심 증가 ② 의존성 증가 ③ 내향성 증가 ④ 적극성 증가

정답 12.③ 13.④ 14.④ 15.① 16.③ 17.④ 18.② 19.① 20.④

해설 노년기의 성격특성 : 우울증·내향성·수동성·경직성·조심성·애착심·의존성 등의 증가

21 다음 〈보기〉는 어떤 노화이론에 대한 내용인가?

> **보기** 노인의 사회 참여를 긍정적으로 평가하는 것으로 사회활동을 하는 노인이 생활 만족도가 높고 성공적으로 적응한다고 주장한다.

① 사회·정서적 선택이론 ② 사회유리설
③ 교환론 ④ 사회활동설

해설 노인의 생활적응을 노인의 역할 및 활동과의 관계에 의하여 설명하는 기초적인 이론으로는 사회활동설과 사회유리설을 들 수 있다. 사회활동설에 의하면 노인은 노화로 인하여 생리적 변화를 경험하기는 하나 심리적·사회적 욕구는 중년기 때와 마찬가지로 꽤 안정되게 유지되므로 중년기의 활동이나 태도를 유지하기 바라며, 그것이 가능한 한 오랫동안 광범위하게 유지될 때 적응을 잘한다고 한다. 한편 사회유리설에서는 노년기에 나타나는 사회적인 이탈은 하나의 자연스러운 과정에 불과한 것이지 결코 사회적 압력에 의해서 밀려난 것을 의미하지는 않는다고 하였다.

22 다음 〈보기〉는 어떤 노화이론에 대한 내용인가?

> **보기** 노년기의 특성이 연령에 의해 구조화된다기보다는 노년기 자체가 가지고 있는 특성, 예를 들면 죽음을 앞두고 있고 미래가 제한되어 있다는 점에 주목한다.

① 사회·정서적 선택 이론 ② 사회병리설
③ 사회유리설 ④ 사회활동설

해설 사회·정서적 선택 이론은 노년기의 특성이 연령에 의해 구조화된다기보다는 노년기 자체가 가지고 있는 특성, 예를 들면 죽음을 앞두고 있고 미래가 제한되어 있다는 특성과 관련이 있다는 점에 주목한다.

23 다음 중 노인 인구의 현황에 대한 설명으로 옳은 것은?

① 세계 모든 국가에서 저출산, 고령화사회의 문제가 나타난다.
② 남녀간 기대 수명의 차이는 2018년 기준으로 볼 때 남자 약 70세, 여자 약 75세 정도이다.
③ 노인부양비는 비생산연령층 인구(0~14세 인구)와 65세 이상 노년 인구의 비율을 말한다.
④ UN에서는 전체 인구에서 65세 이상의 인구가 차지하는 비율이 14% 이상인 사회를 고령사회라고 정의한다.

해설 UN에서는 전체 인구에서 65세 이상의 인구가 차지하는 비율이 14% 이상인 사회를 '고령 사회'라고 정의한다.
- 노인부양비 = $\dfrac{65세\ 이상\ 인구}{15~64세\ 인구} \times 100$
- 남녀간 기대 수명의 차이는 2018년을 기준으로 볼 때 남자 79.7세, 여자 85.7세이다.

24 다음 중 노인에 대한 정서적 학대에 해당되는 것은?

① 노부모에게 며칠 동안 더러운 옷을 입혀 두기 ② 노부모를 주먹이나 물체를 가지고 구타하기
③ 노부모에게 24시간 식사를 제공하지 않기 ④ 노부모에게 고함치고 무시하기

해설 ①번과 ③은 방임, ②는 신체적 학대이다.

25 다음과 같은 노인학대 유형은 어디에 속하는가?

> **보기**
> - 부양의무자로서 책임이나 의무를 거부, 불이행 혹은 포기한다.
> - 노인의 의식주 및 의료를 적절하게 제공하지 않는다.

① 신체적 학대 ② 정서적 학대 ③ 경제적 학대 ④ 방임

해설 방임은 부양의무자로서의 책임이나 의무를 거부, 불이행 혹은 포기하여 노인의 의식주 및 의료를 적절히 제공하지 않는 행위이다.

26 다음과 같은 노인학대 유형은 어디에 속하는가?

> **보기**
> - 노인과 연락을 두절하거나 왕래하지 않는다.
> - 노인을 시설, 병원에 입소시키고 연락과 왕래를 두절한다.

① 신체적 학대 ② 정서적 학대 ③ 유기 ④ 방임

해설 유기 : 보호자 또는 부양의무자가 노인을 버리는 행위이다.

27 다음의 〈보기〉와 같이 산출하는 노인 관련 통계용어는?

정답 21.④ 22.① 23.④ 24.④ 25.④ 26.③ 27.④

> 보기 (65세 이상 인구 / 15~64세 인구)×100

① 총부양비　　② 유년부양비　　③ 노령화지수　　④ 노인부양비

해설 노인 관련 통계의 공식
- 총부양비 = $\dfrac{0\sim14\text{세 인구} + 65\text{세 이상 인구}}{15\sim64\text{세 인구}} \times 100$
- 유년부양비 = $\dfrac{0\sim14\text{세 인구}}{15\sim64\text{세 인구}} \times 100$
- 노인부양비 = $\dfrac{65\text{세 이상 인구}}{15\sim64\text{세 인구}} \times 100$
- 노령화지수 = $\dfrac{65\text{세 이상 인구}}{0\sim14\text{세 인구}} \times 100$

28 노인복지문제와 관련이 없는 사항은?

① 노인부양은 경제적, 심리적으로 가정에서의 사적 부양의 성격만을 지니고 있다.
② 노인에게 재취업의 기회를 부여한다.
③ 노인보건문제에 대한 종합적인 대책이 세워져야 한다.
④ 계속적인 재교육을 통해 조언자로서의 지위를 상실하지 않도록 한다.

해설 노인의 경제적 문제를 국가차원에서의 사회문제로 인식하고 노후빈곤에 적극적으로 대처하지 않는 한 노인의 빈곤은 더욱 심각해질 가능성이 깊다.

29 다음 중 성역할에 대한 설명으로 알맞은 것은?

① 여성학자 하딩(Harding)은 융(Jung)의 견해를 바탕으로 양성성 개념을 발전시켰다.
② 융(Jung)은 아니마(anima)는 여성 속의 남성적 원형, 아니무스(animus)는 남성 속의 여성적 원형이라고 칭하였다.
③ 사회적 성(gender)은 생물학적 성에 근거하나 생물학적 자질에 기반하는 것이 아니라 사회적으로 학습된 기대와 행동에 따라 결정된다.
④ 프로이트는 양육의 관점에서 남녀간 성역할 차이는 사회문화적 환경의 영향 때문에 발생된다고 보았다.

해설 사회적 성은 생물학적 성에 근거하나 생물학적 자질에 기반하는 것이 아니라 사회적으로 학습된 기대와 행동을 뜻하는 것으로 본다.

30 다음 중 남성과 여성은 서로 유사한 점이 많으나 사회화를 통해 이러한 자연적인 유사함은 억제되고 양극화된 남성적 특성과 여성적 특성으로 이분화된다고 한 사람은?

① 에릭슨(Erikson)   ② 루빈(Rubin)   ③ 골드버그(Goldberg)   ④ 프로이트(Freud)

해설 루빈(Rubin)은 남성과 여성은 서로 유사한 점이 많으나 사회화를 통해 이러한 자연적인 유사함은 억제되고 양극화된 남성적 특성과 여성적 특성으로 이분화된다고 주장한다.

31 다음 중 한 개인이 그가 속한 문화권 내에서 여성 또는 남성으로 특정지어질 수 있는 성유형화 과정을 통해서 성별에 따라 습득하게 되는 성격특성, 태도, 선호경향을 총체적으로 일컫는 개념은?

① 성태도   ② 성결과   ③ 성과정   ④ 성역할

해설 성 역할은 한 개인이 그가 속한 문화권 내에서 여성 또는 남성으로 특정지어질 수 있는 성 유형화 과정을 통해서 성별에 따라 습득하게 되는 성격특성, 태도, 선호경향을 총체한 말이다.

32 다음 중 융이 말한 남성 속의 여성적 원형은 무엇인가?

① 아니오니   ② 아그다   ③ 아니무스   ④ 아니마

해설 아니마(남성속의 여성적 원형), 아니무스(여성속의 남성적 원형)

33 여성들의 사회참여 증가원인으로 볼 수 없는 것은?

① 산업구조상의 변화   ② 여성의식의 변화   ③ 가족구조의 변화   ④ 남성의 지위 약화

해설 여성들의 사회참여, 특히 경제활동의 증가원인 : 산업화, 산업구조상의 변화, 여성의식의 변화, 가족구조의 변화

34 다음 중 여성의 사회진출에 도움이 되는 것은 무엇인가?

① 가족이기주의 팽배
② 교육기회의 확대와 교육수준의 향상
③ 중화학공업의 확대
④ 남녀유별의 유교사상

해설 여성취업의 증가 원인
- 직업의 다양화 및 노동력 수요의 증가
- 여성의 가치관 변화
- 교육수준의 향상과 기회 확대
- 가정 내 여성의 노동력 필요성의 감소

정답 28.❶ 29.❸ 30.❷ 31.❹ 32.❹ 33.❹ 34.❷

35 다음 중 여성취업의 증가 원인으로 거리가 먼 것은?

① 가전제품의 보급 확대
② 출산율의 급격한 저하
③ 가족규모의 확대
④ 여성의 경제활동을 긍정적으로 보는 사회 전반의 의식

해설 산업화로 가족규모가 축소되었다.

36 다음 중 여성 취업과 관련된 내용으로 알맞은 것은?

① 여성의 자아실현욕구 증대에 비해 여성노동력에 대한 사회적 수요는 감소할 것이다.
② 출산율 저하로 노동시장에의 참여도 낮아졌다.
③ 교육수준 향상과 여성의 직접적인 자아실현의 욕망은 직업세계로의 진출을 높였다.
④ 산업화가 고도화될수록 기혼여성의 취업은 감소할 것이다.

해설 여성의 교육수준 향상으로 인해 여성의 자아의식이 뚜렷해졌다. 과거에는 결혼을 한 후에 가정이나 자식, 남편을 통해 자기실현을 하는 간접적인 자아실현에 그쳤으나 오늘날에는 직접 사회에 참여해 자아실현을 이루고자 하는 직접적인 자아실현의 욕망을 중요시하게 되었다. 더욱이 사회적으로도 경제적 여건이 중요시되는 현실에서 가정 경제를 윤택하게 하거나 유지하기 위해 여성의 직업 세계로의 진출은 불가피한 현상이 되었다.

37 다음 중 사회학자 애덤스가 분류한 부부 역할 변화 경향이 아닌 것은?

① 민주주의형   ② 평등주의형   ③ 수정 전통주의형   ④ 전통주의형

해설 사회학자 애덤스는 부부 역할 변화 경향을 전통주의형, 수정 전통주의형, 평등주의형으로 분류하였다.

38 다음 중 사회학자 애덤스가 분류한 수정 전통주의형 부부 역할 변화에 대한 설명으로 옳은 것은?

① 수정 전통주의형 부부 역할에서는 성별에 상관없이 자신의 삶의 목표나 능력에 따라 원하는 역할을 선택적으로 수행할 수 있다.
② 수정 전통주의형 부부 역할에서는 취업 여성에게 이중 역할 부담이라는 새로운 문제가 나타날 수 있다.
③ 수정 전통주의형 부부 역할에서는 부부 직업형, 역할 공유형, 역할 전환형 등이 나타날 수 있다.
④ 수정 전통주의형 부부 역할에서는 남편은 도구적 역할, 부인은 표현적 역할을 수행하며 서로의 역할에는 관여하지 않는다.

해설 애덤스의 역할 분류 중 수정 전통주의적 성역할 분담이 이루어지면서 취업 여성에게는 이중 역할 부담이라는 새로운 문제점이 나타날 수 있다.

39 가정폭력의 특징으로 거리가 먼 것은?
① 은폐성 ② 일회성 ③ 상습성 ④ 세대전수성

해설 가정폭력의 특징 : 은폐성, 상습성, 세대전수성, 연속성

40 다음의 〈보기〉와 같이 가정폭력의 요인을 설명하는 이론은?

> **보기** 가정 내의 상호작용도 일반 사회 조직 내에서의 상호작용처럼 비용을 최소로 하면서 보상을 최대로 하려는 메커니즘으로 이해한다. 예를 들어 스스로 자신의 할 일을 다한다고 생각하는 남편이 아내가 의무를 다하지 않는다고 생각할 때 아내구타를 정당한 것으로 생각한다.

① 갈등이론 ② 교환이론
③ 사회학습이론과 역할모델이론 ④ 좌절-공격이론

해설 교환이론에 따르면 가정 내의 상호작용도 일반 사회 조직 내에서의 상호작용처럼 비용을 최소로 하면서 보상을 최대로 하려는 메커니즘으로 이해한다. 그러므로 교환이론에서는 가정 내의 폭력적인 행동을 비합리적인 충동에 의한 행동이기보다는 목표를 달성하기 위한 수단으로 사용된다고 본다.

41 다음 중 가정폭력의 근본적인 원인은 자본주의 사회의 모순에서 비롯된 것이라고 보는 가정폭력 원인에 대한 이론은?
① 여권론적 이론 ② 좌절-공격이론 ③ 갈등이론 ④ 마르크스주의 이론

해설 마르크스주의 이론에서는 가정폭력을 자본주의 사회의 모순에서 비롯된 것으로 본다. 특히 제3세계에서 나타나는 심각한 불평등, 비민주적 사회구조는 경제적 빈곤과 불안정된 삶을 야기하고 여기서 발생된 좌절과 절망감이 가정생활에도 전가되어 가정 내에서 폭력이 발생한다고 본다.

42 다음 중 아내구타는 가정 내에서의 사회화 과정에서가 아니라 구조화된 사회적 틀에 의해 발생한다고 보며 델 마틴과 도바시에서 발견되는 아내구타의 이론적 접근은?
① 대리학습이론 ② 사회문화적·사회구조적 이론

정답 35.❸ 36.❸ 37.❶ 38.❷ 39.❷ 40.❷ 41.❹ 42.❷

③ 정신병리학이론　　　　　　　　　④ 사회학습이론

해설 사회문화적·사회구조적 이론 : 사회문화적·사회구조적인 측면을 강조하는 이론들은 가정 내에서의 사회화 과정 외에 구조화된 사회적 틀에 의해 가정폭력이 발생한다고 본다.

주관식

1 법적 이혼 사유에 대해 3가지 이상 쓰시오.

2 이혼의 증가 배경을 3가지 이상 쓰시오.

Answer

1
- 배우자의 부정행위
- 악의의 유기
- 배우자 또는 그 직계존속으로부터 심히 부당한 대우를 받았을 때
- 자기의 직계존속이 배우자로부터 심히 부당한 대우를 받았을 때
- 배우자의 생사가 3년 이상 분명하지 않은 때
- 기타 혼인을 계속하기 어려운 중대한 사유가 있을 때

2
- 법제도의 변화
- 이혼에 대한 가치관의 변화
- 여성의 경제적 자립
- 여성의 지위향상
- 결혼에 대한 의미변화

3 청소년 문제의 요인을 3가지 이상 쓰시오.

4 노년기에 나타나는 성격특성을 3가지 이상 쓰시오.

5 여성취업의 증가 원인을 3가지 이상 쓰시오.

6 노인학대의 의미를 설명하시오.

Answer

3
- 가정기능의 약화
- 급속한 산업화와 도시화
- 정신적 불건강
- 청소년기의 장기화
- 세대간 가치관의 차이 심화

4
- 우울증 경향의 증가
- 경직성의 증가
- 의존성의 증가
- 유산을 남기려는 경향
- 내향성 및 수동성의 증가
- 조심성의 증가
- 친근한 사물에 대한 애착심의 증가

5
- 여성의 가치관 변화
- 가족규모의 축소
- 직업의 다양화 및 노동력 수요의 증가
- 여성의 경제활동을 긍정적으로 보는 사회 전반의 의식
- 교육수준의 향상과 기회 확대
- 가전제품의 보급 확대

6 노인학대란 노인에 대한 신체적·정신적·성적 폭력 및 경제적 착취 또는 가혹행위를 하거나 유기 또는 방임을 하는 것이다.

MEMO

부록

최종 모의고사

제1회 모의고사

1 다음 중 현대 가족에서 강조되고 있는 성격을 잘 설명하고 있는 것은?

① 제도적 가족의 성격이 강하다.
② 우애적 가족의 성격이 강하다.
③ 사회변화에 따른 기능 수행을 강조한다.
④ 전통, 법률, 가부장권, 훈육방식 등에 의해 통솔된다.

해설 현대는 우애적 가족, 구성원 상호간의 정서적 표현을 위한 자기 충족적인 심리집단으로서의 가족이 강조된다.

2 부모와 자녀가 각기 별개의 가구를 마련하지만, 가까운 거리에 살면서 실제로는 한집과 같이 왕래하고 협조하며 사는 가족형태는?

① 확대가족　　② 수정핵가족　　③ 방계가족　　④ 수정확대가족

해설 수정확대가족 : 원가족과 떨어져 살고 있을 뿐 지속적인 상호작용망과 지원망을 유지하면서 긴밀한 유대를 유지하고 있는 가족이다.

3 다음의 〈보기〉와 같은 특성을 갖는 가족의 형태는 무엇인가?

> **보기**
> ㉠ 이동성이 높고 산업사회에 적합하다.　　㉡ 결혼과 동시에 경제적으로 완전히 독립한다.
> ㉢ 연애혼의 결혼형태를 취한다.　　　　　㉣ 부부관계의 기반은 애정이다.

① 과도기적가족　　② 직계가족　　③ 방계가족　　④ 핵가족

해설 핵가족의 특징
- 핵가족에서는 자녀들이 성장하여 혼인하면 그들이 태어난 부모의 가족을 떠나 새로운 가족을 형성하는데, 전자를 방위가족이라 하고, 후자를 생식가족이라고 한다.
- 서구의 핵가족에서 젊은 부부는 혼인하는 대로 곧 방위가족에서 완전히 독립하여 새로운 거주지를 정하고 자신들의 생식가족을 확립한다. 부모와는 정기적으로 상호방문을 하고 정서적 유대를 지속하나 서로간에 경제적 의존을 기대하지는 않는다.
- 핵가족에서 부부관계는 원칙적으로 애정을 기반으로 한 연애혼으로 성립되며, 상호애정의 표현을 기대하고, 애정이 지속하는 한 가정생활이 안정되나, 부부간의 애정이 없어지면 쉽게 가족이 해체되고 재혼도 쉽게 이루어진다.
- 핵가족은 고도의 이동성이 요구되는 생활환경에 잘 적응한다.

4 다음 중 '인간은 대체로 자신이 태어난 (　)에서 살아가야 할 인생의 방향을 배우게 되므로 (　)은 중요하다. 그리고 부모에 의해 운명적으로 태어났다는 점에서 (　)을 출생가족(出生家族)이라고도 부른다.'에서 괄호에 알맞은 것은?

① 출산가족　　② 방위가족　　③ 생식가족　　④ 핵가족

해설 인간은 대체로 자신이 태어난 방위가족에서 살아가야 할 인생의 방향을 배우게 되므로 방위가족은 중요하다. 그리고 부모에 의해 운명적으로 태어났다는 점에서 방위가족을 출생가족이라고도 부른다.

5 횡단적 연구방법과 종단적 연구방법에 대한 설명으로 틀린 것은?

① 횡단적 연구방법은 조사시점에 따라 관찰된 내용이 영향받을 수 있다.
② 횡단적 연구방법은 여러 시점에서 연구대상이나 현상을 관찰하고 조사하는 방법이다.
③ 횡단적 연구방법은 비교하는 시점이 없으므로 상대적으로 연구설계가 간단하며, 같은 규모의 조사일 때 비용이 적게 든다.
④ 종단적 연구는 복합적인 효과들을 서로 구별해 내는 데 필수적이다.

해설 횡단적 연구방법이 어느 한 시점에서 연구대상이나 현상을 관찰하고 조사하는 방법인 반면, 종단적 연구방법은 여러 시점에서 연구대상이나 현상을 관찰하고 조사하는 방법이다.

6 다음은 가족의 어떤 기능에 대한 설명인가?

> **보기** 자손을 통해 대를 이어간다는 개인적인 의미뿐 아니라 사회 구성원을 충원시킴으로써 사회를 존속, 발전시켜 나간다는 점에서 사회적으로도 중요한 기능이다.

① 경제적 기능　　　　　　　　② 애정 및 성의 기능
③ 전통·문화 계승의 기능　　　④ 자녀 출산 및 양육의 기능

해설 자녀 출산 및 양육의 기능이란 자손을 통해 대를 이어간다는 개인적인 의미뿐 아니라 사회 구성원을 충원시킴으로써 사회를 존속, 발전시켜 나간다는 점에서 사회적으로도 중요한 기능이다.

7 다음 중 가족의 대사회적 기능에 속하지 않는 것은?

① 성을 통제하는 기능　　　　　② 사회구성원을 충원하는 기능
③ 노동력을 제공하는 기능　　　④ 종교기능

정답 1.❷ 2.❹ 3.❹ 4.❷ 5.❷ 6.❹ 7.❹

> **해설** 가족의 대사회적 기능
> - 성을 통제하는 기능
> - 사회안정화 기능
> - 노동력을 제공하고 생활을 보장하는 기능
> - 사회구성원을 충원하는 기능
> - 사회의 전통·문화를 계승하는 기능

8 다음 발달과업 과정 중 자녀들이 각자 본격적인 성인으로서 사회에 진출하는 시기는?

① 신혼기 ② 자녀 출산기 ③ 진수기 ④ 중년기

> **해설** 진수기 : 자녀들이 각자 본격적인 성인으로서 사회에 진출하는 시기이다.

9 중간 계층의 비율이 높으며 사회적 안정성이 매우 큰 계층 구조는?

① 피라미드형 ② 수직형 ③ 모래시계형 ④ 타원형

> **해설** 타원형 : 다이아몬드 구조에서 상층과 하층의 비율이 증가한 형태로 중간 계층 비율이 가장 높다.

10 다음 중 중간계층가족의 특성으로 알맞은 것은?

① 대체로 핵가족형태이며 부모부양의 사례가 적고 기혼자녀에 대한 부모의 권한이 약화되어 있다.
② 부부중심의 핵가족을 구성하고 평등한 부부관계를 지향하며 자녀양육, 교육을 가장 중요하게 생각한다.
③ 가족 친족에 대한 전통적인 가치관을 가지고 있으나 친척간의 상호교환이 활발하지 못하다.
④ 계급 내 혼인이라는 동맹을 통해 계층 간의 이해관계의 일치를 가져오게 하고 계층 이동의 폐쇄성을 강화한다.

> **해설** 중간계층에 속하는 하위 집단들의 이질적 성향은 가족생활에서도 나타난다. 신중간계층인 화이트칼라 가족과 구중간계층인 도시 프티부르주아의 경우를 보면 후자는 하류계층과 유사하게 보인다. 화이트칼라 계층의 가족은 상류계층과는 달리 세대 간 자본의 상속은 불가능하지만 높은 학력을 기반으로 안정된 직업을 가지고 있으며, 자녀들에게 교육·혼인·주택 마련 등에서 경제적 지원을 하고 있다. 이 계층의 부부들은 자녀 양육과 교육 문제를 가장 중요하게 인식하는데, 교육에 대한 이들의 적극적 지원은 질 높은 노동력의 재생산을 가능하게 해 준다. 중간계층은 부부중심의 핵가족을 구성하여 평등한 부부관계를 지향하는 듯 하나 실제로는 전통적인 권위관계와 성별 분업이 이루어지고 있다.

11 현대 사회의 가족 가치관에 대한 설명으로 옳지 않은 것은?

① 의사 결정은 가족 상호 간의 합의를 따른다.
② 자녀 출산과 양육 및 가족 부양은 여성이 부담해야 하는 문제이다.

③ 결혼에 대한 가치관의 변화로 개인 성장의 측면을 중요하게 여긴다.
④ 과거와는 달리 최근에는 결혼도 선택할 수 있다는 인식이 확산되고 있다.

해설 자녀출산과 양육, 가족부양은 가족간의 의사결정과 상호간의 합의에 의해 담당해야 한다는 인식이 보편화되고 있다.

12 다음 중 낭만적 사랑의 특징이 아닌 것은?
① 이성보다 감정이 우위인 사랑이다.
② 상대방을 이상화한다.
③ 개인주의적이다.
④ 안정적이다.

해설 낭만적 사랑의 특징
• 상대방을 이상화한다.
• 개인주의적이다.
• 불안정하다.
• 이성보다 감정이 우위인 사랑이다.

13 다음 중 바람직한 배우자 선택을 위해서 고려해야 할 점이 아닌 것은?
① 자신의 장단점을 표현함으로써 서로 이해하고 적응할 수 있도록 해야 한다.
② 성숙한 사랑과 지속적인 매력을 유지시킬 수 있는 가능성을 찾아야 한다.
③ 친구 및 부모의 지지는 무시해도 된다.
④ 감정에만 치중한 선택이 되지 않도록 해야 한다.

해설 친구 및 부모의 지지가 결코 무시되어서는 안된다. 만일 주위 사람이 반대를 한다면 시간을 두고 반대 이유를 면밀히 검토해 볼 필요가 있다.

14 다음은 일반적인 약혼의 기능이다. 관계 없는 것은?
① 약혼은 친척이나 친지에게 두 사람의 관계를 알리는 공표의 기능을 갖는다.
② 약혼은 커플 결정화 기능을 갖는다.
③ 약혼은 사회적으로 인정된 성적, 경제적 결합을 말한다.
④ 약혼 기간 동안 두 사람의 관계를 재정립하고 검토하는 기능을 갖는다.

해설 약혼은 결혼에 대한 준비 및 미래 계획의 기능을 갖는다. 가족계획, 경제협력 관계, 부인의 취업 시 성역할의 조정, 주거마련 계획, 결혼식 및 결혼과정에 대한 구체적 방안 등을 준비하고 실행해야 한다.

정답 8.③ 9.④ 10.② 11.② 12.④ 13.③ 14.③

15 다음 중 일반적인 가족관계의 특성으로 옳지 않은 것은?

① 전체로서 하나의 역동적 체계를 이룬다.
② 혈연을 매개로 맺어진 인간관계 영역이다.
③ 단속적인 관계이다.
④ 운명공동체이다.

해설 가족관계는 지속적이다. 이혼이나 의절 등 예외적인 경우를 제외하고 평생 유지되는 인간관계이다.

16 전통적 부부관계에서 역할 관계의 특징으로 거리가 먼 것은?

① 성역할 분리
② 여성의 종속성
③ 협조적 융통성
④ 상호만족 결여

해설 전통적 부부관계에서는 감정적, 사회적 고립감과 상실감을 초래한다.

17 다음 〈보기〉와 같은 부부간 갈등의 원인은 무엇인가?

> **보기** 사람들 간의 관계에서 발생하는 것으로 예를 들어 어머니에게 깊은 분노를 가진 남편이 어머니를 연상시키는 부인에게 적대감을 표시하는 것

① 상황적 원인
② 상호 심리적 원인
③ 내부 신체적 원인
④ 내부 심리적 원인

해설 부부간 갈등
- 내부 심리적 원인 : 내적 욕구, 본능 및 가치가 서로 상반되는 경우에 내부에서 발생하는 것이다.
- 내부 신체적 원인 : 신체적 피로, 신체적 질병, 정서적 질병에 의한 내부 긴장을 의미한다.
- 상호 심리적 원인 : 사람들 간의 관계에서 발생하는 것을 뜻한다.
- 상황적 원인 : 가족 내의 생활 조건, 가족구성원에 대한 사회적 압력, 가족기능을 방해하는 예기치 않은 사건 등을 포함한다.

18 부모자녀관계의 특징으로 잘못된 것은?

① 인간관계 중 가장 혈연적인 관계이다.
② 가장 기본적이며 근원적인 인간관계라고 할 수 있다.
③ 수평적이고 획일적 관계이다.
④ 세월이 흐르면서 관계의 속성이 변화한다.

해설 부모자녀관계의 특징
- 인간관계 중 가장 혈연적인 관계이다.
- 세월이 흐르면서 관계의 속성이 변화한다.
- 가장 수직적이고 종속적인 관계이다.
- 가장 기본적이며 근원적인 인간관계라고 할 수 있다.
- 주요한 교육의 장이다.

19 다음 중 형제자매간의 유대관계를 약화시키는 요인이 되는 것은 무엇인가?

① 가까운 주거지의 인접   ② 잦은 접촉   ③ 공동 관심사의 존재   ④ 사회적 성공도의 차이

해설 결혼 후 형제자매간의 유대관계는 나이가 비슷하고, 동성이고, 공동의 관심사를 지니며 거주지가 근접해 있을 경우 다시 강화되거나 지속적으로 된다. 그러나 서로 경제적, 사회적으로 차이가 많이 나게 되면 유대가 사라질 수도 있다.

20 다음 중 우리나라 노부모-성인자녀관계에 대한 설명으로 알맞은 것은?

① 부모-장남부부가 함께 사는 직계가족의 비율이 계속 증가추세에 있다.
② 도시가족의 경우 분가하는 경향이 형제서열에 관계없이 일반화되어 있다.
③ 연령층이 높을수록 결혼 직후부터 분가하는 비율이 높다.
④ 노부모-자녀의 동거가 법으로 규정되어 있다.

해설 도시화에 따른 핵가족화는 자녀가 결혼 후 부모의 가정에서 분가하기 때문에 나타난 것이다.

21 친족에 대한 설명으로 바르지 못한 것은?

① 친족은 인간사회의 보편적인 것 중의 하나이며, 따라서 행동의 규제와 사회집단 형성에 있어서 중요한 구실을 한다.
② 친족관계는 사회에 따라 또 시대에 따라 다양한 형태로 나타나고 변화하는 것이다.
③ 친족이란 특정한 사회에서 혈연·혼인으로 맺어진 가족 이외의 사람들 사이에 기대된 태도·행동 내지 권리·의무의 사회관계이다.
④ 친족관계를 연구할 때는 법제 또는 규정상의 친족과 실제의 친족을 동일시해야 한다.

해설 친족관계를 공부할 때 주의하여야 할 것은 법제 또는 규정상의 친족과 실제의 친족을 구별해야 한다.

22 다음 중 현대사회에서 핵가족화를 촉진하는 원인으로 거리가 먼 것은?

① 사회적 이동에 따른 친족유대의 약화
② 혈연중심의 가족주의의 팽배
③ 직업변동의 기회증가에 따른 지리적 이동
④ 자본주의 산업구조에 따른 노동인구의 대이동과 도시화

정답 15.③ 16.③ 17.② 18.③ 19.④ 20.② 21.④ 22.②

해설 산업화와 더불어 진행된 이농현상은 인구의 도시집중 현상을 일으켜 도시의 토지 가격을 상승시키고, 이러한 변화는 확대가족의 지속을 어렵게 만들었음은 물론, 보다 간편한 주거양식을 요구하게 되었다. 뿐만 아니라 산업구조상 직업 변동의 기회가 많고 또 교육기회 등을 찾아서 지리적 이동이 활발히 이루어지는데, 이러한 이동에는 대체로 소규모의 가족이 적합하다. 이처럼 활발한 사회적 이동의 결과 친족간의 유대도 소원해지고 가족의 규모도 축소된 상황에서는 부부가 중심이 될 수밖에 없으므로 현대도시에서는 부부중심의 핵가족이 보편적이다.

23 다음 가족문제 접근방법 중 연결이 잘못된 것은?

① 사회체제적 접근 ― 가족문제를 치료적인 응용분야로 접근한다.
② 문제가족적 접근 ― 문제의 형태, 원인, 전개과정, 진단, 조정 등에 초점을 둔다.
③ 문제가족적 접근 ― 전통적이고 일반화된 접근방법이다.
④ 구조·기능론적 접근 ― 가족을 역할구조적 측면에서 파악한다.

해설 사회체제적 접근 : 이것은 가족문제가 자본주의의 사회모순으로 인해 일반화된다는 입장으로 가족문제의 원인을 민주주의의 가치관에 입각한 가족성원간의 권리의식의 고조에 초점을 둔다.

24 다음 중 일반적인 이혼의 증가 배경으로 볼 수 없는 것은?

① 이혼에 대한 가치관의 변화
② 여성의 경제적 자립
③ 자녀수의 증가
④ 결혼에 대한 의미변화

해설 이혼의 증가 배경
- 법제도의 변화
- 이혼에 대한 가치관의 변화
- 여성의 경제적 자립
- 여성의 지위향상
- 결혼에 대한 의미변화
- 자녀수의 감소

25 세대 내 이동과 세대 간 이동에 대해 간략히 쓰시오.

26 스턴버그의 사랑의 삼각형 이론에서 사랑의 요소 3가지를 쓰시오.

정답 23. ① 24. ③

27 가족관계의 일반적 특징을 3가지 이상 쓰시오.

28 가족형태에서 분가와 분거의 차이를 설명하시오.

> **Answer**
>
> **25** 세대 내 이동은 한 개인의 일생 동안에 일어나는 사회적 위치의 변화이다. 세대 간 이동은 대가 바뀌면서 사회적 위치가 변화하는 것인데 부모와 자녀 사이의 위치 변화를 의미한다.
>
> **26** 열정, 친밀감, 헌신
>
> **27** • 혈연을 매개로 하여 맺어진 인간관계영역이다.
> • 운명공동체이다.
> • 부여된 인간관계이다.
> • 지속적이다.
> • 전체로서 하나의 역동적 체계를 이룬다.
>
> **28** 분가란 주거를 달리하는 것으로 분가한 가족은 새로운 가(家)를 형성하는 것이다. 그러나 분거는 직업이나 학업 등의 이유로 서로 떨어져 사는 것으로 주거를 달리하는 것뿐이다.

제2회 모의고사

1 다음 중 가구(家口)에는 포함되나 가족(家族)에는 포함되지 않는 사람은 누구인가?
① 함께 기거하는 고용인
② 외국에 유학 중인 언니
③ 별거하고 계시는 부모
④ 조부모

> **해설** 가구란 혼인관계나 혈연관계를 전혀 고려하지 않고 거주하는 공간과 가계라는 경제적 협력만을 기준으로 한 집단을 말한다.

2 다음 중 가족의 형태를 기호화할 때 '='가 의미하는 것은 무엇인가?
① 방계
② 혈연관계
③ 혼인관계
④ 직계

> **해설** 남자는 △, 여자는 ○, 혼인관계는 =로 표시한다.

3 다음 중 가족의 유형에 대한 설명으로 옳지 않은 것은?
① 방위가족 — 부모의 보호를 받으며 지내는 가족
② 생식가족 — 결혼과 함께 부모의 가족을 떠나 독립해서 새로 형성된 가족
③ 방계가족 — 집의 번영과 존속을 중심으로 하여 가장의 직계비속 중 장남, 장손 등의 가계 계승자와 이들의 배우자 그리고 그들의 자녀들로 형성된 가족
④ 핵가족 — 다양한 형태의 가족 중에서 부부와 그들의 미혼자녀로 이루어진 가족

> **해설** 방계가족 : 다른 세대뿐만 아니라 같은 세대의 형제들이 결혼한 후에는 그들의 배우자, 자녀 등이 한 거주지에서 부모와 동거하는 가족이다.

4 다음 중 우리나라 가족 형태에 대한 설명으로 옳지 않은 것은?
① 가족구성원 평균 인원수로 보아 소인수가족으로 변화하는 추세이다.
② 사회변동, 의식의 변화, 세계화 등으로 가족 형태가 다양화되고 있다.
③ 1인가구가 감소하고 있다.
④ 부부가족의 비율이 증대했다.

> **해설** 1인가구는 계속적으로 증가 추세를 보인다.

5 다음 중 종단적 연구의 장점은 어느 것인가?

① 적은 비용으로 빠른 시간에 연구 결과를 알아볼 수 있다.
② 대규모 조사가 가능하기 때문에 조사결과를 전체집단에 일반화하기에 용이하다.
③ 변화의 양상을 파악할 수 있어 가족발달 연구에 적합하다.
④ 조사시점에 따라 연구결과가 영향을 받지 않는다.

해설 횡단적 연구와 종단적 연구의 특성 비교

	횡단적 연구	종단적 연구
조사시점	• 어느 한 시점	• 여러 시점
장 점	• 적은 비용으로 빠른 시간에 연구결과를 알아볼 수 있다. • 대규모 조사가 가능하기 때문에 조사결과를 전체집단에 일반화하기에 용이하다.	• 변화의 양상을 파악할 수 있어 가족발달 연구에 적합하다.
단 점	• 조사시점에 따라 연구결과가 영향을 받을 수 있다. • 연구하는 현상의 인과관계의 방향성을 분명히 제시하기 어렵다. • 시간의 흐름에 따른 변화를 발견하기 어렵다.	• 시간과 비용이 많이 든다. • 조사대상자들을 지속적으로 관찰하지 못할 경우 표본의 대표성이 떨어질 수 있다.

6 현대 가족의 기능에 대한 설명이 바르게 연결된 것은?

보기
㉠ 생산 기능이 강화되었다.
㉡ 양육과 보호 기능이 약화되었다.
㉢ 자녀에 대한 사회화 기능이 강화되었다.
㉣ 사회 구성원의 재생산과 정서적 안정의 기능이 강조되고 있다.

① ㉠, ㉡   ② ㉠, ㉢   ③ ㉡, ㉢   ④ ㉡, ㉣

해설 생산 기능은 주로 기업이 담당하고 있으며, 자녀에 대한 교육 및 사회화 기능은 교육 기관과 대중 매체로 이전되고 있다.

7 현대 사회 가족 기능의 변화 내용으로 거리가 먼 것은?

① 가족의 생산 기능은 약화되고 소비기능은 강화되는 방향이다.
② 자녀출산 기능은 낮은 출산율과 초혼연령 상승으로 약화되는 경향이다.

 정답 1.❶ 2.❸ 3.❸ 4.❸ 5.❸ 6.❹ 7.❹

③ 현대 사회의 인간 소외, 경쟁 격화, 스트레스 등으로 가족의 정서적 안정 기능의 중요성이 더욱 증대된다.
④ 가족 내의 자녀 양육 기능이 더욱 강화되고 있다.

> **해설** 자녀의 양육 및 사회화 기능이 전문인 또는 전문기관으로 이전되면서 가족 내 자녀양육 기능이 약화되고 있다.

8 다음 중 빈둥지 시기라고도 불리는 발달과업 단계는?
① 학령기 자녀기   ② 진수기   ③ 중년기   ④ 노년기

> **해설** 중년기 : 자녀가 가족을 떠나고 직업을 가진 부부들의 은퇴로 공적 영역의 생활이 축소되면서 관계의 중심축이 부부로 이전된다.

9 다음 중 한 개인의 일생 동안에 일어나는 사회적 위치의 변화는?
① 사회이동   ② 세대내 이동   ③ 세대간 이동   ④ 수평이동

> **해설** 세대내 이동은 한 개인의 일생 동안에 일어나는 사회적 위치의 변화이다. 반면, 세대 간 이동은 세대가 바뀌면서 사회적 위치가 변화하는 것인데 부모와 자녀 사이의 계층적 위치 변화를 뜻한다.

10 다음 중 사회계층과 가족생활과의 관계가 바르게 연결된 것은?
① 신중간계층 — 혼인의식을 치르지 않고 동거하는 비율이 높다.
② 구중간계층 — 모든 가족원의 노동력을 동원하여 직접 노동하면서 가족생활과 노동력 재생산을 수행한다.
③ 상류계층 — 자녀의 결혼이 개방적이고 자유롭다.
④ 하류계층 — 자녀양육과 교육문제를 가장 중요하게 인식하고 있으며 자녀들의 교육, 혼인, 주택 마련 등에 경제적 지원을 한다.

> **해설** 구중간계층에 속하는 자영소상인의 경우 소규모 자본을 가지고 자영업을 운영하며, 모든 가족원의 노동력을 동원하여 직접 노동하면서 가족생활과 노동력 재생산을 수행하게 된다.

11 전통적인 한국가족의 가치관으로 거리가 먼 것은?
① 가족 내부에 여러 층의 신분서열이 엄격하게 존재한다.
② 부모자녀관계는 권위복종관계이다.

③ 가족의 중심은 부부관계이다.
④ 가족원 개인의 자유나 독립, 발전은 무시된다.

> **해설** 가족의 중심은 부부관계가 아니라 부모자녀관계, 특히 그 중에서도 부자관계에 있다. 이때의 부부관계는 지배와 복종의 종적 관계, 예속적 관계로 유지된다. 따라서 부인은 남편의 집을 존속시키기 위한 수단으로서의 지위와 역할을 가지며, 집의 정식 구성원으로서의 위치는 불안하였다.

12 사랑의 수레바퀴이론에서 라이스(Reiss)가 제시하는 사랑의 발달순서로 알맞은 것은?

① 친근감 — 상호의존성 — 자기노출 — 퍼스낼리티의 욕구충족
② 퍼스낼리티의 욕구충족 — 친근감 — 자기노출 — 상호의존성
③ 친근감 — 자기노출 — 상호의존성 — 친밀감 욕구충족
④ 자기노출 — 친근감 — 상호의존성 — 친밀감 욕구충족

> **해설** 라이스(Reiss)의 사랑의 단계 : 친근감 — 자기노출(자기개방) — 상호의존성 — 퍼스낼리티의 욕구충족(친밀감 욕구충족)

13 심리학자 머스테인(Murstein)이 주장한 배우자 선택의 과정과 관계 없는 것은?

① 자극   ② 가치 탐색   ③ 역할 조화   ④ 보호 관찰

> **해설** 머스테인(Murstein) : 남녀가 각기 상이한 자원을 교환하는 과정에서 제공된 자원의 질과 양이 상호평형을 유지할 때 동등한 결합으로 간주한다는 교환이론의 관점에서 배우자 선택 과정을 사회적 교환과정으로 파악하고 3단계 이론을 제시하였다. 즉, 배우자 선택을 자극-가치 탐색-역할 조화의 3단계가 연속되는 것으로 보았다.

14 결혼의식의 사회적 기능이 아닌 것은?

① 성적 통제의 기능   ② 남녀평등의 기능   ③ 증식의 기능   ④ 사회적 공인의 기능

> **해설** 결혼의식의 기능은 성적 통제의 기능, 증식의 기능, 사회적 공인의 기능 등이다.

15 다음의 〈보기〉와 같은 가족관계 연구의 접근 방법은?

> **보기** 사회를 살아있는 유기체와 같이 상호 관련된 여러 하위 체계로 조직된 안정된 체계로 보면서 가족이 사회와 어떻게 관련되어 있는지에 대해 설명하고자 하는 거시적 관점이다.

정답 8.❸ 9.❷ 10.❷ 11.❸ 12.❸ 13.❹ 14.❷ 15.❷

① 역사적 접근　　② 구조-기능론적 접근　③ 상호작용론적 접근　　④ 교환론적 접근

해설 구조-기능론적 접근 : 가족이 사회 체계로 간주되고, 가족이 보다 큰 사회를 위해 핵심적인 기능을 수용하는 것으로 여겨진다. 가족의 기능에는 노동력 재생산, 자녀 양육, 사회의 기본적인 규범과 가치를 습득하는 사회화가 포함된다.

16 부부의 인격적 적응을 위해 노력해야 할 일로 거리가 먼 것은?

① 상대방의 자존심을 최대한 존중해 준다.
② 부부 각자 서로가 원만한 성품을 갖도록 노력한다.
③ 부부간 갈등을 당연시 해서는 절대 안된다.
④ 상대방의 행동과 성격을 이해하려는 노력을 한다.

해설 부부의 인격적 적응을 위해 노력할 일
- 상대방의 자존심을 최대한 존중해 준다.
- 부부 각자 서로가 원만한 성품을 갖도록 노력한다.
- 상대방의 행동과 성격을 이해하려는 노력을 한다.
- 서로의 인격이 끊임없이 발전되도록 한다.
- 부부간의 갈등을 당연하고 정상적인 것으로 인식한다.

17 다음 〈보기〉의 내용에 해당되는 부부간 갈등 처리 방법은?

보기 일이나 여가활동을 통한 신체적 행동, 또는 영화 감상이나 이웃을 방문함으로써 주의를 돌리거나 상담자와의 토론에서 부부가 합리적으로 심정을 토론하면서 부정적 감정을 이완시킨다.

① 역할수정과 역할전환　② 협상과 계약　　③ 건설적인 논쟁　　④ 회피

해설 갈등의 처리 방법 중 어떤 부부는 회피를 통하여 갈등을 처리한다. 즉, 사람이나 상황 및 갈등을 자극하는 문제들을 회피함으로써 갈등을 막는다. 예를 들면, 일이나 여가 활동을 통한 신체적 행동, 또는 영화 감상이나 이웃을 방문함으로써 주의를 돌리거나 상담자와의 토론에서 부부가 합리적으로 심정을 토론하면서 부정적 감정을 이완시키는 것이다.

18 자녀에게 영향을 미치는 부모의 양육태도의 형태와 내용 연결이 옳지 않은 것은?

① 지배적 태도 — 아동에게 지나친 통제력을 행사하는 엄격하고 권위적인 태도
② 거부적 태도 — 어린이를 대하는 데 있어 무관심하거나 자녀들의 성장발달과는 관계없는 분위기를 조성하는 태도
③ 허용적 태도 — 부모가 자녀에게 깊은 관심을 가지며 사랑스럽게 대하고 독립된 인간으로 존중하는 태도

④ 익애적 태도 — 부모와 자녀 간의 지나친 접촉을 의미하며 아동 자신의 자율성과 독립성을 저해하는 태도

해설 허용적 태도 : 지배적 태도와는 반대로 어린이에게 무엇이나 허용해 줌으로써 자녀가 제멋대로 하도록 내버려두는 태도이다.

19 형제자매관계의 기능에 관한 설명으로서 맞지 않는 것은?

① 형제자매는 서로를 위해 연합을 형성하여 부모와 협상하게 된다.
② 상호규제의 의미에서 형제자매는 보상을 극대화하고 손실을 극소화시키기 위해 구체적 행동과 지도를 한다.
③ 가족 내에 어린 동생이 많을수록 윗 형제는 일상 가사노동에 참여하는 경우가 적어진다.
④ 동일시와 차별감의 이원적 과정을 통해 자아감을 형성시킨다.

해설 어린 동생이 많을수록 손위 형제는 가족의 일상적인 가사노동에 참여하는 일이 많아진다.

20 현대사회에서 고부갈등을 해결하는 방안이 될 수 없는 것은?

① 상호인격의 존중
② 전통윤리
③ 전 가족원의 문제해결 참여
④ 고부간의 역할분담

해설 고부갈등의 해결방안
• 고부간의 역할분담
• 상호 인격적인 존중
• 전 가족원의 문제해결 참여
• 독립과 의존의 조화

21 다음 중 우리나라 친족관계의 변화로 알맞은 것은?

① 농촌에서는 마을단위, 지연적·자생적 이익집단의 기능이 보다 중요하게 되었다.
② 원·근거주 친족에 관계없이 친족의식이 강화되었다.
③ 친족간의 기능교환의 의의가 더욱 증가하였다.
④ 친족망이 확대되었다.

해설 산업화, 도시화 과정을 거치면서 우리나라의 친족관계도 변화하였다. 즉, 이촌현상으로 인해 친족원의 협력은 점차 줄어들었으며, 비친족원을 포함하고 마을을 단위로 하여 조직된 지연적, 자생적 이익집단의 기능이 보다 중요한 것이 되었다.

정답 16.③ 17.④ 18.③ 19.③ 20.② 21.①

22 다음 중 오늘날 우리나라 가족에 대한 설명으로 옳지 않은 것은?

① 상호작용을 통해 독특한 동일세대간의 문화를 형성하는 가족관계는 형제자매 관계이다.
② 가족 내 혈연관계 중 가장 기초적이고 애정적인 관계는 부모자녀 관계이다.
③ 오늘날 가족에서 가장 핵심적이고 중추적인 관계는 부부관계이다.
④ 현대 우리 사회의 핵가족은 철저한 개인주의에 입각하며 서구의 핵가족과 동일하다.

해설 현대 우리 사회의 핵가족은 철저한 개인주의에 입각한 서구의 핵가족과는 차이가 있다. 즉, 서구의 가족과는 달리 외형상으로는 부부중심의 핵가족이라 할지라도 내면적으로는 가족주의적 가치, 특히 부모와 자식·형제관계의 중요성이 발전되는 등 확대가족의 이념이 부분적으로 강하게 포함된 특수한 핵가족 형태를 취하고 있다.

23 다음 〈보기〉와 관련된 청소년 비행에 관한 이론은?

> **보기** 인간 행동은 사회조직의 정상적인 조건하에서는 사회규범에 의해 규제되어 일탈이 극소화되지만 어떤 이유로든 사회조직이 와해되면 규범의 통제력이 약화되거나 붕괴되어 인간은 일탈을 억제할 수 없는 상태로 된다.

① 사회해체이론 ② 사회통제이론 ③ 낙인이론 ④ 하위문화이론

해설 사회통제이론 : 개인의 사회에 대한 애착, 수용, 참여, 신념 정도가 강할수록 비행은 감소된다고 본다.

24 다음과 같은 노인학대 유형은 어디에 속하는가?

> **보기**
> • 부양의무자로서 책임이나 의무를 거부, 불이행 혹은 포기한다.
> • 노인의 의식주 및 의료를 적절하게 제공하지 않는다.

① 신체적 학대 ② 정서적 학대 ③ 경제적 학대 ④ 방임

해설 방임은 부양의무자로서의 책임이나 의무를 거부, 불이행 혹은 포기하여 노인의 의식주 및 의료를 적절히 제공하지 않는 행위이다.

25 수직이동과 수평이동에 대해 간략히 쓰시오.

정답 22. ④ 23. ② 24. ④

26 배우자 선택이론 중 우드리의 여과이론의 단계를 쓰시오.

27 부부간 의사소통의 중요성을 3가지 이상 쓰시오.

28 다음의 〈보기〉 내용은 형제자매관계의 어떤 기능인가?

> **보기**
> - 형제자매가 서로 거울이요, 시험장으로 작용하는 과정이다.
> - 보상을 극대화하고, 손실을 극소화하기 위해 구체적 행동과 지도를 한다. 이는 단합을 강하게 한다.

Answer

25 수직이동은 한 계층에서 다른 계층으로 이동함으로써 상승이동과 하강이동이 있고, 수평이동은 계층적 지위에는 변화가 없이 직종이나 직장, 직위를 이동하는 것이다.

26 근접성의 여과망 → 개인적 매력의 여과망 → 사회적 배경의 여과망 → 상호 의견일치의 여과망 → 상호 보완성의 여과망 → 결혼 준비상태의 여과망

27
- 원만한 의사소통은 가족의 상호작용에 근본이 되고, 부부관계에 활력을 불어 넣는다.
- 부부간의 대화 시간이 많을수록 결혼생활에서 만족감이 높다.
- 부부간의 의사소통이 원활할수록 서로의 목표와 역할을 정확하게 인지하고 서로 이해할 수 있게 된다.
- 의사소통을 명확히 함으로써 부부가 항상 일치하는 것은 아니지만, 일치하지 않은 면을 이해하고 수용하는 데 도움을 주며, 이것은 결혼생활에 있어서 올바른 적응을 가능하게 한다.

28 상호규제의 기능

MEMO